Selected Works
of World Chinese Poets ——
Overseas Poets
2021 – 2025

世界华语诗人作品精选
2021-2025 海外诗人卷

以汉语为舟　驶向世界
以诗心为火　照亮异乡
2021-2025全球华语诗人首次跨国集结

编辑：华人诗学会《诗殿堂》
Editor: Poetry Hall of Chinese Poetry Assoc

CHICAGO ACADEMIC PRESS
芝加哥学术出版社

书　名　世界华语诗人作品精选：2021－2025 海外诗人卷
语　言　中文
编　辑　华人诗学会《诗殿堂》
出版社　芝加哥学术出版社　2025 年 9 月 10 日
书　号　978-1-965890-57-8

SELECTED WORKS OF WORLD CHINESE POETS: OVERSEAS POETS,
2021-2025
Language: Chinese
Editor: Poetry Hall of Chinese Poetry Association
Publisher: Chicago Academic Press, September 10, 2025
ISBN 978-1-965890-57-8

Publishing　　Chicago Academic Press
　　　　　　　　Chicago Illinois
E-mail　　　　contact@chicagoacademicpress.com
Website　　　http://chicagoacademicpress.com/

Book Size　　7X10 inches
First Edition September 10, 2025

编　委

（排名无先后，按拼音字母顺序）

华诗会《诗殿堂》成员

艾葭葭	冰　花	波　吒	程家惠	邓　鸿
邓玉兰	花瑞斌	蒋　雯	李　玥	连志英
秦志罔	释圣静	天　涯	王　翠	吴瑞玲
项美静	徐英才	叶思琦	俞曼莉	于兆华
张辰良				

其它

邓　丽	芳　竹	古　土	韩舸友	季　风
贾　兵	王建刚	刘明孚	漫　黎	饶　蕾
盛　坤	思　乡	天　涯	王　翠	邢佩莲
雅思烂	周　瀚			

前 言

　　本书取名《世界华语诗人作品精选：2021－2025 海外诗人卷》，旨在汇集全球华语诗人于 2021 至 2025 年间创作的最具代表性的诗作。这些作品不仅展现了诗人个体的创作热情与艺术探索，更折射出海外华语诗歌整体的思想深度与美学高度。通过这本诗集，读者既能领略到不同地域、文化背景下的诗性表达，也能感受到华语诗歌在全球化语境中的创新活力与精神传承。

　　本书由华人诗学会（简称华诗会）旗下的《诗殿堂》汉英双语季刊发起，并委托芝加哥学术出版社负责征稿、编撰与出版工作。自征稿启事发布以来，我们收到了来自世界各地的诗人投来的逾千首作品。这些诗作题材广泛、风格多样：有的借山川草木抒写性灵，在自然意象中寄托深沉的情感；有的以日常物事为媒介，于细微处窥见生命的哲思；有的偏重于生活的真实质感，用朴素的言语捕捉人间烟火；有的则致力于思想的锻造，在语言的边界处探寻存在的意义。它们或轻盈灵动，或厚重蕴藉，或锐利先锋，或古典温润，共同构成了一幅多元交织、生机勃勃的诗歌图景。

　　在这些诗行中，读者能够读到对故土的追忆与乡愁的书写，也能感受到异国文化碰撞下的身份思考与精神寻根；有对战争、移民、生态等全球议题的深切关注，也有对爱、孤独、时间等永恒主题的重新诠释。诗人们以华语为舟，航行于不同文化的海洋，既守护着汉语的诗性传统，又积极融入跨文化的对话与创新，展现出海外华语写作独特的开放性与包容性。

　　本书在遴选过程中既注重诗作的艺术完成度，也关注其文化代表性与时代感知力。我们力图在有限篇幅内，尽可能呈现海外华语诗歌创作的丰富面貌与最新动向，为读者提供一个兼具审美价值与文献意义的读本。

　　除了这本《世界华语诗人作品精选：2021－2025 海外诗人卷》，我们同时还委托芝加哥学术出版社征稿、编撰、出版《世界华语诗人作品精选：2021－2025 中国诗人卷》《世界华语诗人作品精选：2021－2025 组诗卷》，以及《世界华语诗人作品精选：2021－2025 典藏卷》。这四部作品共同构成了"世界华语诗人 2021-2025 作品精选"系列，从不同维度展现当代华语诗歌的创作实绩。海外诗人卷着重呈现旅居海外的诗人作品，中国诗人卷聚焦于中国大陆及港澳台地区的创作，组诗卷收录具有组诗结构的探索性作品，典藏版则精选具有历史价值与艺术代表性的诗作。四个版本相互呼应，共同编织出一幅当代华语诗歌的全景图谱。

　　在此，我们谨向芝加哥学术出版社致以诚挚的谢意，感谢他们为本书的出版提供的专业支持与协作；感谢《诗殿堂》编委团队的辛勤付出与学术担当；感谢每一位组稿人的穿针引线与热情推动；更要向所有赐稿的诗人表达深深的敬意，是你们的真诚创作让这本诗集得以成型。愿这些诗作如星火，照亮语言的可能，也照亮我们如何在异乡与母语之间构建精神的故乡。

　　诗歌是跨越疆界的语言，是沉默中的共鸣，是远方与眼前的对话。愿这本诗集成为那样一座桥梁，连接起散落在世界各地的华语诗人与读者，让我们在文字中相遇，在诗意中同行。

华诗会《诗殿堂》

２０２５年９月２日

目 录

徐英才
美国芝加哥

作者简介

大学教师、翻译家、诗人。他曾在中国复旦大学、加拿大麦克马斯特大学、美国德堡大学授课，主讲语言、文学、翻译等课。他出版过十多部译著。他的译著有被当作国礼送往国外的，有被用作大学教材的。他的翻译原则是准确、传神、浑然。

他出版过多部诗集。他的诗论《中国三行诗理论与技巧》阐述了中国三行诗的理论基础，划分出了中国三行诗与日本俳句的不同属性。他是华人诗学会和汉英双语纸质诗刊《诗殿堂》的创办人。

1. 大江

每有心绪
便向江边独行
不知为何？

压抑时
看怒涛击岸
为屈子问天：
逸文伟辞，卓绝一世
何至冤沉沧浪？

惆怅时
望芦雪吞江
为楚霸悲怆：
扛鼎雄才，气吞山河
怎堪魂断乌江？

激荡时
见残阳泼血
听赤壁怒啸：
千帆焚烬，万甲沉沙
谁料东风一炬？

悲愤时
观黑云悬水
为甲午招魂：
铁舰忠骨，怒浪如碑
岂任海咽百年？

快意时
赏骤雨泼墨
与钟山共歌：
天倾终补，人间新篇

且看红日破晓！

或许
大江本是人之心——
淘不尽喜怒哀乐
它厚积
将万古沧桑酿作一瓢浊浪
它狂放
聚千峰冰雪化作拍岸惊雷
它暴烈
化青龙劈峡撞碎九重天门
它温柔
似月下少女轻吟粼粼情诗
……

2. 竹

它们长于同一片土地
含烟的山峰、映霞的田园
抑或雕栏砌玉的庭院

为何在奔赴霄汉的征途上
那些树
疤痕累累、盘桓虬曲
而它却
一剑贯天、直剖混沌
通体青澄、骨节铮铮
头顶，擎破亘古的穹魄
脚下，立起新生的族裔

它一定深知：
通天非一日之途，需以心空
方能破执见性，遇阻愈要节节向上
笔直非蛮力可及，需借禅韧

才得惊雷暗蓄，风过疏竹不留响
纵使风刀霜斧加身
亦以裂帛之声，回答苍茫

那些树，贪饮阳光
一有侧芽，便横生枝节
每道枝桠，皆成绞杀主干的枷锁

而它却，不急不躁
每进一步，便刻一道云纹
每立一寸，就展一件翠羽
待到千山暮雪时
它已把根，长成了龙的脊梁

大智——
韬锋芒于温润
化长势为韧劲
融成功入禅修
待到万木摧折时
唯它独峙九霄听凤鸣

3. 雪

穿越九重霄汉而来
恍若天廷敕令，身负神谕

我伫足凝望茫茫飞雪，陷入沉思：

它为群峰加冕银冠，替林海织就素
袍
以无瑕的澄明
重整熵乱的河山

它为黛瓦匀敷铅华，将飞檐缀满璎

珞
以温柔的洁白
抚平年轮的皱纹

我久久凝望茫茫飞雪，陷入更深的
沉默：

它正以冰魄为刃
拭去矿脉上
我们饕餮的齿痕

它正以素缟为幡
覆盖城乡里
战火烧灼的焦土

它正以慈悲的柔光
轻抚大地上
肆意僭越的刻痕

我垂首而立，任由风雪淹没思绪：

这世间本可似琼宇无瑕
怎奈欲念总如壑难填……
惟愿众生
解得雪中无量梵音

4. 井

一口老井
大半身楔在地底
孤零零，像被遗忘的青铜量器
可它的脉搏，仍在暗处跳动

它纵横四方、上下千里

上，用石砌的泉眼，接住坠落的星
辰
下，借陶塑的耳廓，倾听岩浆的轰
鸣
纵，引无尽地泉，哺育炊烟人家
横，以不竭清澈，浸润四野乡民

可它的血液，仍在深处静淌

它脉连百年，情系四代
水影里浮沉着
祖父沉若石碾的木桶
父亲盛满寒暑的水瓢
儿子取水泡茶听歌的新桶
还有孙儿蹦跳咿呀的稚语

它取之不竭，用之不殆
它清澈如初，不染尘垢
它幽邃无言，心藏禅机
一泓静水，半寸佛心
善待万民，普渡众生

路人俯身，掬水解渴
老者倚井，闲话桑麻
诗人绕行，对影成三
哲人低眉，说阴道阳
白日盛着整片蓝天
夜晚装着半条银河

它是生命的源
也是乡情的根
沉默如无舌的先知
见证古今的离与别
离乡者，怀揣干渴的梦远行
归家人，俯身重入它的瞳孔

打捞自己——最初的模样

5. 蝴蝶

自幼
就被封入茧

那茧，紧闭着
像孔夫子的竹卷
外表宽博、内里狭窄
拘束着五脏六腑

它吞咽黑暗
用唾液孵出光明
它泅破遗嘱
将羽衣赠给天空

从此
它用飞翔叛离囚笼
头顶一对如冠的触须
折射花瓣间的光合
身展一双似帆的羽翼
驾驶风纹里的流速

通过鸢尾花的喇叭
在晨光中
无声地播送黑暗对心的拘束
用抖落的鳞片粉末
在暮色里
无形地绘画光明对心的滋养

那些无形与无声
在广袤天地间
绘声绘色地挥洒着同一幅画——

无墨自书地印证着一个真理——
束缚，需要自己冲破

6. 快递员

左一条擦伤，右一块撞痕
性格溢上车身

乍看像梵高的画：
倔强的线条，不安的色彩
也像梵高的命运：
泊哪，都少邻，不受待见

人，都是印象主义者，却不待见印象派
起初，他们只看到驾驶的鲁莽
后来，他们退后十步，眯起眼
才读懂累累伤痕下的故事：
每一道裂痕，都是与世界的碰撞
每一块伤疤，都是命运的签章

疤痕般厚重的色彩，如火山喷发的岩浆
流动型的清晰线条，似河流在峡谷奔淌
车开成那样的人啊，内心或许藏有未熄的火焰

凡所有相，皆是虚妄
可伤痕却如此真实
泊在哪，都是孤独的岛屿
开起来，都是生命的追寻
在伤痕遍布的征途上，寻找自己的航向

7. 一个颠倒的世界

"饿！行行好！"
寒风中，纸牌抖索

他默数车窗后漠然的半张脸
抢先在红灯转绿前跛足穿行
这世界
别人都等红灯跳绿的前行
他等绿灯翻红的静止

这世界
并非没有温存
空地上，野鸽常来作伴
他把乞来的面包撒成星辰
这世界
别人欣赏鸽羽银辉流转
他深感它们的辘辘饥肠

高架上，浩瀚星空伸展无垠
高架下，半床棉絮蜷缩如冢
这世界，层次分明
别人都行走在头顶的路面上
他落脚在桥下潮湿的阴影里

他不知——
是这世界颠倒了他
还是他，颠倒了这个世界

8. 给梦一把梯子

黑白两条鱼，阴阳一对
合嘴衔起一个梦，甩给我

有人说人生如梦，梦即人生
不过它恍惚，疾似光虚如雾

童年时我懵懂，只顾追尾蜻蜓
少年时我矢志，发誓摘尽彩虹

本不在乎世界是真是假
直到在小树林里迷了路
才发现苔藓在脚底低语方位
曾怀疑自己是蝶还是人
直到蝶鳞碰触了我手臂
才知道思考竟是最后的锚点

我撕碎所有地图
执意要跨山，山便坍成河
一心想渡河，河又化作雾
彩虹渐渐淡成苍白的括号
仔细一看，里面空无一物

我像被悬吊在空中的钟摆
每次回荡都在锯开
这棵树老去的年轮

年轮长出蔓藤
蔓藤长成梯子
梯子结满疤痕
我站在最高处
贪婪地啜饮此时此刻
光的量子涨落

9. 老花镜

父亲走了，走了很久
他的老花镜还在书桌上

戴上它，我什么也看不清
却清晰地看到他满脸的褶皱
每一条都在述说一个故事

有的像承载重压的房梁，那样挺直
有的像丈量岁月的小路，那样弯曲
还有的隆成了巍峨的山形，默默地
守望

镜框上的锈斑
是他伏案制图时滴落的汗痕
镜片上的划伤
是他耕耘文字时留下的犁迹
鼻托的磨损
深深镌刻着他低头劳作的年轮

父亲走了，走了很久
但他肯定在老花镜上留下了什么
要不，透过模糊的镜片
我为什么能够看到
银河流淌，星光闪烁

10.　妈妈的针线篓

扔了很多东西
唯独这只篓，还在墙角生根

里面没有贵重物品
只有针线、锥剪、纽扣……
可妈妈曾用它们
在昏黄的灯下纳过鞋底
在破晓的窗前缝过衣裤
那一针针一线线虽已老旧
却在我心里

缀成声光
汇成思流

它们无声，却胜有声——
是摇篮边哼唱的童谣
是离家时谆谆的叮咛

它们无色，却会飘香——
像灶台上升起的馔气
像衣服上皂角的芬芳

它们肃静，却会显影——
似门外的水塘，柔波轻漾
似对门的山路，蜿蜒入梦

那一针针一线线虽已老旧
却在我心里
缀成星河、淬成阳光

世界喧嚣、尘埃飞扬
唯有这只篓，始终根植在我心里
像一盏不熄的灯

绿叶
加拿大卑诗省

作者简介

本名陈丽芬，现居温哥华，从事国际贸易。为"加拿大华华裔作家协会（加华作协）"创会理事。曾有作品发表于《香港文学》《大汉公报》《星岛日报》《世界日报》《文综》等刊物。散文入加华作协出版的《枫雪篇》《白雪红枫》等文集。小说入华文女作家选集《漂鸟》《加拿大华人小说选》(韩文版)。短篇小说获加拿大《环球华报》征文比赛一等奖。中国鲁迅文学院学员。已出版情诗集《握住浪花的手》，哲思集《捞月创收》。

1. 从一张纸听到冬天声音

空中 悠悠飘下来一张纸
纸上 一行行密密麻麻的小字
难道那是我的祈求
你的消息

从春到秋你早把我忘记
我甚至已不恼你先前的若即若离
笃信情定三生的我
多么希望你不会把爱当作儿戏

见不到你的日子
我的思念已放飞了千只纸鹤给你
都是爱的祝愿啊
我每时每刻的心意

多么寒冷的天气
'簌簌' 声宛如雪花落地
这是离春远了呢 还是离春近了
我弯腰
心神不定地把纸片捡起

2. 云与海

我以为比云飘忽的是人心
它时远时近
我以为比云魔幻的是爱情
出现与消失都于无形

尤如此刻海天上的云絮
瞬间万变 漂浮无定
才回头
甚至找不到它的踪影

谁在谁的心上烙印
谁的情会像浪潮起伏难平
迷惑与颠倒只是路过
莫测才是它的天性

比云飘忽的是人心
比云魔幻是爱情
无论它的到来还是离去
都该像云一样
散就散了吧
何留阴影

3. 暮色，藏着我未说出口的深情

暮色的角落里
我不知是否真的能把往事卷起
记得一场表白的欲言又止
那吞吞吐吐的犹豫

多少憧憬啊 像雨
一滴一滴 它成了饱含遗憾的文字
人生路上 有多少摩肩接踵
为什么 就有一个过不去的你

你曾在我开心的甜笑里
曾在被窝的痛哭里
多少次作梦我都不能原谅自己
何故就不能容易点说出那句该死的
‘我爱你’

天啊 在这暮色苍茫之际
祢可否回答我
此生劫难

是否就是这一份胎死腹中的爱意

4. 旧巷尽头，离别敲响回忆的钟

旧巷的青石板
我们牵着手走了多少个月色朦胧的
夜晚
今日你眼神飘忽语音轻扬
我感觉有点抓不牢你丝滑的情感

你的美不应是我的不安
离别也不该是我此生的道场
回忆的钟声啊 永不敲响
到了尽头 我们仍可以原地返还

确实 我们走过不少曲曲弯弯
那也不等于我们谁就要在这情路离
场
请不要用这样的眼神看我
我们会一直手牵着手走过岁月的长
巷

……

哦 微风起了
到处都是一片扑朔迷离的月光

5. 你的名字是片海

你的名字是一片海
我涌动在你起伏的情怀
当朝霞满天
波浪的海面上也绚烂多彩

你的名字是一片不见底的大海
我猜不透那裡面几分是爱
着迷你的神色自若
更喜欢你笑起来的那一点点坏

也曾想过在你的蓝色中扬帆离开
可你的浩瀚却把我的前程覆盖
还能逃往哪呢
夕阳西下
你火烧云的热烈
哦 如此地令我心潮澎湃

6. 落在诗里的名字

与你邂逅 生命便有了故事
一桩桩 一件件 并未日记
不想倾诉什么
心 有时下雨

你的出现令人沉醉不已
你的表现也让人失望怀疑
大悲大喜的感觉
大起大落了很多次

后来的遭遇
是边哭边跑也追不上你的远离
一对红烛深夜里潸然泪下
花开花落也盼不来你的消息

写信给你我用了很多张纸
说也不完的思念穿越三生三世
趁今夜月色朦胧
我坦白
爱情 你是我落在诗里的名字

7. 诗遇春天

瑟缩的诗
结了冰的千言万语
它像瀑布被冻住
奔腾中嘎然而止

寒风呼啸 并未过去
它的凛冽甚至可以雪藏焦虑
诗 梦寐以求着天的回暖
做梦上千个浪漫时刻的与春相遇

该是多么美好的一句句呐
啾啾鸟语 唱着晨诗
春风也来作媒
枝头上的爱情生生不息

阳光斑驳在林中小溪
山谷白云飘逸
所有阴霾都会消声匿迹的
假如诗
真的能与春相遇

8. 从指尖滑落的岁月

年复一年 明知光阴有期
仍旧那么多的来不及
计划了很久的行程
一段想要修复的关系

总是忙不完的事
多少筹谋都进了记忆的抽屉
无谁能握住岁月
它本来就不是一个东西

从指尖滑落的 何止岁月
生命都掌控不了自己
世上几十年
越来越不知道什么是活的意义

千人千面的人生 是否还需定义
喜怒哀乐 不过是一股蹿动的心气
要滑落的终究会滑落
就似流星划过天际

一朵红粉出淤泥
您是从天而降的精灵
一阕清香四溢的荷花诗

人生百年本该喜啊
可我目之所及
却是万里荷田伤心碧……

*叶先生乳名：小荷子

9. 叶嘉莹先生千古——纪念叶先生

当绰约的荷花随了风
枝头便结出绿油油的莲蓬
当莲蓬也枯萎了
它内里已是饱满充盈的莲子红

乳名小荷的您*
拥有一个多么贴切的名字
您真的就活成了一株荷花的样子
亭亭于尘世

以荷的品格
您辛勤地培育着诗
以莲的纯真
您日夜耕耘在诗的田园里

人生多少事
净是一阵阵意想不到的风雨
文学路多长
一步步您都在推动古典文学的后续

您是凡间的仙子

10. 雪夜，一盏无眠的灯——纪念琼瑶

终于 你像雪花飘落
不难明白失爱的你日子多么难过
金钱名誉已是虚词
漫漫长夜陪你也只有无眠的灯火

你翩然离去的方式太过自我
噩耗比你的盛名还要远播
是坚强还是要强
不容许自己在别人的眼中半死不活

苦海无边的小船你曾那么艰难地撑着
往登极乐的时辰你还要自己把握
是否你用行动告诉那些炒作的花边
诋毁的八卦*
就是生命 你都可以超脱

是的，自己的人生自主生活
世上多少人还没真正活过
梦幻的爱你演到实处
纯情的艺术不只小说

一代才女你用文字燃烧爱的花火
那些对你的评头论足冷嘲热讽不是
你的错
刻骨铭心的爱情你配拥有
只有真正遇才会搭伙

雪夜，一盏无眠的灯曾陪你度过
如今，你跟雪花一起飘落
凡俗的心昏暗无光
你灵动的文字似爱的雪花永远在空
中飘着

～朵
　～朵

谨以此诗敬悼琼瑶女士

刘明孚
加拿大阿尔伯塔省

作者简介

　　笔名微光，大连人，现居加拿大，动物育种与遗传学博士，汉英双语诗人。曾几次国际国内获奖。作品入编 40 余部合集、选集、年鉴，包括《中国古诗词英译荟萃》《世界华人三行诗荟萃》《中国三行诗鉴赏集》《2023 中国诗文年度排行榜》《华语新诗 30 名家》《诗中国·百年百人》《今词综》《回眸枫林晚》《用诗歌拥抱世界》等。参与几个文学期刊和几部诗文集的编辑，包括《枫笺集》《枫雪嘤鸣》等。

1. 大地母亲的时装

妳从羊水中露出了脸
露出了丰胸
展现出完美的曲线

妳唤来北风
为妳缝起雪白的婚纱
成了养育生灵的
新娘

妳叫来东风
给妳披上葱绿的袍子
让花仙
养女生子

妳呼来南风
把旗袍装扮的万紫千红
任蜂蝶在花间飞舞
映射出长空的彩虹

妳差派西风
制作金色风衣
和冠冕

在这绚丽时节
检阅果实累累
聆听天涯海角的
欢呼

生
灵
之
母！

2. 叶子

维多利亚岛上的橡树
加利福尼亚的参天红杉
还有加尔各答的独榕林
都会紧紧吸着我的眼球

是谁挥舞着魔幻彩笔
画出了这般庞然奇景

秋风在耳边拂过
把视线引向一片片
火红火红的落叶

诉说天工杰作的巧妙

那片片叶子都是幕后英雄
它们与太阳殷勤互动
研磨出制作神画的丹青

每年秋风来到这里
都要为英雄们披上红袍

开一次隆重的庆功会
来款待如火如荼的
叶子

3. 中秋寄语致痖弦

十五的月亮
照在作家的案头
也照在编辑的案头

银色的夜晚

诗贤在挥笔作诗
名编也在精心审编

文学史上
载有作家的名字
也载有编辑的名字

文学史上
载有诗贤的名字
也载有名编的名字

4. 故土情结·窟石礁

自从记事
海上的那个窟石礁
就一直伫立在那里

退潮了，孩子们
爬上你的脊背
进入你敞开的心胸

你每天都在盼着这个
开心的时刻

涨潮了，汹涌的浪涛
淹没了你的腰
冲入了你的胸膛

几只海鸥
落到你的头上
打开高音喇叭

他们是在赞美你的温柔吗
还是为你被淹而鸣冤呢

一定是赞美你的温柔
白鹭也到你肩上筑巢育雏
是奔着你的温柔而来的

记入史册的达尔文拱门
倒塌在加拉帕戈斯群岛上
被海水淹没了

即使有一天
你也要休息了
躺在海水中安歇

在我心里
你永远是那
巍然仁立的
窟石礁

5. 故土情结·望儿山

在沈大线回家的路上
我瞭望盖州的海岸边

那里曾有母子相依的渔家
儿子每天出海捕鱼
妈妈每天都按潮汐的时间
等待儿子捕鱼归来

一天海上起了风暴
儿子没有归来

从此妈妈每天瞭望大海
坚定的相信和等待
儿子的归来

难道渔船漂游太远
在海边望不到?

妈妈就每天登上后山顶
向海洋瞭望
天天如此 风雨不误

不管儿子漂到哪里
我一定要等他回来

数十个春夏秋冬成了以往
妈妈天天站在那里瞭望

瞭望着 瞭望着
她咽下了最后一口气
两眼瞭望着沧海

我的眼睛模糊了
在泪花的三棱镜中
我见到家乡浅海仁立的窟石礁
也见到日夜瞭望的鼓浪屿

"下一站，邵家村"
乘务员在喊站 把我从沉思中
唤了回来

我下了车，向家望去
妈妈正仁立在街门口
向我望来

6. 仅有的盼望

机帆船在茫茫的大海中
像一片落叶

在浪里不断地昂首低头
四周广袤无垠……

船长手握舵轮
不时瞅一瞅罗盘
抿一口白酒
晕船的工友躺在船板上
一动不动

起伏不停的海面上
墨绿的海水激流中
这条船是唯一的一个点

我情不自禁地向天望去
像是在祈求保佑

一只小鸟正下榻在桅杆上
两眼紧紧地盯着我
像在对我说：
我已经精疲力尽了
千万别赶我走
这是我能活下来的
仅有的理由

7. 爹爹的挥手

题记：这是用泪墨写成的散文诗，
以寄托作者对父亲的怀念。

那一年
我刚十八
要去外省买貂种
我挑着笼子
向汽车站走去

回头一望
您在轻轻地向我
挥手
我感觉到
您的牵挂

那一年
在加国卡城机场
送您回国
您向安检走去
转身回望
慢慢地举起手 向我
挥手
我感觉到
您的期盼

而这一次
刚刚送走了妈妈
您一下子变得
特别衰老
我起早启程回加国
您将我送到街门口
颤抖地举起了沉沉的手
向我挥动
我感觉到
您那充满痛苦的心

可怎会想到
这竟是您向我
最后一次
挥手

8. 雪花飘下

手舞足蹈，飘飘洒洒
落到了我的额头
落到了地上，浸入土中
演变成一束束棉絮

啊！我看到啦
妈妈坐在炕上
把海滩沙粒那般多的雪花
铺进我棉袄的夹层

9. 加拿大班夫国家公园梦莲湖（Moraine Lake）

在海拔 1884 米高的落基山上
在十峰拥环的巅峰山谷中
有个胜过仙境 美极了的梦莲湖
由冰川溶水形成的梦莲湖
面积为 0.5 平方公里，静谧的湖面
呈现变幻多姿的碧蓝色，晶莹剔透
是上天放到大地母亲双手中的一颗
璀璨明珠

上天又在湖边设立了 300 米高的岩
石堆观礼台
伫立在岩石堆上，俯视湖面
湖面上倒映着十峰，皑皑冰川，针
叶丛林
还有天上浮动的白云
在碧蓝清澈的背景的衬托下
更是锦上添花 美上加美
怎能不令人惊讶大自然造物的神奇
令人心醉神迷……

美丽的梦莲湖是一块天宝

是上天赐给的宝贝
美丽的梦莲湖是一块国宝
迷人的景色曾被印在加拿大 20 元
的纸币上
美丽的梦莲湖是游客心中的一块珍
宝
仙境般的景色深深地印在游客的记
忆中
徜徉于诗与远方……

10. 祝贺《中国微信诗歌年鉴》出版十年

在数字的海洋中，
"十"是个象征完美符号。
在广阔无垠的微信世界里，
你每年都精选诗与远方的贝壳，
每一片，都金光闪耀。

微信的窗口，
涌出无数心灵的吟诵。
跳跃的诗句布满星空，
闪亮的星划过苍穹，
将时空的痕迹留在纸上。

十年，不只是时间的流逝，
更是情感的沉淀，
在每一个字符间，
我们看见了彼此的灵魂。

漫黎
美国亚特兰大

作者简介

上海人，定居美国亚特兰大，华人诗学会会员，原为电视台节目编导。近年来开始写诗，诗作发表于《芝加哥时报》《诗殿堂》《洛城诗刊》《新加坡诗刊》《休斯敦诗刊》《台湾时报》《中国日报》等报刊杂志，并被入选《海外华人诗歌精选》《2021 中国微信诗歌年鉴》《2022 中国微信诗歌年鉴》等，作品《顶点》入围 2023 纽约法拉胜诗歌节获得佳作奖，诗作散见于各网络平台。

1. 一个人坐在海边

请容我静下来，在这片无涯的时间海里
做一粒沉淀的沙

置那些惊涛骇浪于生活的海岸线之外
我放下最初的倒影

是否还需要
去追一袭流云、一抹晚霞？
已然逝去的温润情节
坠落，坠落——

浪的飞沫拍打我日渐疏于表达的双唇
落日，是我身体消亡的一部分

当我一个人坐在海边
我开始习惯接纳汹涌，并且
不再拒绝平庸

2. 我会爱上自己的孤独

我体内一定有这样一滴露水
它低垂，沉默，有时也会跌跌撞撞
但我从不轻易示人，这并非与我的
倔强有关

我向国王、乞丐、市井里的走卒
甚至强盗贩卖那些晶亮亮的盐
并且从不吝赠每一块硬石以足够的
温暖

我忠于既定的准则
以敏锐的本能，与灵魂结伴奔跑
即便过路的风会掀翻桌上的杯碗盘
碟
而更多的时候，我倾尽我所有的黄
昏星
用以交换命运阀门的开阖

我想我会爱上自己的孤独
当月光浸染夜的骨胳
我的幽谧便会在一堆堆旧纸屑里，
打转
拥挤着碰撞着然后各奔东西的方向

直至最后一盏路灯合上眼
我打开门
奔赴黎明的岛

3. 顶点

顶点其实是个非常习钻的角度
它并不接地气，与日常沉醉的趣味
相比
它冷过一柄长剑的出鞘

我见过处于不同场景里的顶点
或群山之巅，或塔楼之上
在两条直线相交的锐角内，没有
数学定理、没有哲学理论
顶点，包涵了更多的未知与空白

就像光与影之间微妙的辩证关系
通向顶点，也需要搭一把看不见的
梯子

不同的生物会选择不同的方式，向
上攀爬
这个动作似乎很抽象，很漫长
但若看一看那些长在高地的樟木
挺胸，直立，似乎一切尽在俯瞰
一切游走股掌

它们唯一不能确定的是——
会在哪一刻倒下
而我却能确定——
我会在我洁净的棉袍里
与高处的虚无，保持
旁观者的距离

4. 大雪

当纯白，非固态、非液态
非静态、亦非动态
以一种遁形在意识河流漫延
随思想赋形
张开它喊疼的嘴巴……
——于是，纷纷扬扬的雪
终于落下。

如此密集，放逐四野不需要风
用静止的语言压住茫茫无尽之黑
大雪具有无上美德
大雪内，藏有一座干净的寺庙。

5. 周而复始

词的表达总先于鸟群的苏醒到来
春天或许会被记住
当翡冷翠的余光

化身纤细，我们在相似的清晨
一遍遍收拢中年的翅膀

生活如圆周——"周而复始"
它的触角伸进广袤无垠的日常，明
亮
或者暗调子的房间，而我们
正在所谓的房间内逐渐变老

我们骑的白马，也许会在某个早晨
走失
亦如这无根的消逝之水
一滴一滚动
回转又聚拢在叶背光的那面

6. 急促是风

昨夜，狂风大作
几只林鸹，晚归
扑腾扑腾翅膀，一低头
就栽落…….

我目睹了整个过程
但我并不想呼叫
我明晓深夜有一万种黑暗语言

那个最漆黑的角落
试图擦亮火柴的手却永握不住
片刻光明，在急促的风
到来之前，在成为灰烬之前

……星空下
唱颂词的少年一脸懵懂

7. 与石头有关

我们都是淌过石子滩的人，
脚底，伤口，还在，

永无法愈合。也总有石头在前方

——那个貌似坚硬的个体，又承载
过
怎样的悲伤？走在路上的人
灰扑扑的身影，与石头的颜色竟如
此接近

我们从不轻易丢弃石头，却总有
小石子从奔跑的口袋中滚落
回到它原来的地方，它，过于冷
过于理性，唯石身上的辙痕，记录
了
所有的开始与结束。

走远了的终究是那一场跋涉，就像
马匹离开了马场
石头小，人的身影，更小。

8. 经过斑马线

行走。挪动岁月的车辙
在黑白碎布。
果实沉沉坠落，陶罐被搁置一旁
这是应该历经的片段存在…
"擦过石头，或是延迟在我们额头
前倾之处："*
我们笑，带着哭泣后干涸的沙子
我们接受我们必须的接受

影子在身后闪烁，荧光粉一样
回声，无论如何总该有的回声，像
最后
留存的枝条，蘸满水与阴影
停落
斑马线
愿时间延迟，在打破喧嚣后的
寂静。

*为伊夫·博纳富瓦诗集《弯曲的
船板》内《一块石头》的诗句

9. 空

雁群经过天空，很快无影了。
雁群再次经过天空，又再一次无影
了。
但天空，从不缺乏脚步声
影痕般置留在一些云朵的黑洞中
我们常常身不由已地跌进黑洞
在梦的倾坡里，低俯虚空
你以为整个世界因此都在外面
但这应该仅仅只是个表象，它绝不
是
你视网膜里采集到的点、线、面和
所有
已知、未知的东西。
打开窗子，
你的内心并不会因为一阵风的经过
而被洗劫一空，你的思想呢？
更不会。
按下暂停键
我其实是更享受那些看似空白的停
顿

相较于那只，在屋顶奔跑的夜猫

10.　卡尔教堂的钟声

就刚刚，下午五点半
卡尔教堂的钟声，敲响
这个异国异乡异地古老教堂巴洛克
圆球顶上空……
钟声响起
钟声，其实和我们一样走过许多路
遇到过许多人
但它不会跟随我们，就像我们不会
跟随
一个陌生人脚步去轻易推开一扇门
尽管那门也许正半掩，斜眼
挂着雨水里湿漉漉的欲望

云锦
美国洛杉矶

作者简介

美籍华裔女诗人，北美洛杉矶
华文作家协会会员，云锦诗电影频
道总导演。夏威夷作家艺术协会会
员，《文学与艺术》终身签约诗
人，夏威夷国际文联《主持与朗诵
者协会》副会长。著有诗歌集【窗
外有一株梨花树】，散文集【叶落
有声】等，诗歌及散文作品曾屡次
获奖。

1. 爱，在遗忘中深刻

遗忘的
往往比记住更为锋利
像渐渐模糊的雨滴
在记忆的巢穴里
渐行渐远

当你的名字
成为咽喉里陌生的颤音
才发现
最深的烙印
总是藏在灵魂的盲区

那些被时光冲散的细节
像退潮后的礁石
愈发坚硬而清晰
原来爱
是沙尘中不肯坠落的
最后一抹星光

2. 草原之狼

青铜的月光在脊背上浇铸
它站着
像一道被风削尖的
苍松

毛间抖落
隆隆的雷声
每根毛发都蓄满
沙漠的旱季

它嚼碎月光

粗旷的咽下
最后一道
黑色的裂缝

它在草浪中游弋
比风更轻
比夜更静
当它仰头时
草原突然失去重量
星群开始倒灌进
它眼底的深井

3. 荷底的风声

六月弯下腰时
终于听见
水纹里藏着的
绿色暗语

莲的气息
比水面更低
月光数着波纹
我数
沉落的光斑

淤泥深处
有未拆封的
夏日浪漫
风一吹
就泛起
旧日的涟漪

我静静伫立
像一支

含苞待放的
清荷

4. 多年以后

多年以后
当风绕过空荡的门廊
我仍会记得
你轻抚我时
指尖掀起的
那场小雪
时光消磨了太多记忆
而你的名字
卡在诗句的缝隙里

像一枚
不肯褪色的秋叶

我们共同拥的黄昏
后来
碎在两只不同的杯中
你饮下光
我吞尽影

5. 窗外

一支绿把窗户切成几何图
一只鸟儿突然停住
又飞走
像风筝从手中脱落

风在慢慢膨胀
偶尔有云
像某个下午

那欲言又止的沉默

雨从外面飘来
把所有的边界模糊
而更多时候
只是光线在移动

慢慢的
光从东墙挪到西墙
像一个人的一生
从少年走到老年

6. 当风路过的时候

当风路过的时候
杨柳垂首
长发浸入溪流
写一行
又写一行
浓烈的抒情诗

当风路过的时候
蒲公英松开
握紧的雨伞
仿佛一千个远方
在它耳畔
同时绽放

当风路过的时候
我的白衬衫
突然想起
某个晴朗的下午
自己也曾
有过翅膀

7. 我把你丢失在夏天的风中

我把你丢失在夏天的风中
像丢失了心爱的信物
蝉鸣突然安静的一秒钟
树影里，你的名字在消融

哪个黄昏忘了提醒我
候鸟会衔走晒暖的承诺
当月光开始薄得像糯米纸
是谁藏起了所有的甜

你碎成千万片羽毛
在小巷的路口打着旋上升
我解开衣襟追着跑
也接不住你的呼唤

终于
我们之间
只剩下牵挂
当南风路过旧阳台
你种的花突然颤动

8. 时光的咏叹调

曾在琴弦上弹奏过
屋后花园的晨光
如今，每个音符
都长出了
泛黄的年轮

鱼缸里游动的金鱼
突然静止

它鳞片上刻着错过的
某个
周末的下午

暮色的黄昏
在沙滩上
缓慢移动
而我的影子
始终卡在
两棵棕榈树之间的
那道划痕里

时光啊
这永不落幕的
舞台剧
我们只是
它投映在幕布上的
那一节
正在淡出的
颤音

9. 波澜

我见过你
沉醉于蝴蝶兰的香气
在月光的凝视下
那起起伏伏的瞬息

你思绪里有一只船
有心海里的波澜
当夜灯熄灭后
你用瞳孔点亮星火

当所有悲伤跪下

你微笑如初
把叹息写成
一首欢愉的诗

10.　岁月如风

我数过十二次日落
在岩石的裂缝里
还残留着
我呐喊的余音

当一只沙漏开始倒悬
你数雨滴
我收集
风的形状

后来
整个雨季
你都在擦拭
玻璃上的痕迹
而我的思绪
正在某个沙漠里
慢慢结晶

一生的光阴
可以有无数的标本
但最后
都会变成
相册里
一片
浅浅的薄雾

雪川
美国威斯康辛

作者简介

　　真名戴强。定居美国二十余载，从业于生物科技，喜诗。偶有习作刊于《新大陆》诗刊、《海峡诗人》、《世界日报》及北美《侨报》等。作品曾获法拉盛诗歌节二等奖和优秀奖。

1. 咖啡杯

街对面的桌上
一杯咖啡
被永久封存

氧气罩，散大的瞳孔，远去的灵车
都沉淀在杯底
没有倒影
只有焦苦的忆
溶入浑浊的寂

虚拟的小勺，能否
借 Zoom 探进街对面的杯里
搅出晚霞中湖上往日的桨声
给空空的街
拖一笔渐枯的墨迹

如今，唇与唇之间
是口罩的断崖峭壁
而我，却要在看不见的洪水中
挥着小勺
努力划近你------即使
杯与杯之间，只有
碑与碑的间距

2. 野

告诉你，那是一种野花
因为，我不知道它的名字
在我来以前它就长在那儿了
就像兔子、松鼠和叫不出名的鸟儿
他们全都是野的

也别问我叫什么
对于您，我
也是野的
而且，已经野了很久

3. 系在捎绳上

等我被系在捎绳上吧
那时，你我都吊在马鞍后
离开家园的路，撒满我们的哭
猎手的篝火和牙齿
是你我最后的归宿

草场和灌木丛都消失在马鞍之后
马驹跟着母马，牛群
不会丢下一头拉稀的牛犊
穿皮窝子的你我在嬉戏中长大
渐渐地，也会相忘于不大的江湖

我的琴，注定也要被系在捎绳上
但我的歌，会继续在树梢上和草根
间跳舞
你看岩石上爬满被扯断的琴弦
每一根，都会在春天重新绷紧
一场雨，便能让鹅黄的呐喊奏出

注：民间传说，小兔长大了，母兔
告别时对小兔说，等猎人把我们系
在捎绳上时再相见吧。"捎绳"，
是马鞍后悬挂猎物的绳子。"系在
捎绳上"是一句少数民族的谚语，
比喻来世再见。"皮窝子"是牧民
用生皮子制作的简易的鞋。

4. 爨下曲

在灶旁，你闻到似曾相识的气味了
吗
那是我从故土的山水中汲取的恩养
沃土中，我长出舒展的臂膀
托举起杜鹃、鸿鹄和鸦鹊
青松和腊梅都是我的发小
雪莲曾赞赏我不畏岁寒的嚣张

我曾被精雕成一扇窗棂
在山水和枯山水前
都能让冥想萌出顿悟
我曾是巨帆下的船桨
藉着季风，把青花的友善
送达遥远的海港
必要时，我毅然做战车的轮辕
背负马革包裹的骨骸
让英雄的残梦回归故乡
或许，我更愿成为一枚木简
去承载诸子们深邃的思想

如今我老了，用我烧饭
或许烤不熟一块牛排
但我深信，被岁月烤焦的身躯
还能撑起琴弦，让不同肤色的脚
在篝火和舞池边发痒

你听到炉中噼啪作响了吗
那是我的年轮中植入的绍乐
即使身经烈火
也能让你在余烬中听见
歧山的凤凰

注：清初诗人钱谦益有诗曰："爨
下车劳枉做薪。""爨"就是炉
灶，"车劳"是指从旧车拆下的废
木头。《晋书·荀勖传》记载荀勖
某日与皇帝司马炎一起吃饭，他根
据饭的火候判断饭是用废车柴烹饪
的。在座无人相信，皇上差人去
查，厨师承认的确是用废车当柴，
故有"食辨车薪"的典故。

5. 耗米的人

依旧六点起床，读诗，听鸟语
放翁也是这般早起
豁牙念叨梦中的冰河铁衣

狐溪涨水了，青枫斋外
荷叶下，藏着对视的青蛙和锦鲤
轮椅上，耗米的人还能找谁对视
去讲家族上一代的故事，那是
十二点过后，长辈们低声念诵的传
奇
僵硬的手指再也够不着家乡河边的
柳丝
灰白的乡愁上挂满不出声的泪滴

赶紧来与耗米的人对视吧
六月的暴雨或许又启动各样的别离
雨后，有些眼睛不再睁开
有些笔，后悔没有早早拿起

注：某地方的人习惯在晚年自谦是
"耗米的人"。

6. 登南京报恩塔

还看得见龙蟠与虎踞吗
俯瞰比肩的楼群
究竟是云层下的虎斑还是龙鳞
龙与虎的日常
或许，就是小巷馄饨店
飘香的吸与呼

碗筷碰出蹉跎的记忆
寿星的老故事能信手拈来
譬如，凿冰取水的池塘
小窗飞蚊的老屋
悬壶济世的施恩与回报
每一帧，都写着天上的祝福

彼此读脸
找回苏南苏北的风霜尘土
彼此读手
显出蜗居榫卯的精度
彼此读心
感叹绵延不息的传承与帮补

烟雨中，茶经增订了多少种新的甘
苦
云锦的飞梭从民国瞬间穿回东吴
燕子能飞越变换的年号
却飞不出青瓦白墙的银幕
报恩塔像变形金刚一样重新站起
用秦淮河水洗去硝烟和血污
以惊喜的目光
俯视，平视，甚至仰视
不断升级的坤舆图

7. 塞尚画展笔记

您瞧！那个秃顶的大胡子
只有烟斗知道他牙齿的疏密
圣维克多山平静地吸着他吐出的烟
洗澡的男女们在他面前都不害羞
在林间，比在兰亭还要安逸

他记录黑色肌肤上渗血的伤痕
让各种肤色的泪腺都倾泻不羁
直到有人敢喊，我也有梦
涌出的泪汇聚成壁立的潮头
在长街写成黑白并列的历史墨迹

他捡起砸过牛顿的苹果
在桌上反复推演阵法
不是权斗的沙盘，是插花的静修
随意的一簇红，或一团绿
都足以震撼整个巴黎

他曾独自赤裸涉过浅浅的溪流
穿过所有的鄙视、误解和敌意
隐身在一个叫奥威尔的小村
在村里，他与妻子整日对视
椅子和画架之间，白天是银河
夜晚便是七夕

他看见一堆骷髅堆在路的尽头
在骷髅堆中，他寻找自己的母亲
也许，母亲就端坐在圣维克多山上
慈爱地看放不下画笔的儿子
看他走来的路上跟着一群人
每一位，都挥舞着画笔

偶尔，他也扭过头
看一个佯装读报的老头
不时偷偷抬眼
看倔强的儿子
给自己打磨
一位父亲完美的威仪

8. 送女

我们选择在冬日的雨天对饮
听萨克斯在雨中浅唱低吟
斟一杯即将开始的思念
残月般的柠檬
把酸涩沁入昏暗的灯影

你为我浅浅地，浅浅地
注入正式的离别
我端起，深深的，深深的
咽下你即将远行的身影
从襁褓中的笑靥
到被校车门吞噬的大书包
再到披着学位袍的娇嗔
用你披散的柔发编成一根丝绳
而你，则是高飞的风筝

明天，我在端起咖啡念叨你的时候
在打扫你房间时喊你名字的时候
在晚餐前下意识喊你下楼吃饭的时
候
在另一个时区
你是否会柔声答应

9. 六尺巷怀古

许多人都去过桐城
回家后，或许
也翻一翻文字的桐城
真心读桐城的那一位
已在桐城的水里
被桐城册封

那可是一尾锦鲤啊
住不惯御花园的水缸
从取经途中的水塘
一口气游到大海
摆一摆尾，便又潜回了桐城
他把最后六尺的涟漪漾开
融入了我的心电波纹

10.　望南山

兄弟在城墙下对我说
你若是晴天回来
登上城楼
便可望见南山

那时，我的心
微微地颤了一下

我看见护城河边的柳
跟着颤了一下

我相信，南山里久违的古钟
肯定也颤了一下

宇秀
加拿大卑诗省

作者简介

加拿大华裔诗人、作家。祖籍苏州，现居温哥华。文学、电影双学历。《南方周末》专栏作者，西南大学中国诗学研究中心《诗学》年刊特邀编委、文学公号《Meet 域外典藏》策划主持。著有散文集《一个上海女人的下午茶》《一个上海女人的温哥华》、诗集《我不能握住风》《忙红忙绿》等。作品收录于各类年度选本、排行榜等文集百余部，曾获中国电视奖、首届中国少儿合唱节小云雀奖（银奖，作词）、第 40 届中国时报文学奖新诗首奖、2018 年十佳诗集第一名、2018 年十佳华语诗集、2019 年十佳华语诗人称号、首届东西文学奖等，连续入选 2022、2023、2025 年度"台港澳暨海外华文文学好作品名录"。

—❦—

借火的舌头，舔干所有脸上的悲戚——宇秀诗选（2021～2025）

1. 一把木椅

这把木椅
二十年前与我一起跨洋迁徙
在张煌无措的异地
贴着它的背脊，坐在它的怀里
就是搬来的故居
不知不觉就坐进了落日。冬的黄昏

闭目，垂首
窗外起风，冷雨零落
一只麋鹿从我破败的身体出走
去童话里复活

森林的涛声在皮囊的虚空里回荡
像故居的穿堂风击打高墙的寂寞
没人知道
只身空谷的羊在寻觅来时的路
就像没人知道午夜里一把木椅
想念着树

2. 母亲树

母亲是棵矮小的树，
长到满身皱纹就更矮小了，
而这，并不妨碍她拥有挺括的绿
叶，
无论风云变幻，岁月更迭，被围
观，被遗忘，
皆一如既往。沉默。安详。
叶子们则随风起舞，沙沙作响……
树有百年乃至千年的寿命，
母亲没指望活那么长，
只愿明春虬枝生出绿叶鲜亮。

那些叶子在树身上，
乃是不分彼此的一家子。一旦落地
或被风吹远，就谁也不认谁了。
——这是母亲的无奈。她看见死后
的自己，
光秃秃的躯干伫立原地。
在许多年以后的某日，被一个路
人，
或许正是她的一个子孙，
砍了，烧了，成为一张饭桌的脚，
或仅仅
让壁炉里的火窜高一寸。

3. 暮春

那木纳的，哭了
当她目睹一只羊以祭祀的名义
被投入壶口瀑布
两颗硕大的珍珠从牛眼里潸然滚出

那机灵的，哭了
当她被按在砧板上活剥了闪亮的衣
服
油锅发出吱吱爆响
一串水晶从单侧鱼目里汩汩流出

那没有眼睛的，也哭了
当园丁收拾起割草机
空气里弥漫着翠绿濡湿的新鲜
青草的泪从刚刚砍了头的脖子里渗
出

只有光芒的事物不哭
借火的舌头，舔干所有脸上的悲泣
在暮春，躲进百姓的早餐
我看到太阳的泪憋在咸蛋黄里

4. 失语

一米紫外线恰巧与早上九点的时针
重合
阳台伸进光里让座椅的扶手握住。
这是失语的一刻
所幸光柔若无骨，摩挲着紫砂壶
刚刚好，抚慰流落到异乡里的一缕
汉风一叶紫竹
祖上的笔力与刀工软硬适中
令秋色明晰于深刻

这一季奏鸣始于晨曦，越过海面、
森林，与大地
交响。一些声部落到后花园
就成了溪流潺潺落木萧萧的第二乐
章

在西侧的木栅栏上斜斜地列队，由
低到高，由短渐长
明亮有序如放大的白色琴键
悬铃木大大小小的手掌在风的指挥
下
以各种剪影，在晨光刷亮的音阶上
演一出秋的抽象
时间在一片片叶子上给人看它
一变再变的脸色
一些事物在金色里辉煌，也在金色
里死亡
远处台阶，落叶好似冥币无声造
访。那扇门扉
很久无人叩响
只有一盆雏菊正当盛年，比光更明
艳
原来孤独也可以如此灿烂

白色的木屋尖顶
向翅膀证实天空的远是怎样的远
向眼睛示意无法蘸到画布上的蓝有
多蓝
十字挑着一朵巨大的棉花
像一个忧伤的远虑够不到地上的冷
暖
一些准备过冬的近忧无处贮藏，索
性与云比肩

5. 孤独的形状

孤独
有一种形状
如水，在大到可以
把人溺毙的水缸里

或仅仅在一个小小玻璃杯里
平心静气
没有丝毫企图
不做任何努力
你却不能把它切开一道裂缝
或弄出一个缺口
当你用一根手指侵入
它即刻把你
紧紧抱住，不留任何空隙
当然，你可随时抽身离去
它不会出声
只会恪守自己，但凡有一个容器
当孤独不再孤独的时候
水，已无容身之地

6. 失踪者

深夜，你又来到面前。无言
一如既往空缺着你的脸
亲爱的，你的头颈是太过纤细的花
瓶
独插一株花瓣儿紧闭的蓓蕾
像一颗把自己裹得死死的卷心菜
我张开的双臂，被误读为巨型剪刀
你倏然变成一张黑色底片
泪，自你白骨突兀的眼眶，汩汩泉
涌
我瑟瑟发抖，再一次想要自首

那时，四周的目光是一把把匕首
你不期而至，令我胆战心惊
为着一段恋情或一个意外，甚至一
场骗局
里的失踪者，你也必须失踪

我被指定朗诵从报纸角落剪下的爱
情告白
匕首们退回刀鞘。我晕倒在立春的
门外
把一个寒冬熬成一锅中药
至今，都没倒完剩余的药渣

在你失踪的路上
我目睹自己赤裸裸站成一棵枯树，
枝头
徒有一枚果实兀自坠落
忽然，灼热的潮水从后脖颈没上头
顶
湿漉漉的发原是一丛杂乱的水草
把你我缠绕成死结。附身
捡拾那颗果子，竟抓了一手血

"妈妈！"你闻声隐遁
我多想把女儿的手和你牵在一起啊
其实，她呼喊的妈妈也不谙其源自
哪棵树
于另一个母亲
她，也是一个失踪者

7. 从简

他们不打招呼就走，一去不再回头
在落日的黄昏，在下雪的清晨

落叶有整整一季的葬礼，死者已无
送葬队伍
在微信里点上蜡烛，快捷，环保，
连灰烬也省去
在网上转一份花圈费用，然后关掉

手机
男人戴上口罩出门采购，女人在家
剁馅包饺子

新年又到了门口

从前，死人的悲哀要笼罩很久
如今活人的时间都不够
朋友圈晒出一条小狗，溃疡的脚在
兽医院手术
它哭了。人们纷纷转发狗的眼泪

亡者瞠目，缄默在墙上
谁还记得擦去他们脸上的灰尘

8. 巴黎墓

春天一来，就想起
一些艳遇和容易艳遇的那里，比如
巴黎
尽管没有情人，却总有一缕情思
当口罩不再阻隔接吻
必有许多故事复活在重返的旧地

一盘黄油蒜蓉深入到甲胄里的蜗牛
一些熟悉的人的墓地
总是要去普鲁斯特、波特来尔、海
涅身边
坐一坐，听听从他们身上长出的
又一季青草，摇曳着上传泥土之下
的声音
遗憾没有软件可以下载风
杜拉斯白色的墓碑上插着许多支笔
像一堆干瘦的枯枝

我曾将旅途上唯一的那支也加入进
去
之后，便如许多急功近利之徒
任意打进一个消亡的日期
在键盘上虚构历史，直至把文字逼
疯
影子们一批批坐起来
诵诗、饮酒、对弈、舞剑、决斗
全然不管当下的禁令。亡者的唇上
印满
现实主义的吻。至于

蜗牛，从香榭丽大街到左岸
密集的咖啡馆，孜孜不倦地证实存
在主义
白色台布、银刀叉、黄油蒜蓉的浓
妆
一场香艳的临终仪式
卑微的努力终成饕餮的祭品

9. 道义

这条路对所有的脚步都表示沉默
它唯有以躺着的方式抵抗
不说，什么也不说

凡在它身上发出的声音
肯定是强加的被迫
它喜欢松鼠和落叶的访问，胜过
人的踏足
尤其不懂为什么
人们常常在它身上开膛破肚大动干
戈
然后……再打破，再缝合

它能做的无非是忍耐，再忍耐
在地震前，每一条路都预备了岔道
让人走错

当人们争论道义的时候，路
躺在天空底下，想念它自己长草的
岁月
想念那些草结子，又被风吹落
想念果子在夜晚悄悄落地

10.　屋里在下雨

窗外。寂静灿烂着。
阳台和后院蜷缩了一冬的伞，徐徐
绽放
与忍冬与风信子一道打开春天。
屋里在下雨。策兰的黑牛奶
继续被喝着

拖鞋踢踏着木地板，插入
雨中，像突兀的打击乐闯入弦乐的
和声
东边门墙、台阶，西边草坪、
幽径旁灌木丛、后巷垃圾桶
涂抹着一层玫瑰金，各自孤独地奢
华着。
屋里在下雨。策兰的天空
继续掘着坟墓

大理石餐台上散落着磕碎的蛋壳
炮火在屏幕上冒着浓烟而非二战影
片。
电钻声穿墙而入似毫无征兆的突袭
一条短信跳进手机

隔壁丹尼尔先生为装修噪音致歉
其实不必。坦克与炸弹压倒了一切
噪音。
春天的耳朵已被震聋

窗外，阳光盛大着寂静的空旷
屋里在下雨。策兰的赋格
一遍遍地吟诵死亡

李彦刚
加拿大阿尔伯塔省

作者简介

　　男，1950 年 6 月 3 日出生，退休。抚顺市作家协会会员，辽宁省作家协会会员，酷爱文学，钟情诗词。

1. 红五月之歌

五月　染满红色
五月　唱着欢歌
拖着朝霞的彩裙
扯一抹夕阳的晚韵
向我们走来
天地间浪漫的宾客

你把真诚的情感赋予山水
把最美的诗献给花朵
于是　山水充满了生
花朵将大地缀成美丽的地毯
炊烟也编织出素
处处扬溢着欢乐

你心中燃烧着一团火
还有一腔的赤热
将温馨献给人们
把怡情注入山河
人们眼里含着泪水
山河将绿色涂抹

欢迎你　五月
款待你　美的使者
天池水酿成美酒
黄山的松列队迎接
啊　张开双臂
把你拥进温暖的心窝

2. 芬芳

三月的这一天
我嗅到了一缕芬芳

那是从女人身上散发出来的
温暖着社会的心房

那是从女人性情散发出来的
体现了母爱的柔肠
那是从女人品质散发出来的
解读着心中的善良

那是从女人理智散发出来的
化解了野蛮的疯狂
那是从女人风韵散发出来的
伴随着花儿开放

那是从女人美丽散发出来的
焕发出四季的彩装
那是从女人本能散发出来的
孕育出了生命之光

女人是远古的传说
夏娃给了她神的力量
女人更是现实的偶像
时代赋于她事业的辉煌

3. 立春暇想

清晨，听到了春的脚步声
那么细微，那么轻盈

柳丝听到了
一时间动了柔情
溪水听到了
唱着歌儿去欢迎

小草听到了

枯萎的芽心儿泛起了青
大雁听到了
正酝酿着从南方启程

春，隐隐的归来
携带着满山遍野的文字
像是一首首朦胧诗
在故乡的田野上吟诵

牛儿已露出了身影
一串串颈铃摇响晨风
大地结束了冬的梦
种子正在悄悄的苏醒

清晨，听到了春的脚步声
那么温情，那么好听

4. 母亲节 致妻

妻子是个贤惠的女人
母亲节 看着她缕缕白发
心里涌起了愧疚的泪
眼角泛出了泪花

十八岁嫁给了我
撑起了一个穷困的家
贪黑起早的劳作
十年间给我生了四个娃

俊美的面孔刻下条条皱纹
岁月寺走了她的青春年华
一个相夫教子的女子
给了亲人一个最完美回答

我是个眼里没有活儿的男人
她是个心里闲不住的管家
总能把家收拾的井井有条
亲戚邻居没少将她夸

她把孝心给了父母
她把爱心给了娃儿
她把芳心给了爱人
自己什么也没留下

有她的日子里
我心里稳的如一座塔
有她陪伴在身边
眼里流动着一条彩色的霞

5. 屈原 华夏精神的脊梁

又到了这一天
嗅到了粽香
汨罗江 心中的痛
卷起我一腔愁肠

那个古老的国度
你用一首九歌的吟唱
将人们的愚昧唤醒
开启了文明的畅想

离骚 抒发了你苦闷的情怀
展开了浪漫的翅膀
冲击着黑暗的牢笼
幻想去自由王国翱翔

天问 似一把把利剑
刺破宇宙奥秘的锦囊

让真知灼见
重放光芒

谏善言 修法目
著书传 举贤良
漫漫长夜
你燃起了缕缕智慧之光

屈原 华夏精神的脊梁
你是一篇不朽的文章
字里行间
弥漫着永久的芬芳

6. 感恩节 感恩

感恩节伴着雪花走来
带着丰收的果实
一串串爽朗的笑
荡漾在人们的心里

感恩天地
给了我们生命的粮食
四季的雨露
新鲜的空气

感恩父母
赐予了我们生命的动力
创造社会的文明
繁衍人类的继续

感恩友谊
改善了情感的孤寂
心头掠过一阵阵春风
生活里散发着甜蜜

感恩爱情
一生牵手走过风雨
灵与肉的结合
苦与乐的沐浴

感恩知识
让梦想变为实际
科学改变一切
世界的未来更加美丽

7. 雪中漫步

雪花儿轻轻的飘着
稀稀疏疏的落在他们头上
白雪 银发
述说着生活的以往

知道为什么今天和你散步吗
她递过的眼神比雪花还漂亮
五十年前今天向你求的爱
一串笑声那么爽朗

那天雪比今天的大
她的皱纹里挂满了风霜
天也比今天冷
他的话语中流淌着沧桑

雪 爽爽的
飘落在他们身上
情 暖暖的
溶化在彼此的心房

爱 甜甜的
滋润着他们的情肠

路 长长的
通往伊甸园的方向

雪中漫步
北风弹奏着柔美的乐章
雪中漫步哟
雪花儿散发着迷人的芳香

8. 野花吟

人们总是对家花非常欣赏
我确对野花情有独衷
前者美得那么娇艳
后者却让你目不转睛

她无需人们浇水施肥
顽强的吸吮着暮雨晨风
盛开着一朵朵自然的美
展现出朴素的风情

海拔两千米的山坡上端祥她
依然露出爽爽的笑容
偶尔一阵山风吹过
肆无忌惮的投入你怀中

野径石边将她细看
似听到了她柔柔的细语
拽着你的一双裤角
火辣辣的眼神向你传情

莫要说她轻浮
也不要怪她卖萌
深山幽谷里的这些姐妹们
简单快乐就是她们的一生

野的纯真
野的轻松
野的那么可爱
野的俘掳了你的心灵

9. 月色如歌

元宵节的晚上
望着夜空中那轮圆圆的月亮
异国他乡过佳节呀
心中难免有一丝丝的惆怅

人们都说外国的月亮比中国亮
我却说它只是多了几分清凉
望着它 我看不到美丽的嫦娥姑娘
望着它 我听不到千里共婵娟的吟唱

今夜蘸着浓浓的月色
书写我对家乡亲人的眷想
明晚那如水倾泻的月光呀
分明是亲人给我的回信行行

月色如歌
　缓缓的在我心里流淌
一头系着月亮
一头系在我心上

我想那平湖秋月的美丽
我想那芦沟晓月的宽广
我想那三潭印月的清爽
我想那荷塘月色的幽香

回忆月下姐姐摇兰曲的甜蜜
忘不掉妈妈缝补衣服的模样

月色如歌　是那样的悠扬
月色如歌呀 轻柔的飘向远方

10.　蛐蛐儿

它天生好斗
为了那雄性的威武
不惜头破血流
男子汉劲头十足

但它也很温柔
听那月色中的小夜曲
那么细腻缠绵
似向异性将心声倾诉

这就是生命的美丽
这就是个性的突出
为了尊严　决斗到最后一息
为了爱　将秋夜唱哭

它的生命很短暂
却活出了精彩　让人佩服
虫儿的世界里
人类向你献上鲜花一束

靖莲英
加拿大卑诗省

作者简介

　　原籍湖北，1996 年移民加拿大，曾任加拿大温哥华《星岛日报》，《加拿大都市报》记者与编辑。发表反映华裔新移民生活的深度报道二百余篇，诗歌作品散见于报刊与网络平台。近年来专注于翻译美国女诗人 Emily Dickinson 的诗歌作品七十余首。现为加拿大中华诗词学会常务副会长，加拿大中华诗词学会会刊《诗梦枫桦》副主编，都市报网络诗刊《菲莎流觞》副主编，高度月刊《菲莎文萃》副主编。

1. 荷

八月里
偶然
遇见了荷
荷叶卷曲
荷花凋落
荷茎挺直，朝天歌

人们说，这是
枯荷
叶萎 枝干 心作古
芳华褪尽无颜色

静静对视，我与荷
时光停住
美啊，八月荷
荷枝或曲或直
画丹青水墨
荷香似有若无
引乡思念多
这是，我的荷
荷说
沉寂多日
等你把希望撒播
我说
荷心似我心
来年再相约

2. 自由

跑步时
挥汗如雨，爽
身轻如燕，飒

步履如飞，快
心随云儿飘
我是自由的

读书时
学圣贤之道
采名师之风
破书千卷，自有益
纵横百家，难盲从
我是自由的

遭遇挫折时
沉沦，还是奋起
放弃，还是抗争
命运天定，谁定天？
我选择，我来定
苦心志，劳筋骨
我是自由的

写诗时
山川湖海神游
遍历春夏冬秋
察人间琐事
书自然俊秀
道尽内心的自由
这一刻
我是自由的

3. 下雪啦

下雪啦，下雪啦
老妇如常遛狗
小狗的毛背心红艳艳
老妇的脚步一时轻一时重

一串四爪梅花印，沿着小道蜿蜒

下雪啦，下雪啦
青年循例跑步
青年的墨镜泛着彩光
翻飞的脚步带着雪泥起舞
嚓嚓，嚓嚓
一串轻快的音乐声，沿着小道悠扬

下雪啦，下雪啦
擎着一把小红伞
踏雪寻梅踪
避着梅花印，我左右闪躲
追着嚓嚓声，我心唱起歌
梅花、音乐、飘飞的雪……
不闻故乡梅香，却是芬芳生活

4. 六月

六月，我在阳光下放歌
老妇聊发少年狂
爬山涉水登冰川 （1）
三湖同框奇景中
站着自豪的我

六月，我在细雨中吟诗唱和 （2）
罗裙轻摆笑颜媚
浅吟低诵总关情
公园林中野餐会
站着诗意的我

六月，我在鹿湖边看荷
荷花红艳漾清波
荷叶青翠玉珠落

荷香幽幽湖水碧
映着陶醉的我

六月,我在后院里劳作
葡萄爬满秋千座
玫瑰花袭凉茶桌
浇水施肥除野草
这是生活的我

注（1）：2023 年 6 月 3 日与朋友
一行 20 人去 Joffre Lake 健行，我和
12 位朋友到达第三湖后，又继续攀
登爬上冰川，俯瞰冰川下三湖同框
的美景，震撼。

（2）：2023 年 6 月 10 日，加拿大
中华诗词学会庆祝十周年学会会员
联谊野餐会在 Burnaby Centre Park
举行，当天上午细雨霏霏，我和诗
友们在林中空地上或朗诵诗歌，或
演奏乐器，或唱歌跳舞，一派诗意
生活场景，难忘。

5. 三文鱼洄游

曾几何时
悲壮成了三文鱼洄游的标签
悲在洄游千万里
去赴死亡之约
壮在争先恐后回故地
横尸河岸映日落

谁能解码
一代一代，向死而生的洒脱
生命的轮回

是消亡，是毁灭
是挣扎，是新生
生过，活过
才是三文鱼洄游美丽的传说

6. Panorama Ridge Trail 健行记

那山那雪那云
如水墨画映入眼帘
那湖水那波光
似绿翡翠遗落人间
那野花丛生的小溪
如甘泉流入心田
那峰峦那苍松
如知音似挚友静静守候
等着你，等着我，阳光下遇见

遇山
迈开大步跋涉
遇水
摆起舞姿婆娑
遇花
屏住呼吸轻嗅
遇你
相视一笑，别过

7. 读史笔记其一·牢笼

古有欧阳文忠
醉翁亭记留青史
厕上、马上、枕上
读书、读书、读书
获秆成就寒门贵子

昌黎教诲旷世奇童
居三朝翰林学士
写千古史记文章
一代大儒文宗

今有世间诸公
博客朋友圈留行踪
厕上、路上、枕上
刷屏、吃瓜、争锋
手机成为外挂器官
WIFI 一连世界大同
历春夏，经秋冬
从妇孺，到叟翁
一群现世氓众

呜呼！
手机的奴隶们
醒来吧！别让灵魂继续堕落、放纵
放下吧！别让手机占据日夜、时空
拿起吧！蒙尘的书本、纸笔
修身吧！碎片化的思维、情绪化的
冲动
呜呼！
我的心，也被困于这个深重的牢笼

一字千金立百世
《吕氏春秋》千载扬

儒商雪岩拾金不昧树后藏
读人识心不鲁莽
一分一毫建基业
立诚立信有胆当
助王有龄，傍左宗棠
顺应时势，左右逢场
累积身家千万
阶至头品顶戴
传奇红顶倾巢覆
后世谈笑洗苍凉

呜呼！
吾辈蚁民劳碌奔波生计忙
家国天下遥遥望
苟且的今日
苟且的远方
何时找到心之乡
读万卷书！何妨
行万里路！何妨
拯救内心之殇
书为路，勤作桨

8. 读史笔记其二 · 投资

秦相不韦幼年从父学经商
吕父秘籍投资对象分层定纲常
买卖米面获倍利
经营珠玉十倍偿
投对人则利百倍
子楚成王他成相
商界传奇，不朽篇章

9. 窗口

一缕清风，吹动窗帘
吹醒迷梦，吹散思绪万千
离开温暖，离开舒适
走进清风里
走进新的一天

一朵雏菊，摇曳窗前

摇动乡愁，摇起红尘恋恋
合上书本，收取倦怠
嗅一嗅花香
倾听，心花若隐若现

一只蝴蝶，飘落窗边
飘进庄生梦，梦萦天涯人间
放下过去，放下杂念
诗酒趁年华
万水千山等闲

10.　游 G 湖有感

穿林海
过雪原
来到你面前

只一眼
已千年
心为你沉醉

清风低吟
白云轻舞
见证我们的遇见

雪峰双影
冰湖半融
回首约定来年

注：2023 年 5 月 22 日去 Garibaldi
Lake 健行，惊艳于 G 湖半融的美
景，有感而作。

韩舸友
美国洛杉矶

作者简介

笔名寒山（HanShan）、美国华侨，海外诗人。现任《美洲文化之声》国际传媒总编辑、世界华文诗歌学会会长、唐诗之路国际诗歌学会名誉主席。作者一直追求诗歌的文字、内涵和意境之美，朴实无华的文字中蕴藏着深沉的思想和情感，被评论家定义为"海外华文诗学的新意象"。近年来，作者在北美大地上倾情创作了大量描写乡愁与爱情的诗歌。这些用生命的血和泪凝铸的诗句，文字优美、情感真挚动人，常令读者潸然泪下、久久难忘，堪称当代华文诗坛当之无愧、唯美主义的"情诗王子"。

1. 遐思

孤单久了
忘记如何面对一个女人
特别是心仪的女孩让人颤抖的目光
一见钟情
真情告白
魂不守舍
等等，等等，等等
最后都变成难以启齿的沉默
成为
一次次的擦肩而过
一次次的相对无言
甚至一生一世都在回忆的
淡淡忧伤

也许，最好的方式就是幻想
将爱捻成沫
像孩提时代玩耍时揉搓的黄泥巴
捏成两只蝴蝶
催一口气
就会在原野上快乐飞翔
在阳光下
化作爱的诗行
就这样
让相思就会变成梦的小溪
从珠穆朗玛往下流淌

站在和我一样寂寞的山上
偷偷呼唤那些好久不曾提及的名字
郝思嘉
茜茜公主
王昭君
甚至月光里的嫦娥和吴刚

我让思绪像风暴一般
像鸟一样
去往比远方还远的土地
也许
那里才是水手
独自相思，独自流浪的天堂

2. 天街

站在法拉盛的中央
我常想
假如将蛛网一般的街道竖起
能否登上天堂
在天堂
会不会没有寂寞和悲伤

人间的夜晚
总是有街灯照不到的地方
才会留下阴暗
黑夜里
除了无家的游子
也有滋生的罪恶和肮脏

我想顺着竖起的天梯
问一声上苍
你创造的世界本应正义和善良
为何却有丑恶
难道如星球一般，有白天
就有黑夜
有无奈，才有希望

也许，街灯竖起的时候
善良人会去往天堂
而罪恶，一定会堕入深渊

一层两层三四层
一直坠入十八层
那里便是地狱最黑暗的地

3. 在你的面前，一切都黯然失色

一泓秋水
让我跌入梦的深渊
蓝天
草原
还有浮动的云
在你面前
都羞愧自己失去的光泽

清澈的目光
让星星藏在雨后
白云只能悄悄躲到天边
世间的风景
只是你款而一笑的容颜

亲爱的
站在白雪皑皑的草原
天的辽阔
地的壮美
一切皆望而却步，黯然失色

4. 母亲的乡愁

磨房里
妈妈将玉米碾成泥
仿佛在碾碎思儿的泪雨

木凳上

织出的线又浓又密
那是儿别时
没有穿上的毛衣

这不是牵挂
是望穿双眼的目光
是镌刻灵魂深处的印记

从一条小路离去
石板上会留下儿子的足迹
从细雨中离去
故土融入门前的小溪

树老了
妈妈还在那里缝补岁月
一针一线
缝着儿子的归期

5. 乌兰巴托的夜

眼中的乌兰巴托
真的很静
心里的乌兰巴托
很轻
就连南飞的雁
也在白云深处消失了踪影

其实
那不是乌兰巴托
你也从没有在那条街上
留下足印
只能在梦中想象
闪烁的街灯和挂在屋檐的寒冰

乌兰巴托的夜
是蒙古人彻夜不眠的狂欢
是马背上
绽放草原的琴音
是一对情侣
相偎在草原深处彼此温暖的情

乌兰巴托的夜
是草原的风
是划过天空的流星
看得见蒙古包外雪花的脚步
能听见
受伤的雨在风中呻吟

我曾在街上
与心爱的人一起漫步
也曾拥抱草原深处茂密的森林
一盏银烛台
让寂静的夜变得那样温馨

6. 等

我在等
一座山的崩塌
一条河的干涸
等百慕大深海的獠牙张开
那时，地球将不再是现在的样子
宇宙也改变了结构

我在等
等一场惊天地泣鬼神的爱情
将世界变成别人的天堂
而我，却成为一个孤独的旁观者
偷偷耕耘泪行

我在等什么
也许是一场并不属于自己的盛宴
只能，伫立于大西洋岸边
凝视着那座孤岛上演绎的故事
她依然是她
而我，却已不再是我

诗，本就是漫无边际的存在
诗人，就是一群不着边际的灵魂
我在等一场裂变
等地球的一次新的旅程
大海不再是鸿沟
所有的陆地都会像积木一般拼接起
来

那时，我再也不会顾及任何规则
无论禁果还是鲜花
也无论是罗密欧与朱丽叶
陆游与唐琬
我只要我爱的，我只要爱我的
因为她的存在，已是生命的全部意
义

7. 你早已活成一首诗——悼王维

你是佛
活了千年不朽
你是诗
一如圣灵
人类在文字的汪洋中
许你
不离不弃的情

一颗红豆
牵出无尽相思
几许炊烟
任天地男儿，一骑绝孤尘
酒
醉了月光
壮了征程

你是佛
容天下万物
你是诗
让世界变的如此空灵
你将诗和画
揉成墨
挥洒成画中的诗、诗中的景
生时
坐看云起云落
千年之后
在荒野中，笑看世间风景

8. 这不是我的领地——写于波斯湾的夜晚

真的不愿，就这样离开
更不愿在深夜的漠然中，孤独醒来
如一粒流放的种子，在异域的风中
颤抖
波斯湾的浪花
悄悄从太平洋深处，捡失未竟的梦

我想与黄沙拥抱
在灼热中试炼情感的烈度
站在哈利法塔之巅
与尘世最孤独的金属神明对峙

看谁，才是人间的光

不肯低下高贵的头
却无法抵御太平洋如恋人般的，叹
息
难以拒绝英吉利海峡的梦绕魂牵
一步步
像孤独的王子
在流亡中寻找故国曾经的辉煌

不赞美君主
因为皇冠上的宝石，是祖先墓碑上
的余辉
不赞美沙漠
它的傲慢是人类无力对抗自然的悲
凉
多少生灵被烈日吞噬
悄然隐没在消失的冰川之中

倘若命运让我停留
我不会贪恋这些虚伪的光晕
不会沉醉于帆船酒店里的孤独奢华
我愿是沙漠的骆驼
在驼铃声中，背负着光与热
用沉默和忍耐
开出不屈的生命之花

告别，是一种优雅的离开
出逃，是为了最美的等待
故乡仍在梦中
漫山遍野的野草和和盛开的油菜花
还有阳光，都是金色的
恍如高原儿女心中不朽的神明
无论走到哪里，也永远离不开的故
乡

放弃吧，这不是放牛娃的领地
没有草原，没有森林
也没有心上人
在日暮时悄悄为你揭开面纱
归去吧，波斯湾的海水
早已改变色泽
森林在夜色中浮动
再也无法模仿小溪清澈的流淌

来过，不愿留下印迹
离去，不带走片刻的荣光
飞机轰鸣声中
我爬上云端悄然逃亡
穿越苍穹，在星辰下寻求归路
俯瞰尘世
姹紫嫣红的杜鹃花
沐浴在银色的月光下，早已悄悄绽
放

9. 守墓人——王维墓前的银杏树

一棵银杏
守着一块小小的领土
年复一年
将叶片染成金黄
铺在主人曾经来过的小路
古长安为之疯狂的人
泥土下是否还有一点残存的骸骨

守墓人
每年都会织一床金色的被褥
铺一条去往天堂的路
南国红豆

石上清泉
抑或大漠炊烟、长河落日
早已修成一尊大佛

一棵树
一座庙
一条通往天堂的诗之路

10.　那夜

那夜没有光
布谷鸟温柔相依
稚嫩的羽毛
紧贴着
想让伤口痊愈

我心狂跳
血液仿佛松涛
在风的引诱下难以自己
抚摸
拥抱
眼里却藏着泪雨

我的泪刺痛了你
你却忘记
昨夜的伤口还在滴血
没有雨的林子
泪水淋湿了脚下的土地

那一夜
我的灵魂堕入深渊
地狱没有光
孤独的我再也不能
在你的面前将头颅昂起

就这样
在寒风凛冽中疗伤
就这样
将爱与恨刻进生命的年轮里
直到肉体归于尘土
灵魂归于上帝

弥生
日本东京

作者简介

　　和富弥生，原名祁放。日本华文女作家协会第二届会长、海外华文女作家协会会员。现在日本的大学任中文讲师。作品在国内《文艺报》《诗刊》《长河》《人民日报文艺副刊》《齐鲁晚报》《山东文学》《世界华文文学网》《凤凰网》《香港文学》《香港作家》《文综》以及日本《中文导报》《东方》《阳光导报》等包括美国、欧洲、泰国、印尼等各国的华文媒体上多有发表。诗歌获世界华文诗歌大赛一等奖，散文获世界华语文学奖。代表作有：诗集《永远的女孩》、《之间的心》、《你是我的句号》，散文集有《那时彷徨日本》、《桂花之下》等。

1. 诗魂

"再见"你说
秋日的阳光倚在门口
像那日你的笑容
你夹着烟的手挥了一下

那些忧伤和一截灰落下来
烟雾仍缭绕在你的嘴边
我看不清楚你的内心
岁月隔开了年轻

往日没有说出的话
都变成了清香的茶
这茶的味道还好吗？
嗯嗯嗯　我也微笑

今天　很凉的雨落下
"我该走了"
你幽幽地说：
"趁着还有力气的时候"

孤寂像水漫过来
淹没了我的哀伤
远处的"月亮一抖一抖的
怕是起风了"

秋雨濛濛
遮掩了谁脸上的泪

一个灵魂攥着诗
漂洋过海了……

2. 摇晃的夜

夜 摇晃起来 左右上下
灯开始慌张 油画急欲脱离墙壁
排立的书松懈起来 有一本探出脑袋
的
我匆匆瞄了一眼
是久违了的历史
大概是想抖落灰尘
或此刻想说一点儿什么

大地在摇晃 夜在摇晃
四周没有可以抓住的安全
手伸出去
桌上的杯子倒了
流出了它所剩无几的水

水滴落在摇晃的夜里
和眼泪一样充满了绝望
更让人绝望的还有战争
那些硝烟弥漫
那些哭泣的孩子 逃难的女人
那些战车碾过田园
道路成为坟墓 雪变成黑色

最近的世界怎么了
如此动荡和令人担忧
让春天不能播种
让夜晚无法安睡
让政治成为小丑
让演员成为英雄

那些安宁和平和呢
那些花儿和绽放呢
那些童话里的"皇帝的新衣"
被天真的孩子们看到了吗
那些梵高的向日葵
在夏日里会依旧伫立吧

夜摇晃着 发出吱吱的声音
声音来自远古 来自黑暗 来自地球
它忍受人类已经很久了
它笑话自以为是的我们也已经很久
了
它想警告一下
它想愤怒一下
它有这个权利和自由

等一切平静下来的时候
上野的樱花开了

3. 疫情这年

北风里我从池袋站走过
围巾 帽子 大衣的领子竖起
脸上还蒙着口罩

行人匆匆 疫情里已经习惯了
不聚餐不说话不娱乐
网上旅行和开会
只能在电脑或手机里
倾诉思念和悲欢离合

那一日 路过西武百货的橱窗
撇了一眼 却不见以往华丽的陈设
一张特制的购物票单

悬在空中 垂下来
在顶灯的照耀里 苍白
一行行的字 如泪珠般闪烁

"2020 年，我们被疫情限制了自
由、
即使如此、为了能自由旅行的那一
天
有 622 位客人买了旅行箱
为了口罩后面的美丽
76175 位客人买了口红
虽然夏日祭被取消了
但是浴衣卖出了 475 件
566 份婴儿礼物
为新诞生的生命表达了祝福
1001 双高跟鞋
会在大街上飒爽的走着……"

热就从胸膛里涌出来
那些数字
遮在口罩后面
微笑的嘴角
但很多双眼睛
讲述着一个一个的故事
让我猜想那些情感
来自一个怎样的人
所饱含在物品里的寄托

在生活停滞不前的日子里
人们购买的 或许不只是一件商品
那些对明天的信心
也没有用喋喋话语诉说
他们每一个"我"让商家坚持
也在默默地宣誓
自己要努力活着

我把手放在胸口
记下了偶尔的路过
望着匆匆而静寂的人群
我知道
希望还有 明天还有
病毒终究占领不了我们的世界……

4. 清明日

香在阳光里的影子变短
烟徐徐地在风里弯了一下
就消失了
如同生命散在了天空

蒲公英紧贴着泥土的肌肤
花瓣金黄地伸张
在天地间的寂静里
微小却很坚定

听到了来自天堂的声音
我伸出双手拥抱
缕缕思念和无尽的牵挂
缀满了盘根错节的岁月

清明不只有眼泪和悲伤
那些记忆深处的轨道
延伸出美丽
和那些稚嫩的歌唱

5. 七月

七月走过来
毫不矜持
雨中的脚步渐起水花

裹挟着空中的纤尘
灰色的泡在路上堆积

曾经的相信
变为自嘲和笑话
那些咸涩的泪与年轻光滑的脸
粘着汗渍
成为不舒服的往事

邻家的紫阳花褪去了色彩
梅子已从树上消失
接下来的日子
没有观众的奥运会
在疫情里坚贞不屈

向日葵仍积攒着力量
蝉鸣的时候尚早
隐忍了七年的歌唱
总会出土
伴随着阳光的华丽

6. 你喜欢的样子

我的脸热了起来
犹如此刻盛夏的阳光
荷花婷婷 芯蕊黄茸茸的
莲子正在孕育
荷叶上的几个露珠 亮晶晶的闪烁
一阵风从身旁吹过
传递着初秋的信息

如果还年轻
我会穿着白裙 戴着草帽
跑到你的面前

我会手里握一卷书
眼里含着娇羞
我会让脸凑近荷花
遮掩那片从血液里渗透出来的绯红
我会踮起脚
尽量让眼睛离你近一点儿
就能够传达我鼓动的内心

从没说过你喜欢的样子是怎样的
那个盛夏
开着荷花的湖水一直静默
手里的一卷宋词就像一团丝线
缠绕着那个荷花一样的女子

"清风玉露一相逢
便胜过人间无数"
脑子里萦绕着的诗珠散出来
恰逢一只蜻蜓点水而过
你笑起来
 细细的眼睛里有很多狡猾
 却转过头 只望着湖

有船划过
鱼游来游去
湖心小岛上有欢笑的声音
箫声隐蔽在柳荫下
独自悲咽
我会想念你的
我说

后来
那些想念都在生命里了
那些荷花那些湖水
那些莲子那些小鱼
那些风那些露珠

那些柳荫那声箫
那卷宋词那个湖边
那只蜻蜓
蜻蜓是蓝色的
翅膀是透明的

我成为了白发苍苍的你喜欢的样子
你的眼泪溢出来
在阳光下闪烁

7. 春节这个日子

我试着描绘一些春节的意象
那些红灯笼
那些春联
那些鞭炮和热闹

那些大包小包里装满了的
回家过年的心意
那些拥挤的路
那些期待和守望

那些北方冰天雪地里的温暖
那些南方田野中油菜花的金黄
那些挂满屋檐下的腊肉
那些用来祭灶的大鱼和鸡羊

那些孩子们的欢笑和新衣
那些饺子滚在锅里歌唱
那些春晚的锣鼓和缤纷的焰火
那些岁月的浓度酿成的酒浆

这个日子
思念离世的父亲母亲

这个日子
想和久别的兄弟诉一诉衷肠

春节这个日子
总得把那些古老的传承
好好地
装在流着华夏血液的心里
我的心在此刻
却充满了乡愁的惆怅

樱花树旁
我播撒了一些新的种子
等待着
在雪融后的土地上
它们萌芽和成长

8. 遇见你是在轻井泽

遇见你 是在轻井泽
冬天的轻井泽 童话般的
静谧的树林里
有只金狐
从白雪覆盖的山坡上跑出来
远远地停住
警惕着惊扰到它的人

结了一层薄冰的湖
镜子般的光滑
几条干枯了的荷叶茎还在
回味着夏日里
莲花的亭亭玉立和芬芳馥郁
风把几片白云吹过来
谁都年轻过 你说
那晚 屋子里充满了欢乐

我们伴着钢琴
唱了很多过去的歌
京胡拉起的曲子
从儿时的记忆穿过
一些泛黄的故事
在糯软的吴语里
不再坚硬和疼痛

一杯酒 发酵起来
轻井泽的那个夜晚
雪花飞舞着

你把手伸出去
雪花像一张张的画片
翻过了我们走过的日子
那些艰辛和磨难都忘记吧
火锅和汤圆
温暖和甜蜜了这一刻

遇见你 是在轻井泽
那个夜晚下着雪
你穿着可爱的红袜子
上面绣着猫咪的耳朵
……

9. 一封信

用毛笔写一封信
一个字一个字
蘸满了墨

信只给一个人读
那些从心里流出来的词
不用斟酌

宣纸上浸染了时间
信在邮路上
又添加了很多思念

你读到的风景
是阳光洒满了的五月
白色的桔子花开了

10.　横滨的风

风吹着我走在夜晚的路上
在横滨在海边在很多船停留的码头
很多的灯亮起来透过高楼的窗户
笕桥两边的樱花还没有花苞
一声不响的摇晃着枝桠
告诉我新闻里开花的预报不怎么靠
谱
人有一些时候自以为是掌握了天下

横滨的风里弥漫着风信子的气息
那种一串一串的花儿开在樱木町站
前的广场上
却卑微着隐藏在高高的树下
只有一个爱花的女人停留下来
她的长发飘扬着
她的额头洁亮着今晚的"三日月"
"新月的时候应该祈祷一下"
她说话的时候嘴角上扬起来
被烟花惊扰的夜空刚刚恢复了平静

总是迷路总是找不到东西南北
在美术馆里看到的那些"野草"依
旧在脑中凌乱

现代的艺术在视觉里难以用语言形
容
语言的贫瘠像一条小虫撕咬着心脏
一串刺耳的铃声响起来时发现自己
掉入了一个时代
与过去相似而并不是预言里的未来

风在遇到开了五分的玉兰树上停留
了一下
那些紫色的花苞便偷偷的微笑
天空很蓝帆船很安静有一只小小的
画眉对谁都庞然不顾
细细的眼睛里装满了自己的世界

然后夜晚成为了一个美好的夜晚
然后星光在夜空中璀璨
然后很多人都被时间赶到拥挤的电
车里
然后我们被留在了这一瞬

彧蛇
加拿大安大略省

作者简介

　　加拿大中英双语诗人、翻译家、认证设计师。中国诗歌学会会员、加拿大国际华人作家协会会长、诗情太平洋国际文学社总社长及总编、大西洋文化艺术交流协会顾问、北美诗社副会长。诗作"大爱无疆"被录用中国教育课本。出版《如果思念》《生命的底色》双语诗集。中英双语《朗读者加国精英》总编。主编十多部诗歌集、散文集。历届华语诗歌春晚总策划，总导演、多伦多诗歌艺术节总监、多伦多作家节总编。作品被收录国内外各大诗刊。

1. 寂静之声

明知黑暗断了风景
我却一直踟蹰在夜的边缘
别嘲笑那抹过分的执著
看日历一页页撕落
我，已随你走入时间

寂寞，总是与寒风相拥而至
听散落的星辰暗自哽咽
如漆夜中有你辗转反侧的荒凉
那是不可逾越的距离
是无眠时惊涛骇浪的根源

一缕忧思，滋长太多空寂
好像是谁轻轻拨弄大地的琴弦
那是一曲无声的旋律
把架空的序曲横陈
狰狞着一张无法逃避的嘴脸

孤独，像幽梦一般
窥觑着一颗被囚困的身躯
请问谁能放逐我的灵魂
赐我呼吸，赐我微笑
赐我勇气回首
一切，是否已沧海桑田

从一颗尘埃的前生
我彷佛读懂了多年后的寻觅
当我们的沉默交叠一起
是怎样的共鸣
才有了一曲心与心的汇演？

别让黑夜灼痛回忆的叛逆

无数个黎明，我追逐着朝阳
见证她卓荦不羁的生命
别去辜负，这幕翩跹起舞的寂静
跨越吧，我们再重回一次少年

2. 余音

空出心的城池
我不给自己留一丝回眸的罅隙
尚未细读你的温柔
已无从染指那份错失之后的迷离
曾经某个贫瘠的日子
忽然就被你的目光一举征服
原来，邂逅是一份情缘
同时也是一种永不退缩的潮汐

雪花，夹着仅有的矜持
穿透一个个少了温情的寒夜
黑暗里，我摸索着
探寻着你的荒凉，和
旷野中我们一起流浪过的痕迹
仿若流星，你给视野以生命
但那终是镜花水月，是虚幻的放纵
伴随隐约的歌声
一个半醉半醒的黎明，愈发清晰

爱上你的冷酷
把最美丽的时辰，用每一秒来辜负
只因你路过的风尘
已幻化成几近无法治愈的暗疾
或许，时间的飞逝
终将把海市蜃楼的粉饰一层层剥落
而缺少了节奏的余音
将是我，日日夜夜为你焚烧的心律

3. 春的气息

若你依稀望见天涯
那里是否已经绽放春的花蕾
如果你一次次梦醒午夜
是否殷切期待下一个季节的明媚
一束束摇曳冷风中的小草
对春色来临的脚步置若罔闻
那是上帝遗失的画卷
是谁，用灵魂勾绘着一湖春水

一颗心，紧握时钟的滴答
在无声的寂寞中一遍遍细数自己
一份情，在深情的诗句中划过
殷切地期许着一帘旖旎人生的点缀
春天，从不缺青色的承诺
安静地在丰茂的山水间踟蹰
那份迫不及待
只能用沉默来掩饰
却是一份沉积一生的追随

回首昨天的彷徨
让生命再次找到初心的源头
翘首明日朝阳
那注定是一幕穿越亘古的苍翠
一群归来的鸿雁
冲破千万里崇山峻岭的严寒飞来
张开双臂
我恋上春天的气息
终于，邂逅一份属于自我的轮回

4. 夜的长廊

走近你

流溢着微弱气息的星光
冷酷的色泽
是否能映照出心底无尽的彷徨?

走进你
弥漫着寂静而莫名的心跳
诱人的芳香
是否要筛去太多毫无缘由的迷茫?

走过的时辰
是黄昏离别时的一缕微风
蜷缩在云朵中
却逃不出漆夜令人窒息的臂膀

不曾被触动的心绪
在潜意识的隐恋中一度成泣
泪水如潺潺的溪流
荡起心海深处的惊涛骇浪

太多宿命的拾零
在踽踽独行中转瞬即逝
记忆迈着碎步
演绎一曲黑暗深处的星夜情殇

拈起片片落叶
仿佛征搜了满天星辰的光亮
梦想穿过夜色
让天籁之笔环绕你我生命的山峦

醉人的夜晚终将逝去
不要留下懊悔独自怅惘
看来日梦回的尽头
飘逸一色洁白而忠贞的衣裳

5. 遇见自己

天色,仍在踟蹰间苟且喘息
心绪,黯然中找不到停放的角落
毫无倦意,今夜是否再次无眠
我,该在黑色的迷茫中扮演什么角
色?

随山河起伏的冬天,寂寞无声
笑靥,无端在含泪的双眸里落寞
窗下的独醉一再重演
我在灵魂的取舍中追寻着什么?

眼神,看不清闪烁的星辰
那是泪水模糊了天空的下坠
心痛,斩断了夜的呼吸
谁又一次在无奈中迷失了自我?

过往的点滴在拼凑中凝固
恍若给时间上了沉重的枷锁
那些记忆犹新的日子
是否,就这样在徘徊虚无中度过?

多想躲进云淡风轻的山野
尽情吮吸大自然泥土的纯净
可惜这城市只剩下没有表情的表情
许我能追随离人,寻找爱的传说

多少激情岁月都已走远
多少路记录太多不平坦的坎坷
如果生命是一种因果的随然
让我遇见自己
在逆光中坚持一份最初的执著

6. 烟

似乎漫无目的
你燃烧的如此脱俗清雅
看似是缭绕不定
以弥漫淹没每个日夜的喧哗
渺如一粒尘埃
却化解多少人心中的烦忧
生命虽然短暂
你常年以一己之力风云天下

如永恒流淌的江水
你冷眼观看着世间的沉浮
当夜色掩盖宇宙的静寂
用微弱的星火你点亮某一刹那
怀着一颗敬畏之心
我从来不敢轻易走近你
如果最终我将你点燃
那是一个失意之人寻找遗落的童话

穿越前方的十字路口
没人告诉我是否会有灵魂的邂逅
好像闻到一缕淡香
盲目地相信那就是我的天涯
越是清晰却越加模糊
烟雾中我品味这个城市的清欢
当步履深陷烟云
那是思念点燃最后一份潇洒

7. 她·依旧

思绪，如迁徙的候鸟
一直飞翔在各自的梦中
梦醒时，情不自禁

我，只是回头多看了一眼
一缕醉心的幽情，飘忽不定
从此，坠入她远离凡尘的星空

她忧郁的目光
充满令人心疼的眷恋
读来越发让我忧心
无法丈量心灵与梦境的距离
一如我无法诠释
黑夜降临时，为何总有恼人的西风

用时间的蹉跎
我徘徊于雨季不断发酵的翻涌
那份脆弱的静美
残留太多描摹月光的纹理
而笔下的诗句，如延伸的铁轨
在追寻她的路上总是行色匆匆

山河，矗立一辈子
只为见证一个未曾兑现的诺言
其实，她是理念中的臆想
是填补这首诗歌的所有欲望
多年以后，依旧
以自我的美丽蛊惑着人性的冲动

而此刻
掠过我无力挽留的年华
她所到之处
皆是，余生无法抵达的隐痛

8. 夏至

因为你的到来
我为夜晚添加一语低述

毕竟，此刻的清风是柔和的
給每场幻梦留下一个恰好的温度
梦境，以另一种样式
翻过云海层层抵达心底的渴望
谁站在季节交接点
怀抱尚未降落，属于明日的甘露

还有什么风情
可以在旷野里掀开诗的沉睡
那一片撩人的翠绿
直接把云淡风轻变为你的归宿
掉进夜色的私语
使我的抒情不可避免地舒展开来
那个一年一度的节气
在我醒来时，竟
与我一见如故

9. 翻阅生命

注定无法解锁
日子在夏日的炎热中逐渐长大
翻开其中的一页
某个曾经，在纸与纸的缝隙中喧哗
春天，我们都是受宠的花朵
而忽降的秋雨，打湿梦的绽放
与沉默对望之后
谁仍在厮守一份属于永夜的潇洒

年华已如此地炙热
我们却还静守着自我的清寒
一缕灿烂即将在远方睡去
造就了几行诗句平仄之间的落差
提笔写下这秒
让时间知道该怎样记录美好

按捺住心内的焦虑
我极力控制灵感一瞬间的爆发

暮色，被不断挤压着
浑身流淌着金黄色的血液
当岁月的年轮被无情地收割
我是否还能忍辱负重去接受这场肃
杀
生命，如不灭的星辰
在炼狱之后将以灵魂之名永在
当夜空转过身去
请欣赏一场诗人和苍穹之间的对话

10. 后来

走出初秋的色彩
我看到一些似乎前生的残余
这寂寥的午后
宽阔而无声，打磨着我无悲无喜的
心绪

湖边的那些鹅卵石
是前世的肋骨，已失去原有的棱角
镌刻了太多过往
静静地卧着，如一个时光的胎记

就让我一个人
在阳光下摘取兜满鸟啼的风
顺带问一声
今天的草木与落日
该如何定位我从今往后的步履

那并不深邃的目光
依旧是一条弯曲绵延的路

随小路一直走着
生命，在山重水复中醒来又睡去

夜色，不断地倾泻着
试图以黑暗掩埋多年未变的思念
相继而来的白昼
承载着后来所有的倾诉和祝福
却是，我初心未改的话语

随小路一直走着
生命，在山重水复中醒来又睡去

唐岩翠
日本长野

作者简介

　　唐岩翠，笔名：翠儿、村姑翠儿。籍贯：黑龙江。定居日本。中文教师。现任《北京诗人》执行主编、等。获 2023 法拉盛诗歌节一等奖，等奖项。诗作见于八十余种诗刊和杂志。
诗观：所有的生命之重，生命里的体验与感悟，都可以借助诗的翅膀，在更高的层次飞舞起来。

1. 由来已久的空

暴走于野莽
或蜷于这一页白纸
畏冷的肩膀，会搂自己
更紧一点

风声如唳
我不闻，不见，不数悲喜
只是，唤你名字时
心，会软一下

想赠你空怀，空怀里的永夜
永夜里的大雪

孤独是一场盛宴，远舟
是一句咒语，是
关不住的闸门
代替指尖上的风霜，与暗夜周旋

2. 那只叫做年的小怪兽

倒计时的钟声，翻过冷寂的山岚
翻过叫做年的沟壑

原谅我在佳节之前如此脆弱
锦衣相隔，所有的水路和旱路
是看不见的隐约，覆盖笔下的车辙

隐于无形的那个浪子
醒在今宵的良辰里
从密不透风的小字里呼吸
一寸浓情的深陷与躲藏
最是考验人的耐性

所有的祝福都过于抽象
让人又丧又燃
它们所形成的惊涛几乎就要
淹没了
一个崭新的黎明

3. 然后疼痛舒缓

万千落叶静寂时
我路过了你
那个被尘埃埋住肉身
而将灵魂送入云端的你

我想，我路过了你
那样纯粹
仿佛不惧生死的一次绽放
那时，地球缓慢转动，就像
天使的手指
推动着心爱的旋转木马

谁会舍得勒住，这脱缰的姿态
白鹭落在竹林，仿佛
竹子白头
谁身上之白，不是白鹭之白
谁会为一种残忍
去唤醒一个假装沉睡很久的人

4. 来，一起发个呆

深居僻静处，年味儿那么遥远
几盏昏黄的路灯，被夜风搀扶着
蹒跚而行
雪，还在回乡的路上吧
安静给人错觉，地球似比热闹时

转得快些

有发丝从耳际覆盖下来
絮絮忧丝，是合不拢的飘曳

来，一起发个呆
由远而近，传来春天和梅朵的
叫喊
幽幽野梅，在水之湄
冠一个野字，笃自香着
无丝毫媚骨，也懒得讨喜
小莺啾啾，不知藏身哪簇花后
都不是我的

倚在春天的门栏，等一会儿
或许那个叫年的小兽，就会来敲门

5. 大大一个熊抱

扑倒在冬日的怀里
雪朵松软，发辫儿弥香
抱着
甜的念头 咸的念头
只想着蜜糖还你，最烈的酒还你

你的美有毒，久违又熟悉
比绝美更多几分眩晕感
你看到了吗
那些碰落的光阴

若你还不来
就让我一直空着
风要北吹了，我的怀，已极尽柔软

再一步
目所不能及，望到的远方
都是你

6. 百韵笺

字里种草的人
也喜欢围裙，厨房，毛绒绒的线团
时光吐丝，我们自缚
小一点的喜欢，也可以热切起来

在二月
一碗米粥，三颗红枣
一块烫手的山芋，发出香甜的邀请

流水的日子，轻风有径，冻雨
诗意地晃动着杯盏
冬天踩着积雪
像一个正在道别的人，影子明亮
在春天的街头呼出白气

你，还在身侧，就够了
喜欢是安静的
就象幸福束着蓝色的丝带

7. 云龙笺

春风是狂草的，带劲儿地泼墨
行云布雨
天上扭动几下，又在地上继续舞

整个S小镇跟着摇摆
星星们，被告诫不要出门
抱枕熊抱着我

在这个夜里漂浮

微醺的人，是软的。风一吹，就会
弯曲
跟着万物手舞足蹈

醉是一杯残酒，就要回到
另一个次元里
就要离开她热切的眼神与嘴唇

8. 二月笺

小口小口的抿，偶尔，也
一饮而尽，那酣畅
弥漫在一种暖且苍茫的稠密里
苦中也有回甘的倦意

阳台的老藤椅上
看了很久橘色和紫色的晨光
等一句
蜻蜓点水的问候。那么早安，亲爱

凡美好的，总有期限。
活得越久，越心知肚明
反而舍不得轻易错过
青鸟命格的人，都没有什么控制欲
无望之想，因无望才喜欢纵横在
激越或安静的文字里

喝完小杯咖啡，随手画一朵世间
没有的玫瑰
触摸不到的心，还躲在
三两朵的春梦里，二月很短
二月的我们，要长话短说

9. 浮生记

厌世比厌食来得突然，佐证了无常
生命的不可控
依然有那么多从死亡脱身
卷土重来的草莽
抽屉里的旧诗稿，还有仅存的
几瓣柔情
都会在各自的囚牢里呆上一阵子

不要说，心已经破碎了
你正化为水，我正结为冰
让我们一起
好好活下去吧

10.　锦瑟年华

挣扎也是舞蹈，跌落也是飞翔
入世也是出世，也是空荡地
直立或倒立

春水洗过的祝福，奔赴又一个高音
附和着新春的寄语
诗，象肥皂的泡泡，替我们洗去
旧年的污迹
我珍惜的方式，就是与你一起
继续撒野
打我们的小江山
继续和春天对峙，信笔涂鸦
永不撤离

莫笑愚
美国加州

作者简介

莫笑愚，本名刘剑文，湘籍居加州中海岸，诗人，译者，中国通俗文艺研究会诗歌委员会委员，美国洛杉矶华人作家协会会员。农业经济学博士，康乃尔大学汉弗莱学者，曾任职于世界银行。写诗、译诗，出版有诗集《穿过那片发光的海》和《水与火的中间是烟》，任《新世纪中国诗选》副主编。诗作被选入多种诗歌年选。获卡丘.沃伦诗歌奖和第六届中国诗歌春晚十年诗歌成就奖等等。

1. 美学逻辑：在嘉峪关

当一切抽象成点，和线
生命的实质
就是一大片空白
被毫不起眼的碎片随意填充；
就是被切割的线段，
被神秘之手偶然拼接。
多数时候，
他的手艺如此拙劣，
以至于这些毫无关联的
色斑初看起来
仿佛某种秩序或规制
生命在其中被圈定被制约
被戴上黄金的镣铐或荆棘的桂冠
你要歌唱这规制这荆冠这价值
连城的
黄金打造的镣铐。
当一切尘埃落定，你能看见的
依然是大片的空白，
是碎片，是被割裂的线段
是遍布空白之上的这些
被随意播撒的点，和线条的残片
以及由点和线无序排列的
图案——
这是真实的世像吗？
这是时间的真理？
在这样的无序空间
你将重新发现美，发现某种
美的逻辑
发现熵与生命的内在关联

2. 清明

活着的人多还是死去的人多
这始终是一个问题

当雨水落下来，你数不清
究竟有多少前赴后继的雨滴

每一滴雨水都有相同的面孔
它们拉长的雨线又似乎各不相同

死去的人多还是活着的人多
其实并不重要，重要的是

我和祖先有相同的眼裂
肩膀的轮廓，也弯成相似的弧线

重要的是，死去的人
只在这一天被活人祭奠

而活着的人，每天都在祭奠自己
死去又活过来的日子

3. 一千个夜晚——给偶然同行者

我是独行的过客
比你伟大的一千零一夜少了一夜
我不稀罕你光辉的殿堂、神奇的魔
毯
和灯
我体内有火，燃烧自己
有灯，将自己照亮
你可以不必靠近，就能看清
我的面貌，它暗藏昔日的火焰
不必仔细端详，就能数清我的睫毛

每一根至今都有涟漪荡漾
我的骨骼，蕴含沿途野草的清香
我走在没人走过的路上
所有的风景都是我的
蛇咬和虫鸣也是
原谅我不能与你分享
我的秘密
你的宏愿
拯救人类的使命
请你收好，别再把它弄丢了
你已收获良多，别再希冀更多了
我不与你争也不与你抢
你走的路太宽，人太多，风景凌乱
春风渡万物，终将渡你，和我
不要期待重逢罢
这一千个夜晚
已石化成丛林的静谧之声

4. 我的心是……

一所大房子
容得下整个人世的风雨
它有时给我庇护
在风雨飘摇的夜晚
让我安心于聆听风声
而不被暴雨袭扰
有时，它将我暴露在死生莫辨的
混沌中
在潜入荒原的鹰背上
学习辨认荆棘，红柳和骆驼的骸骨
有时，它拆除四面的墙壁
让夏夜的蛙鸣，像潮水涌入耳鼓
再用奇怪的寂静之声
将我淹没

我不是善泳之人
只能顺着潮水的涡流
爬上屋顶
拆除多余的屋瓦
邀满天星光同行
儿时父亲讲的童话
顺势落满身边的草窠
从星夜出走的儿童
在长长的雨夜走回自己
带着满满一口袋故事
塞满这所房子

5. 梦里梦见故人

梦见你不需要理由
托辞也免了罢

我从未想念过你
为何要在无人的夜里叨扰

难道是你在思念我
钟表废弃的齿轮比时间敦厚

它忠实于磨损
诚恳于涂抹和改写

并且不在乎用划痕和折缝示人
一张嘴就光阴错乱

为何你的人生却干净得
像一笔未改的画稿

选择最简单的算法忠实于真相
但简单始终无法达至单纯

真相是，你一件件穿上衣服
在一件件脱掉时，执棋的手从不颤
抖

你带来这本完美之书
春天了，万物都在生长

那年种下的槐树开花了吗？
"那个人死了，我来给你报信；

自你走后，槐树每年开花
死去的人就死在槐树下"

6. 极简主义之弧

活着，做一株植物
在夜晚承受露水
在早晨拔节
把露珠还给小鸟

正午之前阳光温柔，小风和煦
植物以细小的花瓣唤来蜜蜂
以风的低语为它祈福
又是一个春天啊，万物和美，生命
甜蜜

不要问时间都去哪儿了
植物的生命只相信流水和泥土
它从地的深处摄取养料
从空气中畅饮水分

水是无型之物，植物却有定性
它死亡时寂静无声
把自己埋进土里

弯成遥远地平线的弧度

7. 慈悲为怀

时间是太仁慈了，它在走过的地方
留下印记，然后离开，并时常惦记
着回来

你看见的朽坏和死亡
基本上与时间无关

君不见天机处依自己的法则
夜夜与阎王对簿公堂

蚕蛹在一旁吐它的丝，它的选择
只有两个：蜕变或死亡

而时间从不悲伤，它用坚持
伤害最坚硬的事物（比如花岗
岩），

用柔软洞穿柔软。风中的湿气
风化岩石，岩石反过来将时间羁绊

时间溜走，带走最廉价的
祭牲，而世界依然草木葳蕤——

就算死亡，草木也拥有自己的一生
它退回泥土，不向你我告别

8. 波粒二象性

站在燃烧的炉火前
红色的水壶

将自己变成一团火
让满满的一壶水
在自己的胸膛
而不是在炉火上
翻滚、沸腾
我凝视窗外
四月的雨下了一整天
空气有些凉薄
余光所见
是朦胧中的波粒
像时间荡漾的连漪
显微镜下断续的雨滴
而你——
火焰的孪生子
此刻正呈现出完美的
波粒二象性
当你以生命的热力辐射于我
你眼中雨水般的粒子
正环绕着我
在火舌上跳舞

9. 自画像之七

在冬天出生的孩子
被裹在襁褓里
像母亲包的一粒粽子
粽叶是草，有木质的香
让冬天的老虎也变得柔软

她与冬天不在一个季节
吃稀薄的奶水或粥
穿花手帕缝制的肚兜
春天一到她就抬头
在晨阳里伸出手

因此这个孩子
偏爱了草
爱草本的花朵和草叶上的蚂蚱
晨风吹她的脸像吹一个泡泡
雏菊开在野外，开在芍药的旁边

因此她从未爱过牡丹
也不爱合欢，或类似的花朵
那些高处的事物
更不必仰望，不必为它们停留
她只要长到自己的高度便已知足

10.　自画像之十

我不能穷尽一生的故事
我是一些事故的肇事者和见证者
是一系列事故的结果
穿过火与光的手
也握紧过冰与刀锋

不在乎面对他者之口
不介意朝向一面镜子
无论在哪里，都保持自己的样子
一杯茶，崇尚水和植物
不惧怕被装在杯子里

如果有人问
怎么才能知道全部秘密
我会说——
去问火，去问灰烬
问它们关于燃烧的事情

冯玉
加拿大卑诗省

作者简介

现为加拿大大华笔会会长，
《菲莎文萃》《加华文苑》主编，
《枫林》顾问，《华章》编委，加
华笔会作品选《枫笺集》主编。曾
任报社特邀记者，诗词作品曾获
奖，诗文作品曾发表于《世界日
报》《创世纪》《文综》等多种报
刊并收入多种选集。

1. 咏竹

当秋风萧瑟
草木凋零
后院那一丛修竹
依然青翠如画
绿意葱茏

当风雪骤至
天地苍茫
你披一身素裹
任冰凌垂挂
宁折不屈

你不似松柏的苍劲
不争春花的芬芳
却在岁寒时节
独守一身青碧
默默书写坚韧的诗行

任四季流转　风霜染鬓
你如谦谦君子　虚怀若谷
怀一腔淡泊　淡然挺立
在沉默中诉说千古风骨

2. 康桥寻梦

阳光把水面揉碎
河岸的金柳仍摇曳招摇
风吹过叹息桥的脊背
似有一行诗，未曾写完

水草仍在河底飘摇
是谁的梦，被岁月轻轻托起

竹篙点破一船的沉默
涟漪漾开当年的叹息

塔尖隐入暮霭
钟声穿过寂静的廊道
有人逆着微光走来
衣角沾着晨雾的微潮

我拾起一片落叶
想在它的脉络里寻回什么
可康桥只是轻轻一笑
将谜底藏进了流动的水色

3. 呢喃

风牵着雨丝
一遍遍叩窗
犹如深秋殷情的问候

雨雾吞没远处的海
只留下一幅
未完成的水墨

"亲亲，我的宝贝……"
收音机在轻轻呢喃
红茶的缭绕随着音乐
静静流香

孙女的小嘴巴也在呢喃
摇篮里的婴啼细细软软
如糖如蜜融化心坎

忆起孙女的爸爸
他儿时的呢喃

也这般软糯香甜

坐在时光的角落
粉雕玉琢的宝贝
犹似春天的牡丹花
这甜蜜蜜的牵挂，窗外
风也为她呢喃
雨也为她呢喃

4. 深秋的思念——致敬痖弦先生

落叶完成最后的颤抖
在秋风中纷纷飘落
犹似忧伤的思绪　缓缓沉淀
荻花隐去　在湖沼的蓝睛里
那一抹纯净的白
悄然归于沉寂

七月的砧声　远了
而您的诗意依旧回荡
这渐渐冷却的季节
雁子掠过辽阔长空
声声嘹唳　声声苍凉

在南国蜿蜒的小径
马蹄残踏的落花
化作一抹伤感
北方歌人遗落寺院的琴韵
犹似风中低吟的秋歌
诉说着绵长的思念

秋天什么也没留下
只留下暖暖的诗

它将温润四季的流转
斗转星移　我们默默怀念
深深铭记

5. 腊八

腊八的粥
温了一年的寒凉
家家炊烟缭绕
吉祥的气息在风中铺展

喜气、瑞气、福气
一勺勺盛进碗中
也盛进光阴深处

过了腊八就是年
儿时的甜蜜期盼
如粥香绕过柴门
悠悠流连

而今，炊烟依旧温暖
乡愁却如今夜的月光
在记忆的长河里
静静弥漫

6. 街角樱花

我牵着爱犬
和整条街的寂静
早樱的叹息
还点缀在青草间

转角处
仿佛春天打了个响指

整条街的晚樱
忽然就开成一片粉红

重瓣的惊喜
一簇簇炸开
我的小狗
打了个喷嚏

整座城市的春愁
此刻都败给
这满树
慢半拍的温柔

7. 父亲的口琴

月光般的旋律
在夜里缓缓流淌
您吹奏的琴音
轻轻牵我
回到旧日时光

年轻的父亲兴趣广泛
一枚小小口琴
便能吹出四季声响
无意间的反握
高音与低音交错
如诗韵在风中回荡

"心里若无事，
日日好时光。"
您常眯着眼笑
把胸中坦荡
融入岁月的河床

没有父亲的父亲节
您已离开尘世安享天堂
再美的诗句写不出思念绵长
当熟悉的旋律再次响起
我沉醉其中
寻觅您口琴的微光
那反握的琴音啊
是我记忆深处
永不消逝的回响

8. 致母亲

您曾那么美
眉眼清秀，步履生风
穿过晨雾与讲台的粉尘
将求知的种子
洒入每一个春天的田野

您将白天交给工作
将夜晚留给孩子
灯光下批改作业的身影
悄悄在我们心中刻下
勤奋与温柔的名字

您是最好的老师
教学生读书
也教我们做人
您的学子们如今功成名就
您却走下教坛日渐老去
步履蹒跚却依然心态端正

您倚靠助行器缓缓行走
我们依然记得
您走过的那些风霜雪雨

那些孤独与坚持

母亲啊
在您的节日里
献上一首小诗
连同心底的爱与拥抱

9. 故乡的潮声

老友捎来一箱海鲜
未及逃遁的鱼虾
沉默的蚝与蚬子
还有失声的海螺

晚餐时，母亲咀嚼蚬子的鲜香
舌尖触到细微的沙粒
"和儿时一样呢"，她轻声说
故乡在齿间低语

一阵海风拂过窗棂
一波咸涩漫溢心间
当鲜味在舌尖结晶成霜
故乡在齿间低语
那沙粒
带来故乡的潮声

10.　偶访大连

临窗凝望
大海在渔火下波光粼粼
银亮的
我们八九十年代的海

潮声低回

总在反复擦拭
老友们的身影
以及星海公园的笑声

总在反复擦拭
老友们的身影
以及星海公园的笑声

李玥
美国马里兰

作者简介

　　李玥，美籍华人，理学博士。
中国诗歌学会会员，曾获首届"国
际华文诗歌奖"，《华府新闻日
报》"新诗天地"责任编辑。诗作
散见于《星星诗刊》《创世纪诗》
《天津诗人》《散文诗》《世界日
报》等，并被收录于多个诗歌选
本，包括《中国诗选 2018》《2019
中国年度诗歌精选》《2020 中国年
度优秀诗歌选》《2022 中国诗歌年
选》等。著有诗集《葵花海》，主
编诗合集《夜的荆棘》。诗作曾获
第二届（香港）"紫荆花"诗歌奖
一等奖，首届"徐霞客杯"世界华
文诗歌大赛银奖等。

1. 自春天开始

自春天开始，爱上一簇逍遥的雨丝
洋洋洒洒飘落，唤醒尘世里
万千条溪河
冬日残留的火苗尚有余温
大地低切的琴音深处，有激越的流
水声响

自春天开始，爱上几缕和煦的暖风
撩动柳枝飞扬
仓促间，阡陌中盈满禾秧的醉意
花开时节，有梅的暗香和雪的洁莹
夜色壮美，饱含蜂蝶的蜜意
与月晕的万种柔情

自春天开始，爱上一朵待放的花蕾
羞涩中低头，池水旁晶莹闪烁
不经意间，牵牛花藤向上又爬高了
几许
点缀春光的旖旎
甘蓝叶已换上了多彩的羽衣

自春天开始，学会爱上一个人
任她枕畔的青丝缭绕着入梦
爱眼眸中涌动的潮汐，和无声流逝
的岁月
爱她头顶绚缦的星辰
深深地爱……
也爱她眼角堆积的越来越深的皱纹

自春天开始，要重新爱上这个世界
爱蓝天底下游荡的风筝
和几片离枝的新叶，她们的惬意和

自由
动荡与漂泊
爱风雨过后料峭的寒意，以及又一
段
泥泞的路途

自春天开始，爱上落日下的孤鹜
和一个匆匆远去的背影
爱繁嚣褪去之后的宁静
窗边摇曳的烛火，还有暗夜里
那份永久的孤独

2. 泊

当鸥鸟飞越霜露
归返林野
当俗世里的尘沙终付流水

篁竹间，琴音凄瑟
一叶扁舟
静泊于湖面。古典的江山
随绿波轻荡，悠然
淡泊如水墨

当萧寥的秋雨
撩动蒲绒，远山灯火迷离
星芒陷落

当浩渺的烟霄遮笼住
又一段滩涂
岁月峥嵘，季节的罅隙间
风云低涌……

一个人的梦境

叹半世漂泊
望芦花白头

3. 三月，访阳明先生故居

穿过几条窄巷，忽见一片
白墙黛瓦
这大半边错落有致的雅静宅第
是否就是当年旧庭院
两棵茂盛的柚子树，在三月的春光
里发呆
恍若正等待一位老先生归来
还乡祭祖、探亲讲学

余姚江蜿蜒曲折，不知觉间
又是春秋几度
竹林幽翠，应似当年旧景致
先生是否偶然会记起
对竹格物，七昼夜一无所获，似人
生大梦一场
其实大病一场也无妨

以心学传世，为一代儒宗
更是一位战功卓越的传奇统帅，名
震天下
所著诗文经典，纸张早已泛黄
而哲思萦绕不绝
立一尊冰冷的青铜塑像，腰佩长
剑、双眉微蹙
无血肉，只留铮铮铁骨
"新建伯"牌楼翘檐巍耸
五百年久矣，阳明先生魂归何处？

院内池塘石壁斑驳，水面

波澜不惊，遍寻不见天泉桥影
等得夏日，淤泥内蒲荷生根、拔
节、开枝、散叶
这萧索的池塘便重现一片灵秀之气
繁花似锦，喧闹如人间道场
无阴阳之玄妙，亦无出世之虚无

世间磨难，皆是砥砺
先生有经天纬地之才
一生经历多少骇浪惊涛，宠辱不惊
向内求之，心即理
以心渡，渡己亦渡人
以心为桥，天堑即为通途

三月柳枝轻摇、春风微拂
风动----我看到阳明路上往来奔走的
皆是匆匆路人，各自忙碌、各自悲
喜
心不动----便定睛细看
满大街又是古今圣贤，都是讲学归
来的
阳明先生

4. 血色黄昏

如何
让一双悲惶、迷惑的眼眸看透
四下里飞扬的沙尘

如何
让一双稚嫩、干渴的嘴唇
对着无边的荒漠，呼喊出内心
无法描绘的迷惘

以黑色的边框
还是墨色的笔触
以一场惝恍迷离的梦境，还是身后
这个怪诞离奇的世界

漫天的狂风过后
那些枯死的胡杨树
一排排站立，仿佛夕阳下高耸的石
碑

如何让纯挚、透明的心
面对天边流动的、滚烫的乌云
该如何让一个稚秀的脸庞
在黄昏降临时，独自面对周遭
单调的红

青涩的枝条下面，一只悬浮的蛹
挣扎着剥离出层层的茧
孱弱的身体，半边
面对着光明摇摆
另半边，似一切隐忍的生命
随着夜风，悄悄地
邃匿入黑暗

5. 一层土

几颗酸倒过牙齿的青枣
和小半筐
甜过月光的夜葡萄
苦瓜的干瓢内
盈满了岁月的凄凉
往昔的屋檐下，悬挂着两串
曝晒过的鲜红辣椒

生活离不开
温度和雨水，但日子越过越薄
最后，把自身也掷入其间----
一个朴素、粗糙的坛子里，盛满了
时光的剩余与残羹

这薄薄的一层土啊
闪耀着黑漆般的光亮
撒上几粒种子，坛底
就将孕育出
嗷嗷待哺的哭啼声

6. 桃花事

说到桃花
就禁不住想起一场春事
石桥下野鸭戏水，柳枝飞扬几处
借细雨擦亮心情

西村口吆喝一声
东面向阳的高坡上
就绯红了脸颊
春风轻拧腰身
桃花就一簇簇地长
一片一片地红

等得稀红暗绿，香满
枝头时候
月色也越发明澈清凉
于寂静中守望
这烦恼的人世
三生之蕊凋谢，旖旎成歌

只有缠绵的溪河还在轻声

诉说着往事----
叹落英缤纷、花谢水流
浅唱燕舞莺啼
和柳暗花明

7. 时间速写

或需一把
标尺，推演黑暗逻辑
藉假阳光与阴影，展现出
明亮的自身

徒增另一维度，探寻
前世因果，古典青铜的
啃噬声悚异，一匹狂野烈马
疾驰入秋风

以无形之力铸造有形之体
柔缓的波粼，在河滩边布陈下
白色的砂石，一种荼缓姿容
于仓遽之间流逝

未来主义的光影
阴阳难测。沙漏翻倒的刹那----
一支光阴之箭
射进虚无

8. 一位猿人的进化史

最初的标呈，或只为直立
先探前肢，再出后手
掌握立体视觉
头颅仰起之后，脖项和腰椎
时常压迫疼痛

由树枝跳落地面，自茂密森林爬进
一个
温厚的圆月之夜
直至步入水泥丛林
不同进化逻辑，就像不停伸展的叶
脉
对一切未知领地都有搜括之心

闲时打磨石器
取万物于土地，用完后自觉归还
或在岩壁之上作画
描绘狩猎与放牧，刻画星月及万千
神灵
心怀虔诚，拌以红色的
原始暴力美学

偶有哀怨与尖叫声，可视为
一种咏叹，或是歌唱
情绪拉升了语调，延展出抽象的意
味
最终跌破为几处
言语，及文字的碎片

学会制造长矛、弓箭
然后是枪炮和子弹，纷争的火焰燃
尽了
又熄灭，恍惚间已春风几度
一块薄尖、利可断代的头盖骨
迄今下落不明

透过层层历史迷雾，我们能听到燧
石
砰砰的敲击声
那些燃烧的火苗、弥漫的烟尘
在石壁之上的灼痕

忽明忽暗、虚实难辩

9. 野马

乌云是草场
天空是池水……

冲涤岁月的潮声伏于
低处，冰河的记忆也未曾
消融于梦。而一匹马的头颅
此刻，自远古的图腾里
急跃而出

啃食胡风和朔雪，大开杀戒
在狂想的冰原和乐章里，逐雾追
云、无拘无束

赤霞之下飞扬的
毛鬃细密----
这被原始驱动力鞭挟的蛮兽，披挂
着昨夜
白色、蒸腾的湿气

当兵矢与枯骨暗默于
坚壁和荒冢
隐匿于四方之城内的片片石槽
在湛寂里收集余生的
雨水和朽痕

而天畔，依然会有驰骛中的影子
在月光下低吟
或者面对拂晓前的黑暗，昂首发出
风雷般的嘶吼

10.　雪韵

一簇雪花的消陨，是云
脱困于蟒，飞逸中剥离的片片鳞甲
是勇士头盔上散落的
白色翎羽

这下了一整夜的雪啊，这折射入
光的六角冰凌！
仿若一场盛大的覆盖，封冻河流和
泥土
并掩埋尘世间
万千卑微的事物

一粒晶核的跃动，是剑锋
淬灭于火
和魂灵的舞蹈，投映
死亡阴影之下

这下了无数世纪的雪啊，这一幕没
有
英雄的悲喜剧
巍峨的山岭和帝王的宫殿，于一片
烟莽中
黯然失色

终有风轻雪霁时
阳光普照，天地寂静----
颂者虚构的史诗
依然盛大，而舞台中央
空无一人

张冰
加拿大卑诗省

作者简介

成长于湖湘读书人家，多年前移居加拿大。从小耳濡目染，始终保持着对文章、诗词的兴趣。现任加拿大中华诗词学会会长，并兼任诗刊《新诗潮》、《诗梦枫桦》和《菲莎流觞》的主编。

1. 走过

他跟我聊起了尘世
曾经的爱徜徉于天命的道场
一朵朵火红的罂粟花开在来时的路
拥挤的行人赐予我肆意的孤独

我惦记过的和惦记过我的姑娘们都
过得比我好
我用此生守护的姑娘们时时带给我
惊喜和骄傲
时间拍打过的记忆里只剩下了丰腴
的幸福
眼睛里充满了这个舞台的迷彩和绚
丽
我总是对的
就算你们认为我错了，那也是我应
该犯的错

信仰是等身的毒药
理想在浅吟低唱中消亡
让别人纠结灵与肉之间的暧昧吧
去一个冬有细雨夏有骄阳的地方
用清静宣示内心的满足
任灵魂在旷野里放浪
努力活出一个普通人应该有的花样

2. 岁月

朝太阳的光辉里挥去
扭曲的时光成了一条直线
颤栗着
落在场地里
压到了白线的边沿

同时响起
是非两分的喊声
那些盘旋的白头鹰呢
让太阳见证
或者一双老花眼

我们之间横亘着一张狭长的网
眼睛望着同一个音符
心随同一个节奏舞动
触上网的
不是消亡的宿命
是重新开始
期待一场救赎

随风而去的
是骄傲的影子
是遗憾
总有人忿忿不平
或许会有轮回
有火花四溅

3. 随风而去

总有一条河，
流淌在心尖上，
冲刷时间的缺口。
冲过崖口是一种救赎，
如白练在崖上随风而舞，
放飞千年的深沉。

总有一座山，
背负着双手神圣地伫立，
冰冷冷地收获人们崇拜的目光，
将背影投在大地，

阅尽沧桑，
不言不语。

山谷其实没有人烟，
回荡着，
紫色鲁冰花的笑声。
最后的辉煌，
和着落日的那道金色光芒，
越来越远，
越来越远……

看不见风吹殁的足迹，
走在赤裸的大地，
小心翼翼，
杳杳约约。

穿过记忆的灵堂，
有血色的纱裙飘在远方。

4. 沉醉的日子

没有喝多，
只喝了四种酒。

不愿多说话而已，
有些些的昏沉沉，
却还在试图回忆每一种酒的甘冽。

将目光穿越屋顶，
一个清澈漆黑的夜空，
能看见那颗微弱的星星。
应该是喃喃自语了，
说不会迷失在繁华昌盛的红尘。

昨日的那片落叶，
已经腐入大地，剩一席氤氲。
或许灵魂已回枝头，
隔窗看我杯中的新酒。

到头来只记得第一杯
固执地当作自己的酒
想浅酌轻尝地喝一辈子
却在举杯时被鲁莽的他们碰洒在我
的衣袖

那是我的酒
那从来就不是我的酒

5. 我将五月写成诗

我将五月写成诗，
毕竟花已成海，游人如织，
人们在肆意称赞。
我孑然孤立在拥挤的人群，
看花瓣缤纷，回忆它青春的面容。

记录一场盛大的诀别，
目击一场明艳的生死。
恍若隔世。
将我的灵魂附于落英，
追逐风的自由、雨的清新。

用意守千年的句子，
写下那年偶遇，你我相识。
落樱已成往事，
在你曾经走过的街。
我掌心，
有你写下的字。

我将五月写成诗，
祭奠随风的落红，
祭奠那些日子，
祭奠所有的一往情深。

6. 雨季

雨丝
模糊了天边微弱光亮的呐喊
缠住的 是已经光秃秃的桠枝
有车轮碾过
生生切断道上那股刚刚汇成的细流

并不安静
政客的喉咙始终在歌颂
那个牧师喷出的唾沫星子依旧在眼
前飞舞
老师歉意地说 我教的仅仅是已知的
认识
雨季了
似是而非

他们说
这个冬天 寒冷

7. 私奔

你是我前世的冤家，
我已许你今生的随侍。
走吧，
我们一起，
一起私奔。
去一个地方，
一个纯粹的地方，

一个我们诗中出现过的地方。
没有遥望，
没有等待，
没有那恼人的上传与下载。
只有我俩，
面对面，
了无牵挂。

8. 祭祖

是一种荣耀
在松柏石案后拱起一方土丘
守着这弯形如凤凰展翅的绿水
望着势如青龙逶迤的对岸
那是子孙走出去的方向
继续从前的深爱，无尽的荫庇

终会归来的
就算只是几根枯骨，或是一抔尘土
请把我埋在这里
连同我多年的游魂
带着那些愧疚
找回先人们赋予我的名义

9. 花瓣

那一刻的绽放
是一种肆意挥霍
无所顾忌

月影斜时
又分明是一种幽雅 一种恬谧

在花园里

在旷野
在高山上
在深谷中
在湖边
在路旁
在小姑娘的头上大姑娘的胸前
在小伙儿的手中
在老人的案几上病榻旁

终有一天要离开枝头的

你对风说
带我走吧
去一个高一点的地方 去天空
我想再看一眼那些山和水
还有那些人

你对流水说
带我走吧
去大海
我想回到彼岸
母亲的坟旁

10.　期待一场轮回

飘落一地的惆怅
任屐履匆匆
来回
践踏

我是那片暮云么
低沉忧郁
徘徊无定
给你一场夜雨

回到那期望的窗前

不能啊
我已坠落
根本没有触摸到你的指尖
甚至没有回头

想融入大地
粉身碎骨
再重回枝头
在你窗外摇曳
隐在千万片绿叶中
孤独地看你

王旭
加拿大阿尔伯塔省

作者简介

六零后，北京人，原日报社夜班编辑。1990 年来加拿大。加中诗词学会等学会会员。新诗《爱的僚机》，《老家是京华》在《解放军报》《人民日报》发表。《故乡，从不打烊》获首届多伦多国际诗歌艺术节优秀奖。剧本《直飞北京》，《捡瓶子》为原野话剧团，多伦多话剧团搬上本地春晚。出版个人英语汉语诗集《Write the City by Bus—沐雪驭尘》，绘画作品《See the City by Bus》系列在埃德蒙顿市政厅展出。

1. 孤岛

一直沉浮，一直塑造
不全是椰林大道
有五色土，唐年草，麻药解药
纠缠的倦鸟，抢滩的寒涛
旅行社诱人的广告
只字未提岛上没有手机信号
是诗人，懂你的孤傲
岁月，在此停靠

一种坚守，一种脱逃
水隔了纷扰，你好伴一日两潮
诗囊才调，寄情烟波浩渺
梦里，也有入水的栈桥
晶莹淡水，东方香料
迷航的船队在此藏匿了金银珠宝
你却暴露了一行思考
在那个傍晚，看夕阳燃烧

海水，正从四面环抱
把我治好

2. 谢谢你，陪我走过！

飞过大洋来陪你？穿越千年来陪我？
感恩节感谢谁？复活节把谁复活？
勇士们，守着篝火，舞姿活泼
印第安岭啊，长眠着多少沉默

林徽因的四月天，在阴历阳历的纠结中蹉跎
是五月的郁金香，绽放美丽花朵

世界书局，从前人的封面里挣脱
以彩色绘本，展开大唐的轮廓
蓝眼睛绿眼睛双眼皮单眼皮，都执
着
用各自的母语揣摩，"此日桃花灼
灼"
尽管，黑衣人带来造物主的传说
尽管，明月光在床前疑惑

阿萨巴斯卡河，日月闪烁
在沿途的分流处，各话各说：
哪儿是上世纪冰原的冷静沉着
哪儿是森林大火的仁慈饶过
冬眠到春眠，不觉夜长夜短的挥霍
陪你醒来，被你撞破

夜归的人，不再懦弱
亮开了嗓子，唱响这块土地的"远
而阔"
在落基山的两侧，找到来过的线索
你曾在场，我曾开拓

飘雨的城市，那团未被浇灭的渔火
沿着海墙，往事如昨

3. 人间治愈

跨年夜的沙滩上，海风徐徐，
咖啡、椰子、槟榔、金桔，
烟花、音乐、喜庆、团聚，
放孔明灯的善男信女。

海边少年，正拔腿而去，
也许，那槟榔口中苦涩的隐喻，

已超出所有的断断续续，
迟疑间，吐出那口血色的情绪。

红树林，青皮林，十八里的浓绿，
五指山，万泉河，巍峨葱郁，澄澈
弯曲，
"回半岛，过暖冬"，比心绪，
"同风起，共潮生"，话心语，
终于，在分界洲岛放下所有的疑
虑，
以云淡风轻，自诩。

晨咖啡，晚鲮鱼，
黄莲雾果肉，和乐蟹膏腴，
面对篝火，想起文昌鸡的饭局，
海南人，会劝你在椰子中汲取。

去日月湾，忘却你淋过的冰雨，
在灯塔岛，知遇拒浪石的防御，
岸边，正上演一场盛大的烟花喜
剧，
让绚烂和泯灭，都随烟而去。

元旦，环卫组拾走了纸屑、残余，
金色沙滩，期待着下一场治愈。

4. 人在红尘梦在唐

秋夜，有许多晴朗
视线才会被拉到天上
又是那群插翅的天使下凡时代广场
竖起羽的短长，招展翼的张狂
内衣外穿，祛俗脱尘，魂飘神荡
暴走着，把"维多利亚的秘密"向

世人宣讲：
纽约，还是主场
白色，还是今秋主打的流行档

戴白手套的人，擦亮大都会的橱窗
好让公益良俗，再次金碧辉煌
央行，开始清算减息后的糊涂账
拆除篷帐，展示矜贵的样板房
还要，搬回世界工厂
还说要增航

拾荒的人，用背囊兜住瓶罐的叮当
约莫起"惜罇空"到"将进酒"的
肚量
写诗的人，把平仄押进诗行
贤圣皆死尽？圣贤皆寂寞？再酝酿

今夜，将你定性，甄别取向
明早，把你遣返，已甚嚣尘上

隔着大洋，眺望，
"长安如梦里"，归期，披上月光

"一切只是虚荣，没有公平"
——威廉·梅克皮斯·萨克雷

5. 一念海角 一念天涯

擦肩的一念，载着九曲黄沙
咆哮着，奔腾而下
山月不语，看惯的洋洋洒洒
也许，是逃离时的挣扎

弄人的《湘夫人》，沉底的《怀

沙》
楚楚于心，风颂始雅
解码讳莫如深，一念之差
汨罗江上，怎知那不是一场追杀

折断的翠柳，辞树的百花
暗许，各自如期的表达
夜雨对床，静听风雨交加
清晨拾贝，感动那一片红霞

无人左右，别说无人牵挂
跋涉的路上，消磨了承诺的芳华
汗水，流走念中纷繁的叠加
变做冲回少年脚面的浪花

出发和抵达，都念着"不恨天涯"
山盟海誓，都挤来浅滩打卡
海角，总得有穷处吧
念，可有天涯

想把家带到天涯
想把天涯带回家

6. 后来

亚美大陆，隔着封冻的白令海
一群游牧民跨海，踩着坚实的冰块
来美洲，点起篝火，开启了原始的
存在
自诩原住民，捧起这一块，枫红雪
白

后来，一帮欧洲人沿劳伦斯河杀来
凭皇家的信誉，与原住民做裘皮买

卖
后来，他们开始领走孩子，连拉带
拐
以圣母的名义，将寄宿学校的门敞
开
教这群"印第安人"向天主顶礼膜
拜
传给"印第安人"的后代神的安排

原住民追到寄宿学校外，安营扎寨
击鼓、踏踩，唱着一曲曲无字的等
待
后来，他们也没能把孩子等回来
他们孤立着，像高耸的图腾，目瞪
口呆
用无语的惊骇，讲述神灵宗亲，后
到先来
用不退的血色，区别青红皂白

阿萨巴斯卡河岸，隐现暗示的青苔
落基山脚下，扬起不安的尘埃
山下无名墓穴里的三百具儿童尸骸
让那场种族灭绝真相大白
是谁，把后来藏到了现在
是谁，在搪塞"Let sleeping dogs
lie"

哽咽百年，终于，他们哭出声来
因为，只有这样，才能向后来交代

7. 路过

路过荆棘，花朵

路过树影婆娑
路过狭路相逢的繁琐
路过忘峰息心的超脱

平静，缄默
忍受坑坑洼洼的闪躲
向右，向左
绕过急转弯处的伸缩
用剩下的盘缠，几处名胜能否路过
抄唯一的小路，去把红尘看破

匆匆忙忙，是我一次次的路过
花花绿绿，是你一样样的诱惑
在淡定的角落，路过从容不迫
在喧嚣的路口，路过不知所措
相忘江湖？还是相濡以沫？
是驻足？还是路过？

终于，路过一枚晶莹的琥珀
定格了昆虫路过时顽强的挣脱
尘埃下，依旧泪光闪烁
誓死说出，那一万年的寂寞

8. 冷暖街头

雪水，浸透地面，四处蔓延
冬季，在每一次深冻后，回暖
冰解冻融，看老天变脸
一夜之间，路上露出所有的破绽
大坑小洞，不成方圆
城市沦陷，柔肠寸断

节气，在坑坑洼洼间左躲右闪
社区，在深深浅浅中变道换线

止步不前，铤而走险
一路蹒跚，几次震颤
谁能保你不入泥潭
谁能为你补洞解难

设立市民举报热线
把所有的起伏跌宕记录在案
工业学院伸手救援，补洞当课题攻坚
砂石粘土矿物，分解凝聚离散
是水泥太昂贵？是沥青太敷衍
还是我们洒下太多融雪剂、除冰盐

市政，有一千万元的精打细算
社区，有一百万个平坦景愿
补坑人，雨卧风餐，来不及杞人忧天
填平的坑洼上，掷地有声，百轧千碾
路人皆知，冬天让路春天
爱城人，安土重迁

9. 石狮

温哥华唐人街，细雨还没下透
街上，有不散的大麻，被弃的针头
原住民姐妹们，曾在此徘徊、逗留
从此失踪、走丢，被拐走、转售

街口的中华牌坊——千禧门，挺胸昂首
镌刻的"继往开来"，昭示万代千秋
牌坊前的一对石狮，不离左右

正襟危坐，紧抓绣球，隔街相守

此岸彼岸，太平洋上，逆流顺流
昨夜今夜，落基山下，星疏星稠
石狮啊，你任凭三伏三九，风急雨骤
石狮啊，你无惧白眼红眼，恐吓诅咒
你乐善好施，甚至，责己以周
你息事宁人，甚至，逆来顺受
只是，这次，是谁对你又下狠手
涂红你的双眼，抹黑你的额头
是谁在编造理由？是谁在充当打手？
不禁叩问，此处可是你我永久的居留？

你睁着双眼，嫉恶如仇
你张着大口，欲说还休
不久前，我们还在抚平华工的百年伤口
不远处，他们正在软禁我们的孟晚舟
你可看透，眼前的正义有如虚构
你要狮吼，身边的歧视无独有偶

石狮啊，你铁石心肠，还没被伤透
石狮啊，你目不转睛，还能坚持多久
你背靠牌坊，眺望前方的路口
原来，那儿有为你捧来的鲜花，攒动的人头

10.　落基山国家公园

白色的云朵在洛基山顶堆积
蓝色的山峰时而消失在云里
印第安岭，仰天叹息：
褪去的冰原，为何带走上个世纪

玛琳湖，低调隐秘
试着与世隔离
阿萨巴斯卡河，却露出河底
从头说起，裘皮与白酒的交易

越过高速路的黑熊、灰狼、红色狐
狸
在黄色路牌上，留下冒死穿越的身
姿
驼鹿来到公路中央，挤在一起
舔着汽车上除冰盐的结晶体
惶恐的北美土狼，开始心虚
羽绒大衣的领子，怎是同伴的毛皮

夜里的营地，松涛滚动着不休的争
议
棉花糖在篝火上烧烤起环保的话题
拂晓的帐篷，滑落串串晨曦
驾驶五百公里，昏昏欲睡地来看你
难道，只是为把赞美送给你
还是，留给你一堆城市的垃圾

佩英
新西兰奥克兰

作者简介

佩英，新西兰作家、詩人、译者、报纸主编，获教育传播学理学士和新西兰工商管理硕士。2023 年度獲第 30 届義大利"烏賊骨"最佳外國作家獎，25 年度获悉尼国际诗歌节杰出诗人奖。其作品被翻译成近 20 国语言传播，被比利时皇家图书馆、罗马大学等图书馆收藏，其作品连续三个年度被收录在台湾《中国语文》书录，作为中小学语文教师进修参考书目，24 年十首作品被收录在意大利出版的[21世纪华语诗人合集]，最新双语诗集[花开未]（中文和意大利文）25 年1 月在意大利出版。2024 年佩英代表大洋洲出席麦德林国际诗歌节，2023 年度开始出任世界诗歌运动委员会理事兼大洋洲总协调员（WPM)，美国纽约[综合新闻]主编。

1. 斐济时间

（一）

其实，时间是从哪一刻开始的？
我确信，从你的眼睛再也不能
从我身上挪开的一刻开始

时间从哪一刻继续？
确信，从你吻我、抚慰我、凝视我
的一刻
继续

到底，时间从哪一刻停顿的？
绝对是从你抛我向空中、彻底粉碎
的一刻
彻底停顿

而时间又是从哪一刻回归呢？
确信，从你躺在我身旁
蜷缩着如熟睡的孩子的一刻归来的
你坠落--是的，你坠落--
在一个无边的美梦里

时间就这样一次次开始，再开始
每一次，你坠落、坠落、再坠落......
落入一个没有尽头的我--

一个你命中注定的女子

（二）苏瓦蓝蝶

走进苏瓦的人，也是走出的人
带着昨日的火焰，
在炎热潮湿的空气里一点点熄灭

苏瓦从不追问——
以红花楹的方式开了落，落了开
再以雨的方式冲刷，原谅
仿佛从未痛过

蓝蝴蝶跌入泥中，你拾起
奄奄一息，又再飞起
你惊呼--
这时，天亮了

苏瓦，有足够耐性等待一只生灵
在爱里，死去再活过来

（三）苏瓦之雨

何等的恩典
在最黑的日子里，
你身体最深处那一寸光——
未能被掠夺

当最后一盏灯熄灭
周遭被黑暗吞噬，残留部份却更亮
亮得宛如世界心脏在跳动

你，一名普罗米修斯，天生自携火
种
在一次次死与生的日夜里

等来了救赎——
一名女子轻吻你之唇，淡淡玉兰花
香
令毒苹果腐烂成尘埃
捆龙索悄然裂开

从苦痛中醒来
飞啄腑脏的鹰已了无踪迹
苏瓦的天空只有清凉的雨漫天而下
诉说与生俱来的尊贵与荣耀

雨丝穿针引线，缝合所有的破碎——
——
肌肤、骨骼与灵魂破劫淬火
自燃的你，举起一座城的黎明

2. 生日快乐

赠你何礼？
世间万物，我们皆曾得失——
两条裸奔的河流，裹挟泥沙与水草
携渴望自由之鱼，逆流而行

截下我的一段河床吧：
湍急处，你可停泊、盘旋，可转身
我将甩出白色泡沫掩护
护你冲破礁石暗流

我所拥有的，你都拥有——
相似的流水
摄受万象的波面：我们的眼睛
跳动的心脏，求索的魂灵
路漫漫，共历昼夜冷暖，风霜雨雪

再赠你一枚鹅卵石
她温润如玉，在日复一日的冲刷下
坚硬如钢
有一日，若你需要，她会奔赴--
你只需掀起狂风巨浪，她能
破釜沉舟，击水三千

3. 东风破

我说喜欢海
你拉着我，奔上高坡
俯瞰海的蓝蔓延，如铺开的心事

你说童年在风沙岸边踢球
犬影逐风
泥和盐，印进脚趾
记忆烙成纹身

桅杆张开，树叶张开
光透过，打在你脸
你一笑，雪白牙齿令人目眩

空气在灼烧，火焰花炸裂成星屑
海蚌壳裂开
所有罅隙，都在悄无声息地张开——
——

包括我
万事俱备，只等风来

4. 辞岁——致生日前一日

已在黑暗的尽头
匍匐、蜷缩很久了，如小荷初露尖
角

水底腐水污泥翻腾——
你默然至极

今夜，是诸物的葬礼
脏水、流言、诬告、未遂的欲望
一一入棺
你之前生，已然落幕

不辩，不屈，一棵从淤泥中挺出的
莲
早已在无光中盛放
腐烂炼成香气，污秽作供养
脏水，终将化作露珠

你要诞生了
所有神明正按住世界的脉搏
为你倒数
风神吹开层层叠叠的封锁
水神分流，宛如摩西走出红海
土神裂开大地
一个崭新的你，从时间的子宫中跃
出

逆行而来——
你是一枚含苞的子弹，一个
向死而生的奇迹

5. 雪夏

世界辽阔，辽阔得盐田褪色
灯塔坠光，荒山断径
孤岛沉入海底--
我却依然撞入你瞳中旋转的星涡

你说，世界是闭合的圆环
走遍每一道出口，翻遍每张海图
绕赤道一圈又一圈，终回原点--
风景叠映，掌心重启，岁月如潮往
复

你静坐在芦苇荡，草为裙光为冕
阳光被海风撕成碎片掷你额前，神
启--
那一刻，万物归位
你沉默，如初生的神祇
不再言说人世的秘密

雨季退去，芦絮纷飞坠地
如尘埃般择一条细微谦卑的轨迹

赤足赤手
你立于雪落的边缘——
世界寸寸后退，仿佛被光逼退的暗
潮
你轻唤我的名字，为夏天
重新命名

6. 小孩——晨读反战诗集
有感

翻开诗页，一页接一页
在一张雪白的纸上，走出一个孩子
眼睛澄明，仿佛从未见过尘世
他仰望我身后蓝天白云
如同仰望梦中的神明

他俯身，小心摘下脚边一朵小黄菊
如同触碰梦中的奇迹

整张脸埋入花中，贪婪地嗅——
仿佛始知：人间竟有香气

怔怔合上诗集，走入滴满露水的小
径——
蚯蚓在湿软泥中伸懒腰
蚂蚁拖着晨光搬家
蜗牛啃叶，小虫在叶脉间流连
……一切安宁有序

唯那孩子的命运，仍留在页中漂泊
——
是倒在废墟，抑或挣脱硝烟
走进下一本尚未写就的反战诗集？

将书，轻放于小菊花盛开的草地
任阳光替我读完未竟的结局--
有花为证

7. 三小时

隔了一千八百次滴嗒声
中间是一片汪洋，水咸如泪
浪起浪落，波光粼粼

你说我是那光
暗中更亮，你是黑沉沉的海
光闪过……之后是寂静
与你并存的寂静

光从哪里来?如同不问暗何时降临
只知光暗相依，海有了故事

爱与痛填补着每一声滴嗒

一盏忽明忽暗的渔火风中抖动着
不知哪一秒，会陡然熄灭

于是，我们一同望向海
直到天边浮一抹鱼肚白，才敢闭眼
出进于半梦半醒间，爱与痛中
兑去一层层皮

死去，又活过来，再一次死去——
三小时，我们走完了一生

8. 云胡不喜

坐于金山之上
你以金碗盛饭，偶尔居无定所
却笑语盈盈

身后山林丰腴，前方鱼虾盈仓
我们听雨
落湖坠莲叶上，低回，流连不去

风起风息
身边人们怀揣罗盘，匆匆寻矿去

依然安守此地
风竹低吟，莲花静绽，果鸟忽鸣忽
息
我们说着些琐碎与永恒之事--
在喧嚣与静谧的交汇处

脚下土地，足以承载千百次风光大
葬
亦足以安放余生

果鸟骤鸣，破林而起
刹那万籁俱寂，天地失语，
独余心跳与鸡鸣

云胡不喜？

注：果鸠（Barking Imperial
Pigeon）鸣叫似狗吠，声音低沉有
穿透力，常在斐济雨林中回响。

9. 青蛙王子

我的爱人
藏在我偏爱的事物里——
他潜入晨曦第一声鸟鸣
躲在半开的睡莲间
他修眉长睫，星光下如蝶之翅影
轻颤，像缓缓的咒语

当年，一个木匠被钉成神
而今，一个木匠抚我掌心之纹
化我成神：女神

他以锤筑梦
以指为针，缝补我身体的裂墙
他为我造门--
通过他，走向神

庄周梦蝶，蝶在莲上翩翩
荷叶田田，蛙跳
时而顽皮呱呱，时而静卧如僧
吻他，瞬间成王子

池水藏月，藏他，藏神
以公主之名，我提笔，荷叶题诗

10.　生死书 之 清明录

我听见血脉的回响，
如江河奔涌，交错、碰撞、淹没，
光阴的长河，一浪盖一浪
少替老，生掩死
轮回不息

风过动灰烬
消失的姓名浮起，唇齿间被呼唤
你们，一个个湮灭的个体
无声延续集体的存在

我知道命运的铁律
然，那悲伤，依旧难以释怀——
当无情规则降临于我
于我族

燃香，点亮烛火
第一炷敬先祖，为他们腾出的空间
第二炷敬族人，子嗣绵延血脉不
第三炷敬今夜长明灯，压倒磷火
第四炷敬醒着人
你们的存在，或许能令今日
人多鬼少？

唐艳艳
加拿大卑诗省

作者简介

本名唐艳周，祖籍江苏，居住台南，现移民加拿大。台湾华文作家协会会员；加拿大大华笔会会员；加拿大诗词学会会员；加拿大华裔作家协会永久会员。已在台湾出版发表散文、诗集《唐艳艳诗选集》和《二十首情诗和一首欲望的歌》等。

1. 早樱

早樱遗落的信笺，被东风定在
第五十九街
——旧年雍容华贵的枝头

一树树迟开的胭脂
把你的唇印烙在绸缎下的锁骨
一阵风吹来，甩起粉色水袖
诵一曲霓裳羽衣舞

瘦金体的三叶草
生姿灵动，嗅着香气的线索
来日贵妃醉酒已成休止符

整条街盛开的忧郁，随暮色越加浓
烈
沏一壶伊莉萨白二世的伯爵茶
樱花雨落在骨瓷杯中，寂寞
开自己的十四行，自我救赎

2. 樱

一夜醒来，樱花树上
挂满离合
每一秒都是新的质问
把疼痛系在风的瞳孔
祈求雨远去

落与红，花瓣是
肋骨与肌肤的翻动
以幽玄搬走
整个春天的血统

东风又作多情问
怕你读破
月下苍凉的新绿
走过时，是第几个
隔夜第几个来生

注：此诗荣获大温哥华地区"樱花
诗歌摄影大赛"现代诗第一名。

3. 四月樱花

樱花开了
在温哥华四月的雨夜
我们是没有影子的人
灯光的蜃楼在游移，悬置在
夜幕黑暗的深渊

每朵花似大观园里沉思的黛玉
献上第二性书页的香气
一阵风吹来，是否
把自由和幸福
撒向每一位女子的心头

飘落的花瓣咬住夜幕深渊的喉咙
柔弱的坚强在美丽地暴动
一阵风吹来
枝头的樱花
抖落不了让人心颤的纤瘦

每一朵白色的火焰
锁住夜幕深渊的喉咙。我听见夜
裂开一道光的眼眸
每一片花瓣，以凋零
大写成自己的姓氏

4. 夜樱

赤裸的夜属于
樱花的褪红与我的孤寂
镁光灯的昨日，车声的
街角，随浮光而逝

雨是缝补时间的丝线
无虫鸣，把自己站成
一株沧凉的樱花，听风
数那漫天纷飞的细雨

每朵花灵动的睫毛
半张半合，心事低吟
那阙侬的葬花词
远处有黑乌划过一声哀鸣

遥望南投樱花海
曾经有你的足履经过
我的怀里，有飞落的花瓣
散发着你指尖的气息

Stanley Park 的夜色正在阵痛
我是年轮最忧郁的一株
你听，每朵花都在祷念
让人心颤的坠落

5. 照镜子

梦的眼神，在镜中凝视
以火的姿态靠近自己
灰墙无声袭来告白冰冷
晚风卷起秀发纠缠
窗外，忧郁的绿把我包围

此刻无鸡鸣狗吠
黑如雷霆
镜中的时针和分针交迭
伸出手抓不住月光的誓言
是谁把爱冻成边界？

6. 爱河·高雄

凝视爱河的水，鱼是哑女人
风吹凤凰树，羞涩青青
这是春夜，星光是鱼的小嘴

苓雅寮铁桥下，划来
一艘小船，船桨似鸟的翅膀
欢快溅起整条河的呓语

黄色小鸭憨憨地
喔，彷佛握着春天的手

今夜
以最神圣的美丽
装饰你的懵懂

注：鱼是哑女人——策兰《妻子和
鱼》

7. 中秋节

秋风未羞枫叶
唯月装痴装圆
月饼也没有缺口
绝不裸露思念的味道
细数繁星
云海在远处翻腾……

我们喝了母亲的血
又偷了母亲的心
你听
是谁在呼唤你的乳名

8. 和平之门

若能乘上马斯克的专机
海角，天涯
Peace Arch 秒在眼前
蔚蓝很低，低的听不到星子们的鼻
息

零下三度，美丽的绿硬着头颅
又鬈髯是宁静、致远
白色拱门后方的红，心脏的跳动，
轻抚
和平门美丽的外衣冰冷，掌心起雾

右鞋踏着加拿大，左靴踩着美丽国
霜不是霜，雪不是雪
我的 DNA 有编码，一二三四五
如你所闻，好人不会有坏运

刹时间，龙卷风狼烟四起
在旋转的漩涡里，亲爱的朋友们
它和你我一样，找寻
心灵的拐杖

9. 蛇蛇蛇

蛇蛇蛇，众声齐口
在舌尖上挂着和平的赋格
如同死亡般的咬痕

在加沙走廊，在俄乌战场

孩童们的信仰是母爱和牛奶
母亲的乳房胀满了饥饿的死亡
主啊，赐予我们飞翔的翅膀
飞去 Peace Arch，和平
不认识自己的模样

沙漠下着红色的雨，星星死去
九拐十八湾的蛇行
以华丽的鳞片伪装世相
薄唇一张，信口雌黄

10.　枫树上的苔藓

不是故作沧桑
每个人都有自己的故事未诉
冬来自有她的理由
温哥华潮湿又多雨
以苔藓装饰冬的萧瑟
自我愉悦唱春天的歌
春天里我也不是主角
无所谓
形而上是樱花的解构
你去逆天吧
风台
火灾
海啸
暖化
地震
再加些恨加些人类战争的炮火
金
木
水
火
土

竹笛
加拿大温哥华

作者简介

加拿大醉茶听雨主编，国学诗艺美洲总社副社长，闲时喜欢用文字记录心事，作品常见于诗刊，报纸，网络和书籍。热爱诵读，在很多大型活动中担任主持和朗诵嘉宾。

1. 蜿蜒的快乐

有人借屋檐
有人得得瑟瑟地开车
把海那边的风
嚼成甜，撒成野

有人请假相伴
有人掌勺生烟
将黄昏煮得绵软

有人固执前行
笑声蔓延——
长成蜿蜒的快乐

2. 于痖弦的诗行中相逢

那次相遇，你静坐在不远处
眼中映着岁月的波澜
那是历史的静寂
也是你诗句中无声的余韵

我站在台上，诵读着你字里的深沉
与远方
《红玉米》在我的唇边绽放
每一句，像宣统那年的风
吹过屋檐下悬挂的红玉米
携着时间的哀叹与乡愁的重量

那夜，你的诗在空气中低吟
如同缓缓展开的行板
透着酒和木樨花的淡香
诵读《如歌的行板》
每个字，都带着音乐的节奏

拨动心中的琴音
"观音在远远的山上
罂粟在罂粟的田里"

你坐在那里，目光温柔而遥远
仿佛灵魂早已远行
你的诗句如秋天的树叶
纷纷飘落，在风中归于沉默
每一片，都承载着难以言说的哀伤

"我的灵魂，必须归家"
你的心声在耳畔回荡
像告别，也如归途
而诵读，将你的诗意传递给每一颗
在场的心
每一句话，都是灵魂归家的足迹
如风中的呢喃，洒落在记忆深处

默默的
叩问着家的方向……

3. 去远方，寻找谜一样的他

踏上远方的路
背负未解的疑团
在瑟瑟的风里，寻找
那个谜一样的他

康桥尽头的宅邸
或许有他缥缈的踪影

推开吱呀作响的木门
我触摸

墙面的斑驳、裂缝和余温

尘埃
如沉默的客人
久居
时光的深渊

远处的庭院
我看到
递玫瑰的人
静静站着，不发一言

那是记忆遗失的碎片
藏匿于岁月的角落

我松开紧握的手
思绪
从笔尖，静静流淌

4. 星辰不想模仿远方

夜行中，我时常停步
仰望无垠的苍穹

星辰独自璀璨
他不屑模仿远方
那迷离的轮廓
只在自己恒定的轨迹里
守护古老的静默

途中，迎面走来
一个披风的路人，目光深邃
他递给我一片枯叶
无声之中，我仿佛触到了

那个远方谜底的一角

对于每一个抬头凝望的人
总以为星光因他们而闪烁
殊不知，星光从未改变
他不追逐，不迷失
在深邃的天幕中
恒久而安然

而你，伫立尘世
总渴望着，去追寻
那些永远触不到的边界

星辰无声
从不模仿远方
它懂得——
远方，本无终点

5. 租客与租客的对峙

屋檐之下
本该宁静的空间
因一丝微小的摩擦
骤然掀起日常的风暴

供热的温度表
成了无声的战场——
你嫌冷，他嫌热
温度计上的刻度
如一条不肯让步的界线
冰与火在空气中
交错、纠缠

门及闸相对

犹如两座沉默的山脉
言辞如刀
划破夜色的安宁

水龙头的滴答
如未拧紧的烦躁
墙壁传来的脚步
稍有不慎
便可能让脆弱的隔阂裂开

静默中，两颗心渐行渐远
每一声叹息
都是无声的告别

最终，只剩那空荡的椅子
守望着破碎的宁静

6. 心事藏在夜晚的星空里

一个褪色的夜晚轻轻穿过老宅的古
钥匙
锁上那些早已消逝的时刻

闪耀的星空，如镶嵌的珠子
我用心的手指暗自拨弄，暗自神伤

冷雨敲打一段桃花的资讯
我找寻了很久，却无从释怀

只能在夜空下，搭一座思念的长亭
数天上的珠光

我也是假装有过爱情的人
心事潜藏在春天的星星间

美的想往蛰伏于平淡的生活
或许只为等待点燃心中那一星焰火

7. 黑莓，像墨染的星辰

在夜色渐浓的中秋
我漫步在庭院
银色的月光洒落大地
黑莓，悄然闪耀

黑莓黑了，像夜的瞳孔
闪烁着神秘的光芒

黑莓黑了，像墨染的星辰
带着秋天的丰盈
和一份欲说还休的低语

黑莓黑了，像夜幕下的秘密
在藤蔓的阴影中
仿佛在讲述一个蜕变的故事

从青涩到嫣红再到深黑
黑莓
经历风雨、阳光与时间的洗礼
沉淀淳美的熟

8. 光鲜外表下的鸡毛

一眼望去，他笑颜如晨光洒满屋檐
举手投足间透着暖意的恬淡
我放下戒备，将他收作租客

第一个月，日子平静如水
我暗自庆幸有如此和善的邻人

但好景不长，他与邻居们的摩擦渐
生
仿佛阳光背后埋着风的尖刺

夜晚，他将院门敞开，熊闻风而至
垃圾桶倾覆，废物散落满庭
曾经的宁静成了琐碎的战场
苦不堪言，却难以解脱其间

在这片土地，租客得尽庇护
合约如枷锁，缠绕难以驱赶
徒增无助，只能在清晨叹息
那光鲜的外表下，是一地的鸡毛

9. 别让男人拉的长脸影响你

活动归来，门缝里的那张脸
拉长成一片阴霾，冷冷不悦
像冷风侵入温暖的霞光
别让这拉长的脸成为牵绊

阴沉不过是短暂的云烟
一抹冷色，不属于晴天
无需为此黯然，亦无需回望
紧锁的眉，是他独自的荒凉

冰冷不是负担与煎熬
若他沉默如山，你依然笑如夏花
不为他低头，不为他失守初衷
你有自己的从容

去做自己的阳光，明亮而温婉
拉长的脸只是背景的黯角

别为此改变方向，你生来自由
无需背负他人无言的重量

10.　这一刻我成了悲哀的
　　夜行者

听闻您走了的消息
这一刻我便成了一个
悲哀的夜行者
行走在您的文字里
寻找一个诗人的灵魂

你说，只需一点
就能捅天空一个窟窿
挡不住
欲来欲去的路

今天，你果然在天空的窟窿里远去
没挽住那飘逸的狂草
我追赶着一片麦浪起伏的文采墨香

郭飞
加拿大卑诗省

作者简介

女，1953 年出生于湖南衡阳，笔名兰心逸人，艺名郭菲。曾任加拿大中华诗词学会理事，网刊《诗梦枫桦》音乐编辑。上海音乐家协会会员。上海东方国乐团琵琶首席。喜欢哲学.心理学。在文学、艺术、心理学等专业均有较深的探索与研究。常写新体诗与歌词并一些少儿文学作品。有几十首创作歌曲在国内外各大艺术平台推出。以琵琶弹唱的形式演唱的一系列古诗词昆曲，在 YouTube【天堂.雅薇】艺术平台推出，深受观众喜爱。

1. 扁舟云帆

桨击千江星月
橹摇万里河山
偶遇一朵忧伤的白云
啜泣在清泠的旷野
正好同行抱桨

日光的温暖唤醒激情
彩霞拳拳腾上云帆
你是那片失落的梦
她是那历尽千山的小船

风啊
请你不要吝啬托举的力量
江水啊
请你偃息风浪
岁月不停更换风雨
浪涛间没有永远的惊慌

一船明月一船彩虹
有爱　何惧山高水长

2. 最美那颗星

一颗超拔巨大的彗星
将我从梦中惊醒
她带着异常美丽明亮的凤尾
划过整个天空
留下一道明丽的天际弧线

眨眼间那道银光
绕过地球一周
却迅速落在了我的脚前

一个字在脑海出现:
缘
我信.那是前世的缘
她的使命在明天

3. 读万卷书 行万里路

读他万卷书 看全球风云
各族各界精英荟萃发声
伟人们把我们高高举过头顶
在历史潮流中
哲思滚滚洗涤灵魂

行走万里路 察万民生存
百业艰辛 世间苦乐系在在心
生存的意义豁然分明
方向朗 意志坚
体魄强 能力增

读万卷书 读万卷书
行万里路 行万里路
行走行走在路上
一日过千帆
过千帆逾千帆
一日 逾千帆

4. 这是我的家

这是我的家
四季如春花织锦
蓝天万里
木屋前巨树掩映
秋千荡起清脆欢乐的童音

稳稳坐在盛开的樱花树下
享受着芳香清醇与安宁
受伤的鱼儿在浅滩上获救
这港湾已让生活如五彩繁星

加拿大啊你的父爱如山
社会和谐啊心安稳前路平
加国母亲拥抱着我
款款深情拥抱着我
孩子们自由地歌唱
遐思驰骋天庭

5. 渺小

空旷的地平线一望无际
在优雅起舞的大树前
我秒缩小成一颗微粒
耳畔呼啸的风声应和在
千里之外……
奔腾的思绪从外太空回来
神经信使在体内奔跑
太空中电流气流各样流竞相奔跑
那是什么超越的速度?
又是谁在安排?
世间形形色色轨道上几多奔跑?
我一生的瞬间究竟属于哪个轨道?
终于知道什么叫渺小

6. 梦中好高一堵墙

墙上喇叭里欢天喜地
我兀自揪着头发向上提
拉长脖颈望向墙外
头顶飞过一只没毛的鸡

搬个梯子好探望
身体又被蛇紧系
哎呀　好难呼吸
嗜血的水蛭在我身上大餐肆意

蟹 轻易拿走我的牙
代表我的那影子赶不走
举着血红的酒杯　他说
他是我.他是你

7. 春风吹来的地方

春风.花照幽径
高树.纯净鸟鸣
花仙子轻轻摇曳着粉裙
降足柔嫩绿地

当心哦. 当心
切莫要旋入车尾的气流
热浪的无形之手
陷入那车轮的嘈杂

你轻轻的来了
悄悄的绽放
纯净了空气
美化了心灵

舒展着与芳草同归
就这样挺好
山的那边有流水
风吹来的那地 最美最美

8. 物换星移

满天星辰看迷离
地上春秋有更替
物不常在它会变换
星斗也会移

物既有换星也有移
告别悲催 抽身即欢喜
物不常在它会变换
星斗也会移

善护我的心来日方长
静待物换星移

9. 蒲公英

蒲公英手拉手结成绒球
小伙伴们将出发飞向各州
借着远处送来的风
白绒花飞向天空

漫天的小绒花翻卷舞蹈
他们在唱着欢乐的歌
哈哈哈哈 借着清风我们说再见
哈哈哈哈　我们松手

这世界真大呀
多么奇妙
飞向那美好世界
尽我优秀

10.　风雨中的故事

雾松雾岭雾迷
南北不分东西

冷风冷雨冷香
一道殷红的花溪

轻拾轻拢轻移
天真无邪的童子
……珍藏你……

赵晴
日本

作者简介

赵晴，翻译家、旅日诗人。译著有《耶律楚材》（广西师范大学出版社）、《随缘护花》（中国画报社）、《近代城市公园史—欧化的源流》（新星出版社）（校译）、《假如能与昆虫对话》（中国画报社）、《汉字文化大观》（日语版，共译，树立社）等。诗集《你和我-赵晴诗选》（上海教育出版社）；诗歌随笔集《余白》（香港诗歌协会出版社）。诗歌散文等散见于《流派》《圆桌诗刊》《创世纪》《中国当代诗人诗选2019》《2020-2022海外华文文学精品集》《日本华文女作家散文精选》《中文导报》等国内外各诗刊、文集、报刊以及文艺平台。联合主编《潮-日本华文女诗人诗歌选（2020-2023）》（日本华文女作家协会）。

1. 冬

天冷了
想约你来坐坐
把小火炉烧得烫烫的
然后拿出那瓶藏了多少年的老酒
盘腿坐在火炉旁
看你的脸从粉红到火红
我们有一搭没一搭的闲话
也随着酒意渐渐变成了
陈年旧事
忽然
沉默了
只是一口一口地抿着酒

天冷了
想约你来坐坐
摆好了纸笔
墨滴在纸上成了一团麻
竟发现无从下笔
便作罢了

入冬了
窗外依然红叶满眼
倒不如
把那一窗的火红
寄给你吧

剪下枫红作锦书
这样的季节
随处随意的一瞥
都是千万年前的一个耳语
正好用来想你

2. 车站

回寒，枯绿深深浅浅
昨日雨后湿漉漉的枝干里时隐时现
几点粉红
是人潮中的脸
拥抱或者拥抱，再见或者再见
车站，也许只有车站，才有魔力
让思念撕碎尊严
一群小鸟儿般的孩子叽叽喳喳
唱着动听的歌
一晃而过
站台上坐着的那个安静的人
低着头，认真地卷啊卷
把自己卷成一把细细的伞

3. 起风了

起风了
猛擦了一把泪
视线却还是模糊
掀开记忆的纱帘
你早已不见
我握着对你的承诺
在黄昏中吟唱
落花被吹起
依旧
数不尽

我不退不辩
只拿起笔

拿起笔
就是与世俗的和解
拿起笔
就是与世俗的不和解

起风了
我静立天地之间
左手是你
右手是天涯

4. 乡愁

拾起一片落叶
叶已枯了
轻轻地揉碎
一挥手
叶儿随风散去
像一场雪
拨开碎叶纷雪
我看到了你们
银色的发
笑吟吟地在说着什么
桌子上摆着毛豆
忽觉心中一痛
那个曾经约好一起煮毛豆的玩伴
竟也如此远了
一片碎叶落在肩上
拂去了
一缕青丝落在心头
却拂不去
绕成一团

渐渐打成一个解不开的结
与思念一起
慢慢地
变老

5. 梦想

秋夜
这个季节
路上弥漫的都是金桂的浓香
像拥你入怀时的感觉
秋天的夜晚，行人少了
眼前的路也似乎更长，甚至长到了
遥远
找你不见
只有你的气息跟着我一路走
月光融化了旅人的思念
身后的影子是曾经的梦
静时就会悄悄冒出来
总相随，却无从实现
就把激情还给激情
苍白的欲望在平静里迷醉
掬一捧秋风送给你
告诉你
梦想拒绝调零

6. 舞者

那个在月下跳舞的人是你吗？
紧抿的双唇，面色与月光一样皎洁
红色的舞鞋飞快地不断旋转和跳
跃，一团团的，如同天空降下的火
我在熙熙攘攘的人群之中
只看你

穿过天与你之间的月
看地与你之间的火
看光与火为你增添的那抹红晕
看你被夜色隐藏的苍白
你就在天与地之间淋漓尽致，在月
与火之间不由自主，停不住
有一瞬间我想唤住你
对你说，停一下
可终未出口
想走向你时
才发觉
原來我的脚上也是一双红舞鞋

7. 旁观者

往往
在把我的文字交出去之后
它就离开了我
任人诠释
而我
就成了一个
旁观者

就像那些安静的小地藏
托着腮
顺手拾起一片秋叶
顽皮地顶在头上
只悄悄地笑
对着世间
弯着眉

请走近我的世界
但不要走进来

我与世界
安静地对视
彼此
不必惊动

8. 春

是明月江南岸上的细柳
是山寺始开的桃花
是飞在草色中的解语初莺
是拍岸的烟波
是久违的归燕
是半卷的东风
是醉在拂堤的你

你醉给了春风
剪了杨柳叶，再到梅梢头
你醉给了春雨
润如酥，洗去铅华也依然万紫千红
你醉给了春山
满眼的青绿，若能登高远望，心中
就是一城花
你醉给了春意
繁枝嫩蕊，出门都是看花人

即使是春寒，也是要醉的
为了海棠
为了她在寒中不惜胭脂色
也为了她在黄昏的瑟瑟
海棠花下怯黄昏
醉给海棠的人
也醉给了你

春是四季的开始

是一年的序幕
春是一个多么不可思议的季节呢
在比路人还忙的春光里沉醉
好像什么都可以做到，都可以忘记
春，是个多么令人痴迷的季节呢
到了春天，
就好像什么都来得及
什么都可以渴望
什么都可以从头来过

9. 鹿眼睛

妈妈拉着我的手，拼命地朝国境飞
跑
我紧紧地抱着我心爱的绒毛小鹿
怕它掉了，孤独地落在路上
大人们这么惊慌失措
没有人会注意到它的
我喜欢我的绒毛小鹿，因为它的眼
睛那么温和
像妈妈的、爸爸的、邻居小伙伴的

快到国境时
爸爸忽然抱起我亲了又亲抱了又抱
又吻着妈妈流着泪，然后爸爸就返
回了原路
我问妈妈：爸爸去哪儿了？ 妈妈
说：去战场。
我问妈妈：为什么去？ 妈妈说：因
为战争。
我问妈妈：战争是什么？
妈妈没有回答
但我知道这个叫战争的坏家伙是什
么

就是和爸爸妈妈离别
就是周围所有人都在哭
周围的人都是鹿眼睛，这些鹿眼睛
的人都在哭
都满是恐惧

前面的一位阿姨攥着张照片，哭得
撕心裂肺
说侵攻军里有她的表弟
哦！多么可怕！
我壮起胆子瞥了一眼那照片
和一个小姐姐手拉手笑呢
可好奇怪！
没有穿军服的他，好像也有一双鹿
眼睛

我有一本画书，书上画有一座纪念
碑
大家都向它敬礼、流泪
我问：这是什么？
大人们说：这是用生命和鲜血建起
的碑

我听不懂大人的话
只觉得人在笑的时候，都有一双温
和的鹿眼睛

10.　童话

真的冷了
昨晚烫了一壶酒
听着飞雪
细细绵绵地讲述那个故事
反反复复地讲了几辈子

克制，却绵长

酒尽了，雪住了
故事，却总是讲不完
清晨那每日路经的池结了冰
隐约可见一抹粉红
仔细看去
是一朵水镜中的落英

那简直就是冬公的神来之笔！
天寒地冷之中
悄悄地留下了一个童话
不动声色地
成全了一个不可能的故事
流水与落花

墨望山
加拿大多伦多

作者简介

又名老墨、望山，大唐东土豫州孟州人士。少承庭训，后入河南大学，习中哲诸子，专攻宋明理学，精研心学之旨。喜翰墨，工诗文，书法沉稳雄逸，诗作多融古今意境，兼具哲思与情感，尤擅自由体诗歌。望山从事教育事业二十余年，现旅居加拿大多伦多，曾任中加教育协会副会长、中华文化艺术研究所主任等职，主持策划多项国际教育与艺术活动，长期致力于中西教育融合、跨文化交流与中华文化海外传播，其诗作散见于中加各大平台。

1. 无人之地

将一切赋予某种声音吧
血液流动的声音
虫子在季节的末梢挣扎的声音
但我的荒野在沉默中失火
孤独的火焰在力竭时看到水的形状
所以奋力将草木置于语言之外

这里只有一轮月亮
我将她悬挂在无人的角落
我安静地在湖里寻找一种水草
它的形状像寂寞的花朵
就像那颗期待亲吻的月亮
她们只有在寂寞的才会缺失或者寻找

一条船用来隔绝过去和未来
而船桨用来渡过某条河
我路过时花纷纷开放
手中生出香甜的果实
一颗用来品尝，一颗放在黑色的时间里
等待下一个我的路过

2. 山的余生

太多的都是
累赘
秩序里
我与混乱为伍
我的错误是
太过沉静
为此我打算

拜访一座过去的山

我将路过
一片喧嚣的海洋
以及一段
拥有未来的
山路
太阳沉睡，传说升起
星辰随着我的足迹
依次点燃
这里有一场
不能言说的
故事
正在上演

我的余生
在茶水中翻滚
茶渍的余温
是两半灵魂的
对白
踩入河水，声响回荡
谁活在
一些酿成文字的酒里
我想或许
那座山知道
答案

3. 神话

我能
说些什么呢
我的曾紧闭的嘴
我的曾被束缚的双手
我的

黄色的皮肤
以及金黄的谷子
和黑色的土
毕竟我在这泥土里
出生
带着母亲的味道
奔腾的血液的
味道

被路过的时候
我还能
说些什么呢
作别的时候
我惊喜于有一种文字
和我的灵魂
暗合
不周山下河水飞溅
将沉默的石子
撞击成黄钟大吕
我的故事里有人
永存
我的故事里
人人皆可
补天

4. 一只鸟

我在想昨天遇到的那只鸟
它的羽毛还没有落尽但春天已经来
了
我想起昨日风伴着雨一夜荒唐
池水摇曳着野心但承载不住太多鱼
虾的轮回

我想这或许是季节沉思的结果
每到黎明或者黄昏来临风也将来临
荒野的花池拥挤有卖不出去的风情
万种
我若折下一支来毁坏的只有自己的
清白

破损的羽毛收集起来可以用来纪念
冬天
而那只鸟的生命里只可以有一个季
节
我在想倘使它能不顾一切鸣叫出声
或者我也可以拥有鱼虾或者莲花一
样的心跳

5. 五月的情诗

再不要说
有关的酒的情事
五月的风流袭来
柳絮安于自我放逐
即使一滴水也能叫回忆破碎
它曾在云中伫立太久
如同那块在河流中沉默太久的石头
如同杯中许久未尽的酒
午夜的风和故事相佐发酵
年幼的知更鸟兴趣盎然
旁听的海棠树潸然叶下

6. 六月的情诗

六月的情诗精炼
只将温度作为
唯一的答卷

雷雨中的闪电击中要害
像有些文字和我
都只为了某一刻而活

让抚摸年轮的手脱缰吧
再让眼角余光和哪处风景
来一场蒸腾的热恋

但马车挣不脱车轮的方向
车辙里印着一只
尚未扑火的飞蛾

7. 渔翁

潮湿的大地
在梨花开透的野外
留下一段风流
骚动的情事里春水起伏

雨是这个季节的劫数
任谁也避不开一身桃花
酒色在浸染黑色的夜空
绣上星河初绽

拥吻尚未苏醒的麦穗吧
它睁开双目时我也将复活
在天空里放生一些行走的鱼
我是那个用黎明与黄昏垂钓的人

8. 锦书

望尽千帆
蔼蔼的样子

一切是你
一切又都不是你

我站在高塔上遥望
——如果高塔可以让我遥望
一切如你
一切又都不如你

寄走秋天的第一片落叶
我在上面写了一千封信
无一字有你
每一封都与你有关

一生长达一封脉脉的锦书
见字如晤
彷佛曾见过你
彷佛又从未见过你

9. 有情的人

如果有人读了这首诗
从此我便不敢再妄称自己是一个人
要知道这是从我体内
挖出的血与肉
是躯干上凿刻的图腾
是即将苏醒的心脏发出的叹息
是风吹过大地时发出的唯一的颤音

从此我不敢再行色匆匆或者恣意风
流
我甚至不敢再辜负一颗流星
一片麦田或者一张脆薄的纸
以及孩子们的好奇心
以及太阳投射在某个星球的影子

从此我不敢再妄称自己是个无情的
人
像墙外的乌梅及墙内的落叶
只与风雨、四季和泥水亲密无间
只与虫蚁讨论明天
只与墙外的梨花偶尔问答

而且从此我不敢再沉醉于战斗或者
思考
黎明与文字让我与我之外的世界
有一场伤感的情事
我向并不信任的流星许愿早日衰老
但它孤独地一闪而过
并嘲笑我是比它更孤独的人

如果有人读了这首诗
请原谅我的无知与天真
这样我才能实现承诺，一世清白
在一个瞬间成为一个有情的人

10.　人的节日

说到那个词我有点战栗
要知道我曾是祂的骨和血
而我的骨血也在时光的荒芜中延续
就像穹宇中的第一个人
把所有喜怒哀乐密封于粗制的陶罐
埋入泥土中并浇灌以幸福或不幸
当各种灾祸与不幸成为成长的养分
每次枯荣都带着视死如生的勇气
当被保护者成为保护者并维护生命
的尊严
誓不屈服并无视有关生与死的诅咒
延续或者被延续并诞生出让神忌惮

的生灵
战利品是血脉中某种艰涩纠缠的语
言
那时我们便庆祝节日
是的，我们庆祝自己是祂又不是祂
我们自称为父亲、母亲或者儿女
我们自称为人

的生灵
战利品是血脉中某种艰涩纠缠的语
言
那时我们便庆祝节日
是的，我们庆祝自己是祂又不是祂
我们自称为父亲、母亲或者儿女
我们自称为人

天端
美国

作者简介

　　天端，本名田锻，杭州人。
1982 年浙江大学化工系毕业，1985
年留学美国，从事激光散射方面的
研究，获物理化学硕博学位。现在
美国从事科技工作。主编《诗行天
下——中国当代海外学子诗词集》
《天涯诗路——中国当代海外诗人
作品荟萃》《海内外当代诗词选》
等诗集。个集《尘微大千——天端
百科微诗八百首》待出版。中国诗
歌学会会员、中华诗词学会会员。
海外诗歌学会会长。目前担任冯站
长之家"一日一诗"主编。

1. 我的晴空

看天空，不一定非得仰首
比如可以低头
看一片湖泊，看一口古井
看一杯午后清茶
看自己，无澜的内心

所有的酒和我无关
我只需要一瓢弱水，三千也无妨
为我，冲淡所有的颜色
比如墨色，比那远山缥缈更杳更淡
比如绿意，比那兰花幽香更浅更淡
比如红尘，比那生死通透更寡更淡
比如声名，比那浮云……

浮云真的多余，一如补丁累赘，留
白亦瑕
所以，但且挥袖，一并洗去
洗得淋漓洗得尽致，洗得一碧如洗
甚至碧蓝也可洗去
毕竟蓝会证明，我尚有尘埃和微粒
对光散色

最后一点水，我要用来蘸一蘸手指
捅破天！
如此，我的天空
当尽稀薄之极，了却断鸿残痕
窍出九霄冠外，直便灵魂扶摇
不再需要，依赖大气层里，盔甲般
的空气
以及这层壳中，比井蛙
稍多些许的视线
略大一圈的封闭

当然，引力也会洗去
如此，我的晴空
将是空灵空灵的透明，无甚负担的
清澈！
呵，这将是我，透析后的玻璃体
一如普罗维登斯之眸，俯瞰洗水灌
满鱼缸
折射沉底的
一双泥靴，那副骨肉
所有，引诱过我的摆设
五彩缤纷的山河

2. 它们选择从橡皮筋抄道

自从蚂蚁
从曲折的树枝，走到了
橡皮筋，它们安心了！

现在不用怀疑方向
光滑的、没有分叉的道路
引领了一根筋的队伍

拉得越紧，越不晃悠
脚下的踏实，让它们浑然无知
自己的路程，正在变长

它们已经走到了中间
不会再知道，两端
是谁在——扯！

张力越来越紧
"别放手！"——当蝈蝈不断呼叫
一只螳螂，不经意地
举起了剪刀……

3. 鱼缸之窥

有谁见过四方的头颅？
圆形的鱼缸，是上天赋予的形状
安放在我们的项上

眼睛难道不是金鱼？
游动在玻璃体之后
我们恰是透过弯曲，始信
世界的正直

鱼缸内外的对视，只是曲率的不同
凹凸正负，正弦余弦
眼波浪峰跌宕，穿世而过
时间能和谁平行而相错永恒？

宇宙广褒若怀——
万有引力，都无法逃逸
光和物的时空，况生命，又如何能
够消弭
于无界缸壁？

那么，就让我且信则信——
死亡，乃黑洞之旅，乃共形循环
一如金鱼，暂别于视线的
又一圈巡弋

4. 活着——听司马迁《报任安书

落笔无声的四壁
泥石流冲破画卷滚下金石万钧
碾压案头
千年淤塞的呼吸

我聆听每一个刀割的文字
体会到竹简周身的痛楚
那书生挑灯伏案灵肉如羔羊待宰
那天子手起朱落
活生生剜去一个，传承的符号
也差一点断根，吾宗吾族
彪柄至伟的青史

活，与不活
关乎勇气，关乎尊严，关乎续章
我不禁握紧了手中的诗篇
像握紧龟背上神道碑指剑问天的雷
电
能否，能否
如太史公那样恪守仗义？

三更辗月，月光殷忧
梆声敲不醒夤夜沉沉的寐，而时钟
荣辱不惊
收拾好笔墨坐等窗外的风沙
文字，假如要被下狱
可以苟活，不可自宫！

5. 铁杵未成真

不想磨铁杵了
河流已经干涸，一如老去的眼瞳
无数次瞄过钟，生命实在不够
针的长短

不是没有耐心
耐心早被磨成了碎片
无法遮住膝盖的脸面，又如何拼全
耳膜的完整？

手掌越磨越薄，薄如蒲叶
我甚至注意到了手指
张开是箭筈，放开成芦花

不如飞起，轻若蝉翼，缥若羽毛
选择，一座千年古塔，一个教堂宝
顶
抑或一柱，高耸入云的信号塔
我扶摇的翅膀一如既往，来回的惯
性
只为磨尖
那指天的杵

沾点星河，沾点风雨
白鸽、灰隼、黑天鹅……任你们围
观
我至轻弥久的恒心
即便，磨不成天线、避雷针
至少，也能磨出一道，天蓝色的
翩风（偏锋)！

6. 手掌上的眼睛

我的眼睛住满了部落
跟着墙脚，长途跋涉

一千零一夜，再加四千年
从泥垒抵石筑，自青砖到血肉
断垣残壁之下，挖出过一个个朝代
废墟颓廓之中，认祖了一代代白骨

屏障
隔断了，外部的喧嚣与风雨
阻挡了，飞来的兵燹和箭弩

当烽火偃息，所有敏感的睫毛
都学会了规避

寄居蟹借宿盔甲，本以为高枕无忧
但黑洞依旧，昼伏夜行
光阴被吸，粒子们自碰互撞，从不
分南北
金钱草爬过墙头，挤走了青藤
卷叶虫焦头烂额
一道道无形的墙下，卜居着
头破血流

我希望长出
第三只眼睛，不一定要在印堂
而是在我，翼手目的掌心
无形的墙会有无形的窗
我要让掌中住满听觉，来自人间
也来自天堂
我把手放在胸口，庆幸有光
超声在我，碰壁之前

7. 给亲人

您的白天，我的黑夜
您站着，我躺着
我们相差万里
时差把我们叠加成了
十字架的投影

而我更觉得自己是一面琴
弦始终绷着，有些讯息
比如您的健康，您指尖的微弱一动
都会让我
心颤不已

这时候，我多想躺成
一道门槛
就在您的檐下
虽然我不能成为栋梁
但您的起居，起码，我是您膝下
看得见的守护

可惜，现在我连漂木也不能成行
大海和白云冰成了两块铁板
我是烤在中间的热狗

天亮了，我得起身了
我的白天，你的黑夜
你躺着，我站着
现在是年初一，头香在我的庙宇裹
起
那上面星尘已净
我必须走进林子，让晨曦在密密的
签条中
抽中我，抽中一支
属于你的签语

8. 土地

我原本，是这个星球
一张完整的皮肤
我有毛囊腺孔，能够吐故纳新
你若抚摸我的毛发，一如
雄鹰抚摸森林，野马抚摸草原

我有体液，会出汗
我分泌了每一滴晶莹的晨露
和每一泓清澈的溪涧
如果你掀开青苔，把脸贴在

我湿润的胸前
你吮到的乳汁，一定属于我
有别于其它星球独一无二的源泉

呵，我养我育的生命
投胎我有经有纬的广袤
我允许每一个自由的灵魂，安身或
迁徙

我不用涂脂抹粉
黄色、黑色、褐色、红色
亿万年我坐地本色不变
即使洪荒粗糙
霜为我护肤，雪为我防皱，雨为我
洗礼
四季风华，原始自然
当太阳穿透蓝色的大气层，光合了
细胞绿盈盈的律动
伊甸园曾是远古我野花芬芳的素颜

然而，数千年前
人类慧根生发，繁殖在我的身上
他们不由分说，不断为我化妆
稻田、麦浪、油菜花、青纱帐
每一款，倒也给了我一望无际的鲜
艳和希望

我保护着肌肉和骨骼
砾岩、砂岩、灰岩、页岩……
寒武、化石，大陆架
当深层的脂肪熊熊燃烧，我突然发
现
伤口冒出了石油、煤气和火山

曾几何时，我的皮肤开始被分割

部落、军队、帝国……
燹火一次次把我烧焦
铁蹄蹂躏我面目全非
人们把我叫做"母亲"，信誓旦旦
要捍卫我的尊严

无法植皮，只得扯皮
我成为了一张奇怪的版图
瓜分、吞并、扩张、蚕食、殖民
他们为我纹身，圈出了一块块乌青
或胎记

我的自由也从此失去
圈中的一亩一分一厘
都被写入了地契
我被转让、出租、买卖，讨价还价
主人换了一批又一批
"卖身契"招摇过市，卖的乃是我
——
人类口中的"母亲"
被凌迟后的碎片，被车裂后的标的!

9. 梯子

当你宣布
从此站起来的时候
我也开始
仰望起了你

但你为什么要分出那么多的等级
让爬在上面的脚，总踩痛下面的头
一个倾斜，改变了你
身段的投影

我注意到了那面墙
它直挺挺地支撑着你，倒像是我祖
辈砌起的背
日出日落，它故基长守
尔来尔走，它垣老依旧
但硕鼠、白蚁……挖墙脚的
假如这面墙倒了，你还站得稳吗?

顶层，坚信自己和墙紧密相依
墙头草也信，它们倚风趋和
但你能听到墙根的喘息吗?
俯视——那个居高临下的
角度，始终
决定了下层，和墙的距离

搬砖还是扶你
等台风来的时候再说吧

10.　盆景

石榴、枸子、山毛榉
刺柏、紫微、黄杨……
蜗居浅盆的苗木，一株株整容后的
侏儒
终于站上了高雅的窗台，臣服于一
把剪刀
刈除了自己
昔日的本色

呵，忘了么?
山野里的自由自在，自生自灭
曾经纯真、自然、不事修饰的风姿
携一身清新的野气，尽情于山谷的
回响

一哭便是倾盆，一笑便是阳光
溪潺涧流，飞落直下的瀑布——
据说那都是家谱的挂线
祖上桃花源一路贵传下来的
遗风，或命根

经历了铁丝麻绳的捆绑、扭曲
不由分说的嫁接
这回不是头颅
而是连根带头，整个身躯
被放进一个托盘，进贡给朝代
生命依活，只是灵魂别人塑造
腰肢弯曲根虬裸露——也许是挣扎
后的后遗
抑或是矫形后的残畸，总之
更为精致妖娆
取悦了
骚客的青睐

水，终究还是，离不开的饭碗
天浇、人灌——命运的托付
盆地和盆器的最大区别
一个，听天由命
一个，任人摆弄
曾经在你祖先高大荫庇下乘凉的人
如今，成为了你的主宰
而你，则微缩成了他们
眼皮底下的风景

庄伟杰
澳洲悉尼

作者简介

　　闽南人，旅居澳洲，诗人作家、评论家、书法家，文学博士，复旦博士后，《中文学刊》社长总编，山东大学诗学研究中心特聘研究员，浙江传媒学院文学院特聘教授，曾获第三届中国当代诗歌批评奖、中国当代诗人杰出贡献金奖等，有诗作编入多种大学教材，著有诗集《从家园来到家园去》，散文诗集《岁月的馈赠》，评论集《流行的边缘》等20部。

1. 庄子梦鸟

先祖庄周以梦蝶闻名于世
有人说，这是美学原理上的变形记
或优雅，或神秘，或带有禅意
我继承衣钵，最初常常梦蝶
走的路多了，想的东西多了
我开始梦鸟，或者说是鸟开始梦我

鸟梦见我时，总是默不作声
好像应验了此时无声胜有声
我主动言说，自己曾经梦蝶过
但更多的时候是梦鸟，因为
我本身是一只笨鸟，唯有先飞

我梦见鸟时，不禁雀跃欢呼
浑身张开羽毛，甚至长出隐形翅膀
南来北往，承受光的映射
且自带一道原色，天空可以作证
为此我将自己命名为一只飞鸟

我梦鸟，或者鸟梦我
其实已经不重要，关键是
被梦点醒时，仿佛是神灵的旨意
瞧，天地正在选择修辞，且充满光
披上光芒的我，此刻变成为一只神
鸟

在光影交错的镜像和景深里
我和鸟在梦里，如此这般相遇
俨然两束神奇的光，是进化
还是开化？我和鸟都说不清楚
却构成为另一个庄子梦鸟的传说

2. 大雁或者我

偶尔抬头，邂逅久违了的
排成人字行或一字行的雁群
一边飞着，一边发出嘎嘎的鸣笛
疑是白乐天从大唐那边传来回声——

风翻白浪花千片，雁点青天字一行
高高的，唤醒了我的审美味蕾
它们把快乐闪烁于浩瀚的天地间
那声音在呼唤着什么，又在传播着
什么

此刻，感觉自己就是一头大雁
把孤魂放逐于南十字星空下
好比大雁千里迢迢向南迁徙
都在寻找温暖的去处，都想放怀于
天空的
湛蓝。只是深感浮生有点孤寂或落
寞
伴着阵阵雁声，一阵风猛地吹来
撞响我的静观，雁群里突然找不到
自己
到底是我非大雁，还是大雁非我

毕竟的，大雁没有生存的重负
大雁可以不懂人情世故，置身事外
大雁可以傻傻的，不用整天想那么
多
哪怕我倾心于大雁那样翔舞的自由
自在
但翅膀是隐形的，想飞的时候
姿态常常痉挛，下意识抚摸沉重的
肉身

方才发现，原来自己并非真实的大
雁
还要抓住缰绳的语言继续策马江湖

天空之城太大了，比照我居住的
车水马龙的都市，还有蛰居的空房
子
显得多么渺小啊，抱紧自己时
回首，谛听着渐行渐远的雁叫声
视线恰好正对着季节虬枝伸向天穹
而地球照样在自转和公转
大雁还是大雁，我还是我
我的江山依然辽阔着自己的辽阔

3. 问题域

在悉尼过得好吗？归来之后
有朋友常常问我这个问题
怎样回答好呢？不想传递雾霾的语
言
说好，友人会追问：外面月亮真那
么圆吗
说不好，又会将我一军，为什么非
要走出去
触目皆是悖论啊，问题域像波浪连
绵袭来

还是干脆利落点，哪怕回答了等于
没回答
如果光影尚未画出圆满，就留白吧
认真地说，在悉尼居住和在家乡居
住
其实是一种互补，我更愿意它们
只在我的想象或期待视野中开阔起

来
前者不就是我主动出击的情人吗
后者在我出生时就已注定叫母亲
在两者的夹缝中穿梭喘息，总有
距离的差异，但每条路都铺满暗示

当我静坐在时间的阴影里
必要的抒情如同莲花盛开的慈悲
先问天空，飞鸟的翔舞是否叫自由
再问大海，游走的鱼儿会是什么心
情
这算是问题吗？唯有自我解嘲
好在看到我喜欢的风，总是满怀善
意
持续从不同方位跑来，跟我打招呼
一朵朵云彩，随之飘呀飘过来
在不经意间，又降临一场喜雨

4. 身份

我是一个满口地瓜腔的闽南人
时常穿行在南、北两大半球之间
居无定所呵，朋友们喜欢开我的玩
笑
要么拿我这个流浪汉戏弄一番——
你是飞鸟族，你是国际友人
你是一只"海龟"，你是边缘人类
甚至把我当成一头孤魂野鬼……

说真的，棋已经走到这一步
相非相，仕非仕，马非马，卒非卒
果真要让我供出自己的身份
只好说，我是一个不东不西的东西
我非我，我什么也不像

我只想活得像我自己，并且
遇到原初的那个自己

5. 南十字星空的弯月

甲辰龙年腊月初五，癸酉日
周末入夜时分，信步走向阳台
正好撞见天边一弯新月，如在眼前
看弧形的上弦，有种耐得住寂寞的
自在
可以肯定，它不是老舍笔下的月芽
儿
更像是西洋画中静物写生的一根香
蕉

当我眯着眼眸再细察时
仿佛看见舞蹈演员或体操健将独步
昊天
在瞬间定格的身姿，连同整个虚空
猛然呈现在我的眼前，带有某种隐
喻
其实，这只是交流光明时蹈虚幻化
的美

当我试着睁大眼睛仔细端详
天啊，我发现一尊身穿袈裟的佛像
定睛一看，不就是弘一法师吗
上边还有一道叠影，不，是吉光
难道弘一法师早已光临南十字星空

置身于南半球的大都市
很想看看同一片天空下的新月
到底与北半球有什么不同
总是说不出所以然来，一直悬搁着

往事依稀。收拾这烟尘的世界
那些弯弯的孤独和朦胧的美，该如
何安放

6. 下沉或者上浮

下沉的时候，你把自己置换成一艘
潜水艇
以低调的角色在水底调整姿态和航
向
哪怕随时可能遇到暗礁，乃至暗流
汹涌
你想寻找的奇迹一时线索不明

上浮的时光，你以巨帆张扬的风姿
犁开一片蓝天，掀起千堆雪浪
即便是孤帆远影，依然直面风狂雨
暴
你把时间缤纷的色彩，投射到自己
体内

在上与下的夹缝中，你抓住到什么
在沉与浮对垒的地带，你该如何应
对
下沉与上浮，沉下与浮上，如此交
替出现
镶嵌在同一画辐里，只是这世界未
曾一刻静止

以上下以浮沉来回折腾，连做梦时
你都在呢喃，重新探寻独属自己的
线路
该鼓翅的时刻终会光临，那时菩萨
现出金身

不论远近高低，都投注一束束惊异
或艳美

7. 月光下与酒对话

一壶酒坐在一片月光下
与我眉来眼去，窃窃私语
它知道我的心事是长在脸上的豆
还知道我的梦与李白当年的梦不尽
相同

酒以真诚透彻一种异质的香味
当我和酒谈古论今时，酒以其脉脉
温情
渐渐浸染我的五脏六腑，并说出
心里话：可惜你迟生了一千年
否则你和李白肯定是哥儿们那种，
接着
又告诫：你不能像李白那样对影成
三人
因为这属于李白的专利，尽管千年
前的
花间一壶酒，是李白想象虚设的情
境

酒通人性。一壶酒涨满一片月光
它带着高粱、小麦的朴素，柔声细
语说道：
你的优势是把孤魂流放于南十字星
空下
李白没有此经历，也不知道地球上
有个澳洲
如同他从未玩过手机，也不知晓网
络诗歌

单凭这一点，同是醉饮一壶酒
你涨满的月光，自然更大更辽远

真是一语惊醒梦中人啊，令我齿颊
留香
飘飘然好像走向无极，连大千里的
月光
都融化在一壶酒中，所有的梦想银
光闪闪
而所有的苦难像笑靥，都泛溢酒的
甘醇

8. 秋天的德令哈

从南向北，再由北向西
从一种光到另一种光，从一座山到
另一座山
从一棵树到另一棵树，从一条河到
另一条河
连同所有的传说，紧密衔接在一起
收起惯常的赞美，除了惊奇
竟想不出恰当词花来呼应秋天的德
令哈

瞧！巴音河像灵动的哈达穿城而过
柴达木盆地的阳光抚摸着万物的声
音
谛听宇宙的鼾声，石头也在思考宇
宙
白云在人间放牧，牛羊在低头啃食
白云
对面的祁连山，花草树木与鸟儿在
对话
山河阔远，似有巨大的马匹由远及

近
以踩重的悸动传来响彻四野的喧腾
高原风的缝隙里隐藏着情人湖
每一处流水都溢出一泓清音

金秋时分，遇见德令哈
如同与一位神交已久的诗友不期而
遇
朝霞依然是夏天的情调
柏树山蓊翳的古柏，沉静如片片经
幡
仿佛融入诗行里，托住所有蔚蓝的
期待
然后，可以用一朵金色打开世界
打通所有道路，可以揉秋为酒
可以剪光成诗，在唐诗宋词里起承
转合
且以现代诗城的名义，点亮城市的
万家灯火

9. 情人湖

爱着，是双向奔赴
哪怕有不完美的遗憾
但终归是一种爱
比如咸与淡，甜与苦
其实，可以兼容或互补
情人湖挤出来的湖水
蓄含深意，仍在传说中

爱与情，同样不分时空间
瞧，托素湖和可鲁克湖
一咸一淡，却爱得难分难舍
千百年过去了，依旧彼此相望

好像只为磨难与抗争而爱
在大漠深处，留下巨大伤口
并化成一条银色的小河

10.　一种悖论

生长在海边村庄的缘故，小时候
就一门心思发誓，要把草鞋变成皮
鞋
在热闹与繁华中穿梭成都市的一员
移居海内海外多个城市之后
又神经兮兮地眷恋起乡村岁月
企冀像陶潜老兄于东篱下悠然见南
山

以眼前为界，加减乘除盘算一番
漂泊城市的日子起码大于乡村两倍
至今依然念念不忘那个花生壳形的
摇篮
连说出的话都带着洗不掉的地瓜腔
并且开始规划好二度乡村生活的蓝
图
摸一摸脑袋瓜，自问是否哪根弦出
了问题

反复思忖，可能过量饮用陶老兄的
迷魂汤
却又不太像，因为我是我，陶兄是
陶兄
人啊，就是这么有意思（尤其是诗
人）
哦哦，冥冥之中似乎自有安排
但所有的路分明是从自己脚下延伸
的

原来，自己交给自己设置的悖论怪
圈里

叶如钢
美国

作者简介

叶如钢，当代诗人，数学家、翻译家，美国加州大学圣巴巴拉分校终身教授，中国科学技术大学大师讲席教授，曾任德国波鸿大学终身教授，曾在斯坦福大学任教；《世界诗人艺术家月刊》和《全球诗人艺术家月刊》创始人、总社长兼总编辑；诗作、诗评论和译作刊发于中国、美国、法国、意大利、西班牙、瑞典、沙特阿拉伯等国刊物、选集和微刊。

1. 垂钓

这现代垂钓的一生

每一枚挖空心思的鱼钩陷在木头深处

你命我把咬进鱼钩的每一条残忍的鱼交给神

每一枚换季的铁钉钉在明亮的天空

断代的冶炼于铜矿获取不仅锐刃、国器

令六卿恐惧而激动的阴性质地在吹埙中落蕊

受刑的愿者被南方植物染料浸透，凝望太公

水的表面一层布满奴隶的眼睛投影

往外溢苦青草汁的青铜轮

或者一枚取自男人腿骨的女玉

桉树林里电斧劈开的历朝巨木面。这还朴的初始犀牛

目光如银制 金戒指在水里

鲜活蹦跳的非洲混血鱼类 垂死的美人鱼

碧蓝色的孤儿，在另一个宇宙的绝
望之凄美

猛烈的新机构以她化妆后过早陨灭
来衬托世界进入无性爱

我的一亩地。我的独角马啊

2. 沉默时刻

过度理解沉默的意义，以至于已将
其从清华简里取出解构

在较少挑剔、较少繁琐的场合，沉
默的华丽时刻是一枚鲁伯特之泪

貌似融化后忽然凝固的脆弱玻璃，
却绝对地坚不可摧

这正如众鸣蝉集体在大水里取出幸
存的新壳

但在生命最光辉时刻击碎神秘之
尾，忽然崩溃成一地不朽细雪

这徒然增加了很多未清理的碎片

也提前看见豹的额头纹和鹰的眼珠

宏大的生命和细小生命一样从来只
有蛋白质的沉默组合图像

花都从春季进化到夏季获得了颜色
的新型悲喜剧意义

犹如中古征服者舰队的某一时刻，
碧蓝色山壁向下流动的水是不动和
沉默的

从远处看细节都隐藏起来，让宏观
结构显现

进入每一个细节，或者狂喜，或者
是煎熬的炼狱

3. 旷野

对海面旷野，山峰的替代是没有的

海岸悬崖愈加陌生，不属于海面

即使建造灯塔，或者风力发电螺旋
桨塔

巨浪作为山峰，这种反复出现的短
暂现象很难归入范畴

海啸作为移动高原，这种壮丽灾难
只有神学意义

草木、森林的替代是海藻。在水面
之下

鱼类也不情愿代替兽类和鸟类

有如社会旷野，草木为电影配角、
京剧小生，快递员，餐馆服务员和
小区保安替代

翅膀很大、嗉袋很大的鹈鹕，与南
方老板，以及北方歌手相互替代

旷野的自由和仁慈！海面旷野，以
及社会旷野的自由、仁慈，以及真
理

某些人，或者非人类，站在社会旷
野的表面呼吸海面旷野鱼腥

4. 稻谷赋之辞汇赋

稻谷辞汇，和脱壳之后的米粒辞汇

可以喂饱世界各族各部落语言的全
部词语

黄色人种的语言是黄色的，土黄和
金黄色，所以直接以稻谷辞汇喂养

粗犷的亚洲部落人语言，以更深色
的野稻词，那种雄性不育的稻种

且可以和非洲语言、西方语言杂交

即使你不乐意待见，语词的原始生
命比野草、比发情的野兽更强劲

不错，黑非洲语言需要黑米辞汇，
比众乌鸦更不可一世的黑色词语

在黑米堆面前，黑色的死神也是一
只最小的乌鸦

而西方的白色语言，非常白的语
言，即使掺杂了现代、后现代变
种，仍然那么白和惨白的语言

不妨继续以脱壳的白米粒辞汇喂养

简单地喂养即可，不必考虑稻谷的
杂交，比如莎士比亚的语言、巴尔
扎克的语言、

《恶之花》的语言、《百年孤独》
的语言、策兰的语言、布罗茨基的
语言

与真实的稻谷相比，概念都是平行
的，比如刚刚阐明黑米对应乌鸦，
白米对应西语之花，

以及各类惨白的鸟、白色布匹、各
族类的洁白女人

与真实稻谷的非凡人物让众人敬
畏、顶礼膜拜相比，稻谷辞汇由每
一只青蛙重新创造

虽然屈原、李白、杜甫、白居易、
苏东坡和曹雪芹的语汇继续灌浆

稻谷辞汇丰盛收获，或者遭遇极度
干旱、无法抵挡的洪水

而让诗者全部哑口无言、无字可
写，这只能暗示一下

5. 我听见

这暗色的夜里深藏明亮，因为听见
你的美丽

雪落之后没有声音，因为落雪是最
后的声音

但是我听见你的美丽

貂鼠从青檀木跳跃，或者说飞，落
到更高的杉树

我听见你的玻璃器皿

我听见南方，一连串南方刨木花四
下里飞溅

我不敢用宗教青铜敲击它们

虽然你会在内心里命令我敲击

花豹和刚毅的信使拥抱后在南方山
坡上袭击野羊

我听见你的复兴印象从岩石上一片
片落下去

我听见北方，被大水洗白的北方

在白色的地方总是能听见你的白色

6. 夜行人

某些暗夜之唯一执灯者
无灯而暗行某些暗夜

白天苦累于生计、官司，以及器具
防御
白天被无端囚禁，夜归还我自由和
奔放

看见被选择的众事物在夜晚沉淀
精神的超形在夜晚脱色，并放弃衣
服

我非水，但枯萎植物拦住我
葱郁树木递给我树脂和木纹
鸟递给我夜明珠。但不是它们的眼
睛

闭合的花攫取我精神里的香料
保持绽放的花递给我夜制造的毒品

夜的新词汇有如秘制果实，我无意
摘取
宁静的夜具有未成形公野兽，和已
成形的母野兽
我被迫把身穿黑衣交给聚集的信使
乌鸦

放牧的意念穿着皮草被月光照亮

放弃的情思暗自舞蹈
它们也已然自由，并且忘记爱的对
象

7. 手

那暗蓝的山脉剪影像你的手臂
替我固定倾斜天空的基底
我看不清你遥远的手形
但相信你在为我捕捉鸟，以及落日
你是一个想象过于丰富的女人

世界上的困难和悲剧都在你的想象
里消解
而每当我的想象过于无羁
你手指就会用针线沿自由的道路为
我缀一串乌黑玉扣

春季阔叶树的叶，夏季玉蜀黍的
叶，甚至无季节的东方扇子
我都相信是你的手掌，或者你手掌
的象形
而我的手用来掌握你期待的舵
高举你被杀害前点着的火炬

8. 蚂蚁前世

苹果树结的每一个清甜苹果，前世
是一个清甜的女子
这个念头一直阻止我去摘
冬季里老苹果树终于死去
开春，从一丈外的土地里却冒出新
枝

蚂蚁们曾背着白蚜虫在老苹果树枝
上行军
就像背着给它们做蜜糖的漂亮媳妇
我祝福这些小小的智慧生物

也许它们将以某种方式报答我，甚
至拯救我于危急
（或者下辈子重生为一对对美丽新
人类）

假如我前世是一只非凡的蚂蚁
那么我不曾了解人类社会的繁华、
幸福，与苦难
在微小尺度上，我会更深入地发现
世界的精细结构

那丛新枝绽放着清新粉红的苹果花
今天，再次凝望她，我忽然明白，
双目泪流不止

9. 不对称

题记: 金面具的左侧是狰狞魔鬼，
右侧是美丽天使

大理石台表面的宁静水衣丨世界的
衣服一层一层脱掉
夜眠，仍然没有解衣。平直垂直流
淌丨煤矿里发掘出的动物标本和人
类社会标本
衣里包含的全部花概念丨青春体的
花朵与成熟锁骨钥匙
水层里意大利语新词的生命反向逻
辑丨市井俚语黑帮语流氓语言交响
乐团
高马上女人在朝花地演算丨大数据
的众男、众女、众兽、众神
换一个更精细的设置丨工业极端机
器鼠在会场上追逐俱乐部富豪和年

轻贵妇
眼睛角鹿在角鹿眼睛内部｜无法自
救的极端贫困｜战争片里无差别轰
炸
她不愿意再回到备忘录｜社会档案
部封存的牛皮纸卷
白米从海水舀出来｜我的左手右
手，你的左脚右脚

10.　电影

我是你命定的长镜头

命运以蒙太奇把我的镜头解析

你回归迭代地把我拉近，不由衷
（或由衷）而自我惩罚地把我推远

我们短暂的禁忌历史悲剧

你在空镜头里等待我

再一次拷贝的饮鸩止渴

即使先期录音，我的声音也被藏于
冰窖，抑或安卡拉清真寺外景。南
京府与北爱尔兰

以你的纯真、美和决绝，也无法阻
止必然发生的事情

镜头像擦亮银器一样的简单、细致

你用什么替身进入最危险地带？

你我特写都在社会的北部

你的青春和性来自满树剪辑，以及
夏兽皮草的能指范畴角度

你的叛逆被我一再激吻

你看，那墙的战马肚皮，钢铁内含
的比喻玉籽

女人，咱们原有的部分爱时光被你
不情愿地奉献给错误的男人

我把人性内在和外表打包成商店包
裹里奇怪币种

你看见我在电影里

我的镜头乃推土机收割国土和殖民
地，狭小时收割高贵头颅的角色，
更狭小时收割低级头颅的角色

疯狂的鳄鱼以特技把斑皮蜕掉递给
我

它们暴食过度，以至于可能患厌食
症，我竟然在它们眼睛里看见奔跑
食肉动物和人类的目光

你看见我在战争电影里

我看见你从电影里走出来

我看见你美丽地走进电影

冰花
美国马里兰州

作者简介

当代诗人，被誉为"情诗皇后"、"情感炼狱诗人"等，其诗被称为"冰花体"，诗影响力被称为"冰花现象"。著有《冰花诗选》《溪水边的玫瑰》等诗集 5 部，共同主编享誉盛名的《世界华人经典诗选》《海外华人诗歌精选》等诗歌选集 4 部。其诗被译成英、德、日等多国文字，多次获国际诗歌大赛金奖。有诗作入选文学院教材、英文课外读物等。为华人诗学会副会长、北美中文作家协会终生会员。现居美国马里兰州。

1. 真没想到

一个与我并无关联的名字
突然变成了一个和蔼可亲的人
令我惊异

一个与我没有任何交集的人
突然变成了一个巨大的磁场
让我深陷

生命中的偶遇
总是让人措手不及
不知不觉
三言两语的家常问候
成了生命中的不可缺少

我
自自然然地走向你
我
小心翼翼地靠近你
不为俗世的一切

当月亮的神话
变成黑色的石头
当地球的人类
变成笼子里的鸟

当我想逃离人生的时候
苍穹下
一只雄鹰在天空中翱翔
大海边
一只海鸥在暴风雨中搏击风浪
大地上
一朵蒲公英在风中飞舞

那都是你的身影

我想送你
一条亲手编织的围巾
一件亲自裁制的披风
我想给你一个温暖的拥抱
我想长出飞翔的翅膀

噢 真没想到
这个世界原来这样奇妙

2. 无言的告白

走在漆黑的秋夜
看见灯亮了
我爱上了灯
灯没有说话
它给了我光明

走在瑟瑟发抖的冬日
太阳出来了
我爱上了太阳
太阳没有说话
它给了我温暖

秋夜
灯还亮着
冬日
太阳没有出来

我伫立在窗前
等候太阳
我相信
太阳一定会从我的窗前经过

太阳
与我隔着纱巾般的云层
我能感到它炙热的温度

噢 太阳终於出来了
照得我心花怒放

懂 在感觉中
爱 在无言里
暖 在智慧间
恋你 与你无关
也有关

3. 静

闭上眼睛
打坐
冥想
让凡心静下来

打坐
坐成一座山
升到了云端

冥想
想成一个灵魂
飘到了山峰

高傲的灵魂
穿过一座又一座云山
俯瞰人间

看见你
或在园子里修剪树木

或在室内伏案疾书
你身上
闪着光辉

我
又开始读你的文章
沐浴你字句的光华
凡心开始不凡
高傲的灵魂低下了头

天上人间
慢慢地沉静
静成归宿

4. 量子不纠缠

你的温暖与醇厚
融化了冰川
也融化了
冰冷的心

你如源泉
滋润百花盛开
让爱长成一棵树
　　　　　　参天

沐浴你的源泉
如同沐浴晨曦
寒冷与炙热
被中和成温润
使生命焕发青春
靓丽

我们

相距遥远
却朝夕相伴
每朵心灵开出的花
都源於心灵之水的浇灌

灵魂的亲密
无关风与月
你有你旋转的星空
我有我奔跑的轨道

听说
灵魂就是量子
量子纠缠
存在於四维空间

量子纠缠的永恒
是宇宙的自然现象
俗世间
不必再纠缠

5. 伤的自愈

身上的伤
是血与肉
抗击病魔的结果

心上的伤
是爱恨情仇
折磨的结果

身上的伤
是皮肉的伤
早晚会愈合

心上的伤
是灵魂的伤
夜深人静时会滴血

心伤是会开花的伤
心伤在疯长
开花千万朵

浇灌心伤的水
不是天上的雨
而是人间的沧桑

沧桑泛起波涛
涛声中飞出一声长笑
笑落涛中央
无痕也无伤

6. 钟

夏日的彩虹
把你我的宇宙
塑造成了一座钟

你
是钟的动力
凝聚在钟的心脏

我
是钟的秒针
分针
时针

你
动或不动

我
时时刻刻
日日夜夜
都围着一个中心旋转

7. 过敏

每到
春花怒放的时候
过敏体质
就倍受煎熬

今年的春天
不但对花粉过敏
对一人忽然也过敏

弱不禁风的我
无力把梦中的人
拉到现实的客厅

原来
梦中的漫步
不是漫步
梦中的交谈
不是交谈

不必伤感
梦是前世的痕迹
与今生无关

暗自落涕流泪
不是心酸
是花粉过敏

8. 拔出爱情毒瘤

多馀的爱情
是一种虚幻
是一种错觉

多馀的爱情
是一种病
是一种毒瘤

毒瘤
留在身心越久
毒性越大

其实
这世界上
除了自己的爱人
没有人值得你
投入爱

相爱
有了爱人
结婚
有了人生伴侣
生子
有了爱的果实

家
才是最温暖的爱巢
才是爱的最高形式

爱人
血浓於水的亲情
是爱情的永恒

把
多馀的爱情毒瘤
连根拔除
让毒水脓液全部流出
上药 消毒
让伤口愈合

爱家
卫家
让圣洁的莲花
开在池塘
也开在天亭

9. 秋葡萄

你的秋天
丰盛得爆棚
你的秋天
果香满街头

我
走不进你的爆棚
也走不进你飘满果香的街头

我的秋天
很孤单
独自一人浇水 施肥
我
跌跌撞撞走到了秋

立秋後
摘下那一串又一串紫红色的葡萄
尝一尝
香甜可口

葡萄里
没有一点你的味道
透着那满眼泪水和全身汗水的葡萄
啊
一点都不酸
它格外芬芳又晶莹剔透

10.　一剑封喉

歌者
放开喉咙
真诚地为你歌唱

你
突然飞来
温柔一箭
切断了歌喉

箭穿之处
留下永久的伤疤

歌者
从此
再也无法
再也不敢
放声歌唱

只有
夜夜望着
镜中的伤疤
在心底发问
为什麽

歌者
本打算
为你歌唱一生啊！
你的温柔一箭
让歌者变成了
哑巴

应帆
美国纽约

作者简介

　　江苏淮安人，现居美国纽约。著有诗集《我终于失去了迷路的自由》《春天已及梦境》《那些我们放弃了的生活》及长篇小说《有女知秋》、中短篇小说集《漂亮的人都来纽约了》、散文集《一个凤凰男和半个纽约客》。应帆现担任北美中文作家协会副会长，并为《新语丝》资深编辑。

1. 二月边境

鸟儿像黑色的果子
点缀在冬天早晨的树枝里

手机上的早间新闻说
二月的边境上走满
离乡背井的人群

手指滑动，就有消息来自
一些更遥远的边境
曾经的兄弟和世代的敌邻
都在战火与寒冷之间反复进退

我们和新闻一样
生活在彼此的手机里

我常想
只要我放下手机
你就会消失在边境之外

又或者
只要我闭上眼睛假寐
你依然会越境而来

鸟儿像黑色的果子
在这个二月的早晨静默不语
母亲们站在南方和国家的边境
战士们躲在一种或者两种语言的边境

在现实和虚拟的双重边境
我们一起幻想过等待着
一张通往春天的护照

2. 梦境一号

大水淹没唯一的桥
月亮落在最远的岸边
你说要去一个名焉不详的州省
我们好像都对着镜头举手
比划出胜利的姿态

青春的故乡里到处都是杨柳依依
为什么你年轻的眼睛里却满怀忧伤
要多少个年头和多少个梦境之后
你我才能明白那就曾是最好的时光

那强颜欢笑的离别就是最好的离别
那看似哪里也抵达不了的桥
衔接了我们的昨天和明天
那美丽的青涩就是我们这一生
永远不能忘却的爱情的滋味

3. 半棵树

我看见半棵树
孤独地站在铁轨边

说是半棵树
因为它只在树干的一边
从容地伸出许多手臂
又自信地在每一根手臂上
长出属于四月的绿叶

火车飞速开过
我妄图用手机拍摄
这棵看去几乎温柔的树
（就像我们习惯用手机记录生活）

在镜头和它快速交汇的瞬间
我发现换一个角度看
这棵树其实也还有
另外一半的生命和生活

这让我想起你
想起我曾经以为
你在那里等我
用一半等待一半的姿态

后来，等我走近你
我发现这一切都是错觉

4. 卡姆赛特的另一个黄昏

茅草在黄昏的光里闪烁
犹如那些小小的
捉摸不定的欢喜和疼痛
她们来了又走了

我们的影子也被光拉长
无声地快乐地跳跃着
像在演一场无人操纵的皮影戏

海上的白帆消失在暮色里
海泳的情侣牵着手
走进了树林背后

那一棵空心的树
对着一波又一波的海浪
摇曳着头上依然茂盛的叶子

鹿群在黄昏里进进退退

在急遽涌来的黑暗里
我想象我们是善美的鹿群
温柔地呼唤过彼此的名字

星星还没有出现
月亮将提醒中秋已过的残缺
即便是按照这异乡的历法
明天也就是秋天了

5. 六月的一个黄昏

下午在窗前看过
遽然来袭的雨
傍晚在窗前看着
缓缓变色的霞

六月天空的蓝和白
渐渐燃烧成
灰烬的颜色
仿佛热烈
必须意味着毁灭

邻家侧院的一排松树
在返照的光里
透出山上植株的气质

神秘又害羞的知更鸟
飞回她葡萄架上
精致的小巢
（精致的蓝色鸟蛋似乎安然无恙）

水珠未散的草地上
第一盏和第二盏萤火
迅速的亮起又熄灭

一朵被移植的牵牛花
开始她孤独攀登
高高的篱笆墙的旅程

我反复告诫自己
如果热爱生活
必也得热爱
这六月将尽的
黄昏的忧伤
尽管这个黄昏的忧伤
来得无根又无据

6. 午游圣帕特里克

一只白鸽
停在路边苍黑的树干上
一样孤独地等待着

闪金烁银的五大道上
会不会有另外一粒粮食
或者只是人类有意或者无意
遗落的一些面包屑

衣衫褴褛的无家可归者
跪在路边和太阳下
拜读一本厚重的《战争与和平》

（我忽然疑惑他是不是更幸运的那
一位）

烛光挨着烛光
长椅接着长椅
人群随着人群
用缤纷又沉默的语言

祷告了一遍又一遍

眼里是下了又下的雨
耳中是听了再听的歌
彩色长窗里
那些被反复描绘过的命运
其实不过是走进教堂和走出教堂

那一只白鸽早就忘记了
她需要衔回一叶春天
或者一枚橄榄枝的使命

7. 进入佛蒙特

即便是到了这么北的
北方
雪也一直没来

温暖的暮色里
村庄静默
农具们渐锈渐老

冬天的远山起伏
身姿别样柔软
神情温婉地等待着

就像来自"南方"的我们
曾经在生活中
不停地等待过生活

8. 伤与星

如果说
闪烁的星星

是漆黑的夜空
不可忘却的伤疤

那么说
这些心上的伤疤
一定是爱情留在
很多光年之外的星星

9. 蓝色的事物都是巨大的

蓝色的事物都是巨大的
比如天空
比如大海

又比如蓝鲸
也比如你的蓝眼睛
再比如它们的忧郁和寂寞

10.　葬礼

在又一场秋雨后
我把水仙和郁金香的花球
——埋进土里

仿佛是主持他们的葬礼

你必须小心翼翼
让它们以正确的姿势和深度入土
独居，群居，抱团，或者成双成对
六英寸深，头部向上
在某些日子里可以奢望阳光

种瓜得瓜种豆得豆
却没有人说种花得花

而我们年复一年以葬为种的
球形根茎到底是种子还是果实
还是一个属于冬天的梦

覆尔以土之后
我如教徒般祈祷，安睡吧
虽然我注意到你们中的某一些
已经迫不及待地冒出点点绿色新芽

明天我们将到零度之下
某些地方已经大雪纷飞
这样偷得浮生半时闲的日子
是为你们举行葬礼的好日子

从此，我就可以开始
一边怀念一边等待
春天里的复活和盛开

静听风铃
加拿大，温哥华

作者简介

　　本名伟丽，爱好码字，作品多为诗歌、散文、小小说。青年时代起喜欢文学，早年有诗歌散文发表，曾获西安市青年报社"蝴蝶表杯"诗歌征文一等奖。后奔波，中断写作。近年复笔，以美篇为自留地，持续耕耘。在美篇诗歌征文中多次获奖。

1. 推开一扇窗

推开一扇窗
秋风爽爽
枝头的叶儿黄了
我的思念在前方

捡一片枫叶
画秋的模样
漫山遍野红叶飘扬
我的思念在远方

拥抱母亲
紧贴她柔软的脸庞
我归去南方
走在我走的路上

有一种牵绊
它叫亲情　高高飞扬
我左顾右盼
紧紧牵着它的绳缰

秋叶黄黄
秋雨凉凉
一岁一秋一思量
时光追着我们去赶场

2. 无题

你将自己推向幕后
隔着一层静默
消失在汹涌澎湃的大海
心从此距离遥远
而我

依旧在念着曾经的欢快

什么使人蒙上烟尘
什么让熟识变成阻碍
什么横亘在目光所及
仿若隔着一座山脉
微妙的心理是脆弱的弓箭
箭箭射在莫名其妙的胸怀

就这样，走远了
消失在尘迹茫茫的人海
相逢之缘本就奇怪
相离也就顺其自然
只是，那份曾拥有的亲密呢
无话不谈携手并肩天真烂漫
像一份浓烈清香的咖啡
不期然弥漫在它想弥漫的空间
我无法拒绝地思念

没有什么美好可以持续永恒
没有什么相遇是永远
这样想着
一页一页也就翻篇
思绪撒了一地
狼藉一片
夜晚闪着亮晶晶的眼
我清醒地拥抱现实
熄灭浮想联翩

3. 古城墙

晨辉覆盖云影
古城墙在迷蒙中蜿蜒穿行
厚实的壁垒

刻着无数血雨腥风电闪雷鸣

饱尝困苦和磨难
也尽享盛世繁华和霓虹灯盏
它承载着深入骨髓的痛和爱
站立成不倒的精神

风能感觉它的心声
絮絮叨叨吹过千年流转
可是人并不都长记性
相似的错误才一再发生

有时候痛是一种提醒
反躬自省，兴衰败成
朝夕霞彩，月落日升
心中的光指引到天明

城墙在晨雾中蜿蜒穿行
守护着今天的稳定
演绎着千年清醒
赫然在天地间站成坚定

4. 致密友

有人走过一生
名利辉煌，衣锦还乡
有人不痛不痒
在一世的风雨中出落平常

平常的我们
不在乎世事寒霜
沉醉于远方和自我修养
那远方只是闪闪的目光
心有暖阳，眼有渴望

精神的高度
打通宁静的禅想
在这起伏跌宕的世上
游历千山万嶂

5. 年的味道

一时心血来潮
发一团面
唤回童年
那时的春节
一定炸些麻叶
诱得娃儿们垂涎

异乡的中国节
在商场里怒放
张灯结彩，玉液琼浆
他族的人儿也喜乐欣赏
民族之光扬起传统之帆
流进世界的海洋

音乐奏响春的序章
跳跃轻盈的步履
节穿着红衣裳敲打门窗
手持平安福情绪高涨
童年伴着圆舞曲
散发出香甜的记忆

油锅嗞嗞做响
麻叶膨胀如球儿嬉戏
亲切和怀想在空气里飘逸
小时候的情节口中咀嚼
那份真那份简那份欢
印在一家老小满足的脸

孙儿绕膝的年龄
记挂双亲如幼童般渴望
年味化作依恋的暖阳
温热飘零着脚步和心脏
落入一个角落深深埋藏
爱的教育从未丢失在路上

6. 做一刻自由的精灵

眺望沧海
身边的花朵在盛开
一只鸟儿在眼前蹦跳喞啾
一会儿钻进花丛
一会儿落在椅背
瞬间我相信灵魂的存在
它们可以随意依托于某个肉体
远隔重洋把思念的人儿探望

这一天是父亲节
我望着大海和远处玩船的人们
一叶叶遥控小帆行进在水面
天空瓦蓝，云朵悠然
这宽广和遥远召唤着思绪万千
跃过阳光和山峦
每闪动一下思维
便有轻灵的雨水翻飞

做一刻自由的精灵
沐阳而静，呼风唤雨
我潜游在过去和现在

7. 母亲节的一束花

这束粉嫩像一个孩子

不知何时调皮地藏在门口
等待给人一个惊喜

作为母亲
我已穿上拉风的花裙
清早致敬过所有的礼仪

五月是我的日子
不记得从哪年起
总是给母亲一份花的心意

情感一定是相互传递
你的赋予自有阳光记在心里
季节成熟时自然瓜熟落蒂

母亲是明亮的月闪亮的星
在你需要在你寒冷在你脆弱
在你遇到坎坷迷茫时给你支撑

女人是水 她本柔弱
却演绎了超乎寻常的坚强
有爱的母亲领航 迎风斩浪

远远的守望是爱
默默的奉献是爱
偏袒庇护锻不成柱梁

以身作则是孩子的福
勤劳知性 宽旷大度
但原则面前决不让步

一杯水解干渴
一口锅暖生活
一份影响勾勒一生的把握

鲜花送给礼赞
母亲是一首意味深长的歌
愿她久久传播

8. 我在西北等一场雪

已经不熟悉那些人那些物
时间改变了风景
旧事随着冬风飘忽着一点点踪影
我在西北等一场雪
我记得它铺天盖地地袭来
带着满怀的凄零和爱
这两种情感交织在别离
我上了飞机冲进云里雾里
跨越了空间和世纪

我在西北等一场雪
当发丝着了雪的颜色
午后阳光下张开臂膀
双脚灵敏踢踏着声响
我是客，嗨在街上的烟火
融入人群毫不羞涩
以旅者的心态笑纳放歌
回首望一眼曾经的影子
它们似蝴蝶般盘旋流连不舍

我在西北等一场雪
如果它如期来临
覆盖上窗前的樱花树
繁华大街上变得宁静
夜晚的星月和霓虹灯盏睁着眼睛
我举一杯茉莉花茶与你相碰
敬岁月的绵长和记忆的经典
等待开出晶莹璀璨

穿透三维扯开锦绣烂漫
熟悉的景和人带着梦幻和温暖
进入雪的世界 洁净 透亮 丰满

9. 遇见你，突然感觉

遇见你，突然感觉
风变得温柔
情变得难收
心跳得通通
你把手臂伸入蓝天
云朵悠悠，秋波明眸
你把脚步踏入大地
五彩缤纷，花海锦绣

遇见你，突然感觉
时光倒流，春潮涌动
飞鸟穿出心田逾越高山
城市的风景也晕染了烂漫
木棉用厚重的花瓣
向火焰花传递温暖
于是红彤彤的誓言
燃起朝气蓬勃的理念
走过寒冬的考验
走过秋瑟的孤单
春光无限展现在眼前

遇见你，我变得简单
快乐种在眼角，嘴边衔着微笑
你好！你好！
我想给你一个大大的拥抱
怀揣赞美的词藻
把它们变成激励的目标
一起创造美好

一花一草都是馈赠的美妙

我遇见你，就遇见了
一个阳光灿烂的自己

10. 听

空山的清晨
似乎睡梦沉沉
花已醒了
云已散步到头顶
叶举着手掌
在阳的光照下
透尽颜色
斑斓 美好 澄澈

听
鸟的啁啾，蝉的嗡鸣
自然的美妙和谐之音
心中升起一股热望和清凉
奇妙地融合在一起
升腾于天际
无影无形却十分清晰

听
听进心里，花儿摇曳
如醉在酒酿的醇香和清新
山，野
请容我迷失自己
与伟岸神秘的你共写一首
净化心灵的乐曲

文质彬彬
加拿大卑诗省

作者简介

Ben Liang，笔名文质彬彬，君子堂。旅居加拿大三十多年，闲情于山水、书本和诗词之间。为大中华诗词学会会员、加华笔会会员、加拿大中华诗词学会会员。曾任【诗者联盟】词部主审，【金榜头条】签约诗人。已创作了新诗旧体 1000 多首，作品散见于海内外诗词网络及纸媒体，出版有个人诗词专集《仰一弯秋月》，并在温哥华公共图书馆上架。2018 年，《我的四月天》荣获新诗网络大赛一等奖；2019 年，《水龙吟·黄河情思》荣获中国出版集团、中央电视台、中华诗词研究院等五个国家级单位联合举办的【传统诗词大赛】二等奖；2021 年，《五律·苇塘絮语》荣获加中文化交流协会【天鹅杯】中秋徵文大赛一等奖。

---

1. 我的四月天

离得很远 很远
靠得很近 很近
你舒展地扑向晴空
也扑乱了我的心。

这不是假设
不是幻觉中的曾经
怀着殷切的期待
期待 你的来临
无论在日落的黄昏
还是东升的黎明
绽放那迷人的花蕾
一张一合 一笑一颦。

风来了 你快乐地摇曳
伴随着温存和芳沁
你没说话 但我能感受到
你的热切 你的心灵。

飞扬吧 不论在
大街小巷 还是在屋后窗前
带着喜悦、柔嫩、鲜妍
停留在我的身边
随着娉婷，怀着希冀
装扮人间的四月天！

2. May the first

五月的第一天
知更鸟唤醒了从前
那是梦幻的时刻
难以磨灭的瞬间
永恆不变的
是彼此的诺言。

随心随缘吧
这梦境亦真亦假
这世界很小也很大
这一路变幻莫测
幸运地 我抓住了春的尾巴。

人间璀璨五月天
那一刻没有犹豫
这一程微风细雨
经历了得意的春
走进了斑斓的夏
期待着硕果累累
不经意地
写就了秋的童话……

3. 来到一城，只为一人

告别冬雪
为的是接近你的芬芳
心中停留的
是当年桃红的脸颊
青春的神奇
让你我长出了翅膀
我飞到了雪花飘舞的北面
你留在热情如火的南方。

你将手中的红棉
洒向更远的深空
于是点点星光
于是开花散叶
于是满园子的生机和希望。

我将这希望贮藏
等不到冰雪消融
顾不上冷风阵阵
选一个烟火绽放的日子
来到一城 只为一人
那是多年的心愿
错过了清晨 那就拥抱黄昏……

4. 千年的种子——致敬叶嘉莹先生

一阵风吹过 无数花开花落
一阵雨飘洒 滋润泥土中的我
这是千年的种子
吸取唐宋的营养和水分
不管尘世间沧桑如何
向下扎根 向上突破
嚮往自由、自然、感发和洒脱。

岁月漫长而短暂
总会有幻想 总会有憧憬
总期待 发芽生长开花结果
可阴晴圆缺由不得我
也许很精彩 也许一无所获……

看凡间似人来人往
伴星辰感孤单寂寞
也许要学会忍辱

也许要适应淡泊
也许永远也不能冒出
也许大浪淘沙
顷刻将一切淹没！

这有什麽关係呢
做颗带使命的种子
向下扎根 向上突破
就算很快又回到泥土裡
我快乐 毕竟深深地努力过！

5. 那一抹斜阳

变幻的热情 匆匆的时光
多了寂寞 少了期盼
那风风雨雨
折断了葱绿的翅膀
浅淡了粉红的芬芳。

初心 淹没在红尘裡
随风 散落在路上
可有回忆 可存念想
生命就是一过程
抬眼看 正是那一抹斜阳！

别忘了停下来看看景色
别忘了拥抱飘落的同伴
曾经的璀璨 曾经的多愁善感
属于你我 都回归自然。

好好珍惜吧
相处的时间 真的很短
有过温暖 有过惆怅
不恨肆掠的暴雨

不捨啾啭的鸳鸯。

没有遗憾 早把
梦影许给了天空
柔软许给了心瓣
色彩许给了大地
未来许给了遐想
含泪的眸子啊
许给了凄美的诗行！

6. 妙笔生花——题美华师姐画

牡丹 是你彩色的梦
纤手编织着它
走过寒冷的冬季
走进唐宋的繁华
走出漫长的寂夜
远离世俗的喧哗。

因为有梦 而不会害怕
因为执着 而不愿委屈篱下
饱蘸浓墨 将有温度的诗句
添上心的嫣红妊紫
化作未来 芳香浓郁的春夏！

或许某一天 会情不自禁
想起遥远的它
点点滴滴 渲洩在岁月的宣纸
如舞霓裳 如雪晶莹
又回到了 一起漫步的紫荆韶华。

经历磨难 依然有爱
千迴百转 希望还在

心在飞
飞上了树梢 飞入了山茶
不悔流逝的光阴 天空
在抒写 绚丽的晚霞……

7. 漫长的寒冬

门前的樱花依旧
绽放亲切的笑容
远处的渡口悄静
小船在默默等待中
没有熙攘的游客
不见往日的潮水汹涌。

我不知道有没有
比这更漫长的寒冬
路过的匆忙躲闪
纱罩遮盖了真实的面容
都说黑夜的尽头是黎明
可无助的弱者呢
消失在拥挤的人群中
更多不安份的心
寝伏待发 蠢蠢欲动。

能回到从前的时光吗
让我感受你内心的悸动
在自由自然的天地裡
快乐的飞 直面生命的枯荣
可一个声音迴盪着
纷乱的世界还会纷乱
比寒冬更可怕的
在已知或未知的幽灵中……

8. 樱花雨

春风轻拂谁的脸
唤醒遥远的记忆
软软绵绵 点点滴滴
粉红的芳华
可有痛楚 可知分离
舞动的精灵啊 掩盖了茵绿
隐约是 两行越洋的足迹。

解冻封藏的思绪
飘在空中 痛在心裡
那柔嫩花絮 纤细缠绵
时而天边 时而眼前
彷佛在呢喃轻语
生命有聚散 你我能否长相依?

青春的欢笑声
抖落了樱花雨
是幻影终要过去
佳景无限 为什麽感到空虚
那是时光流逝 找不回从前的你
樱花雨 飘来又飘去
说不出的韵意
只有在樱花树下 静静的想你……

9. 秋天的故事

云层被阳光穿破
化作水墨 画成林子
画成小桥流水 再画上
心中的你 往事如烟啊
模煳又熟悉的轮廓。

那年的风
唤醒了月亮

吹皱了绿波
吹响了箫竹
我们一起唱 春风得意的歌
歌声持续的回荡
荡出了天涯
汇成了举世震惊的交响乐
也辜负了秋天的童话。

又到了秋天
又想起了从前
相识在咸阳古道
分手在燕市旭早
如今小花伞还在
可长裙飘逸 转身了无踪迹。

这是幻觉吗
大自然不再宁静祥和
彷佛在轻轻诉说
快乐和痛苦 如行云流水般
贯穿生命的每个角落
我看到不一样的风景
来看风景的 也看着陌生的我……

奔腾是我的主旋律
自由是我的情感昇华
涓涓细流是对大地的感恩濡溥
汹涌澎湃是对暗礁的咆哮怒骂。

暴雨也加入了我的滚滚洪流
温泉更不甘寂寞 久藏地下
沿途的风景足够美丽
烟柳画船 野陌繁花
还有梦裡 遥远的它。

历尽沧桑 春秋冬夏
别问我何处是岸
我的憧憬 在天堑无涯……

10.　神之瀑

我来自斯普伦冰川
千年的沉淀使我圣洁无瑕
禁不住谁的热情把我融化
从此一路狂奔
似千军呐喊 难以停下。

不羁是我的天性
爱就爱得轰轰烈烈
恨就恨那栏河高坝

轻鸣
美国马里兰

作者简介

轻鸣，毕业于北京大学、美国圣路易斯华盛顿大学，曾在美国一所大学东亚语言文学系教授中文和二十世纪华文文学。诗意地栖息于大千世界，寂寥的寰宇，一声轻鸣。

1. 宝宝

你走了
已超过沉重的
十载
我曾多次
看到
你
静卧在破镜中安眠
沙漠的海市里蹦跳欢叫
独自徘徊于我们一起追蝶的林间小
道
宝宝
你想我吗
你与薛定谔的猫
相处得怎样

2. 上完解剖课

约翰·多伊
回宿舍泡了个澡
3D 打印 X 教授
刚刚发明的透明睡衣
穿上，对着镜子
照了起来
哇，他可以看到自己
不对称的心脏不规则地颤动
就像出了故障的水泵
扭捏的花花肠子懒散地传送养料和
废物
迷宫般的大脑
神经元正在串通
阴谋引发暴乱
甚至体内病毒恐袭的过程都一清二

楚
只有普世的无意识
不论是个人的 id，抑或是集体的原
型
犹如看不见的那只手
怎么找也找不着
多巴胺喷发
怒极
砸镜撕衣
躺平

3. 椅子和凳子

理性是一把立在无意识上面的椅子
你总担心下面的躁动
会将它掀翻
因此，试着颠倒它们的位置
谁知更加不稳
于是，把它们打碎
与量子 AI 超越杂糅在一起
建成一座三条腿的
高凳，没有基础
当然也没有靠背
可是无人来坐，只有
你自己
攀
缘
而
上
倒立旋转，比霹雳舞大师还大师
全方位全景全神
独 lǎn 内视
Qíngjié 混沌高潮涌现的大千
小戏

Lǎn：览；揽。
Qíngjié：情节；情结

4. 翘盼

水的波纹
被山轻轻托举
一条烟雾缠绕的大道
灰白的物流掀起浪潮
几个光脊梁的儿童
伸长脖子，焦虑地张望
忘记了打红枣抱西瓜荷塘戏水的欢
乐
奶奶回家吃饭的呼唤起伏跌荡
过节了
星星月亮纷纷出场
离乡打工的爹娘啊
你们怎么还不亮相

5. 写生

马头琴拉出了舞夜的旋律
歌手声带破裂的音色
将黎明的草场染红

「放树了！」
伐木工沉重的吼叫
震碎了灰熊冬眠的酣梦

老祖母挑了挑灯花
把影子剪成青翠鲜艳的
竹菊，贴在窗上

我们在银河的星星中

挑选伴侣，用目光
传递倾慕之情

一年二十四节气
也道不尽人生循环各异的
寒暑悲凉

6. 深夜

安宁
逝者的心境
月牙啮噬阴影
白桦失眠瞪着无神的眼睛
吮吸银河的乳香
一只母鹿，两只小鹿
怵
立
路中央
减速停车熄火，打开远光灯
静观
谷仓沉睡在麦田的沉睡中
寒露微明，不知暗藏着多少颗星星

7. 我梦见我正在梦游

箴言堆积的平台
长满了仙人掌
全能的上帝伸出双手
滴血的伤口闪耀着金黄
白云落地，羊儿哀鸣
大度的方舟大渡
人畜共处逃过一劫
浪峰峰顶，象龟海鬣蜥地雀叠起罗
汉

拖着阳光缓慢前行
成串的阴影飞出金字塔
张大荷鲁斯之眼，目光的尖刻
刻画出尚未出生的死者的姓名
镜中的达利刮掉胡子
核对完软钟记录的时间，转身
消失于他的自画像中
北极熊剑齿虎企鹅灵犀
相怜，颤抖地观赏
林火战火暴风暴政水情疫情的好戏
全景

8. 金色的竖琴昂然海面

一拨又一波
弹出几个鲜红的裸体
手拉手，犹如
马蒂斯画作《舞蹈》中的人物那般
围着远古的石祖顺时针旋转
行巫做法
节奏的锋利
将蓝天绿地的色相
切为几何碎块
通灵御光，飞向太阳
剪影连环，原型暗藏

9. 读特朗斯特罗默诗有感

夜深
比地球的伤口还深
你
从梦中跳伞，降到
他
钟情的

白雪覆盖的岛屿，寻找
麋鹿的蹄迹
暖冬，空白之页已不再空白
动物逃亡时的喘息
仍然掀动腥咸的海浪
火山熔岩露出凝固的狰狞
吞噬无数的生机
语言吓得苍白失声
诗意无处栖居
你，大口一张
喷出一个血淋淋的
啊

10.　雪人

不记得有谁说过
天下的雪是天下的雪
积攒着冷的极致
眼前的每一朵雪花
都是一座晶莹如玉的六角形寒舍
逃亡喜马拉雅山雪崩的雪人
栖居其中，那一波波汹涌的雪浪
冲击着一座座山峰的雄伟画面
一幅幅旋转在记忆的深穴
瑜伽，竭尽身心
推手抗拒命运黑手的摆弄
脉轮轰鸣，辟谷回响
翘盼希姆博尔斯卡的再次呼唤

注：波兰诗人希姆博尔斯卡著有诗
集《呼唤雪人》，其中《记一次不
存在的喜马拉雅山之行》一诗写道
"我呼唤雪人"。

安静
奥地利

作者简介

　　安静（颜向红），居奥地利。
各类文学作品和评论见于《当代》
《收获》《外国文学评论》《中国
当代文学研究》《文艺报》《名作
欣赏》《台港文学选刊》《香港文
学》《广州文艺》《作品》《作
家》等纯文学报刊和平台，获第 38
届福建省年度优秀文学作品奖等十
余种专业文学奖。出版个人作品两
本。欧洲华文笔会副会长，国家社
科基金"欧华文学及其重要作家"
和"欧洲华文文学史论"项目组成
员，福建省文艺评论家协会会员。

1. 春天是个美丽的错误

握着春天 便握着一个美丽的错误
榛子花制造惊天动地的喷嚏
蒲公英用一万根尖刺洗劫鼻子
矢车菊噙着蓝香赶来补刀

漂流异乡的倦客 呼吸不畅
抱着春光失声哭泣
口罩里 热气迷蒙了镜片
阳光将玻璃上的薄雾
折射为七色虹霓

春天的刀子
把世界切成三瓣
三分之一是地狱
三分之一是天堂
三分之一是絮絮扬扬的虚无

2. 煮字酿酒

采雪花四朵
撷雾凇三瓣
取晨露两滴
折冰凌若干
投入时光之炉

以字句为柴
以眼泪为盐
将水墨丹青书画
唐诗宋词元曲
细细掰碎
用文火 慢慢煮

撕数片朝霞作酵母
酿几坛玉液琼浆
便可酣醉一生

3. 大蒜

整个冬天
潜伏于冻土之中
像入定的老僧
心无旁骛
在黑暗中打坐

春姑娘的一声浅笑
却让他动了凡心
迫不及待甩掉袈裟
换套绿装
混入红尘

4. 马孔多的鸡蛋花

一场魔幻现实主义的飓风
刮来了鸡蛋花
复活节彩蛋，像硕大的泪珠
在紫色花瓣里颤栗
番茄蛋花汤的清香
在耶稣升天的蓝雾中荡漾

我把蛋清涂满全身，解密古老的图
腾
却被黏稠的寂寞窒息
吉普赛药水治不好失眠症
一切都是乌托邦

吸进希望，呼出虚幻

吃进花鸡蛋，长出猪尾巴
死而复生，生而复死
死死生生，生生死死
百年孤独，千年循环，世代轮回
逃不出宿命

一条会奔跑的血流把我卷进马孔多
俏姑娘雷梅黛丝在镇口等我
热带雨林翻滚着鸡蛋花
上校的小金鱼已长出青苔

雨还在不停地下
天空飞满了黄蝴蝶

5. 青海湖的风

蓝色的风掠过旷野
我的口舌遍尝咸涩之水
时光凝固
那些摇晃的青草
是夏日焦渴的嘴唇

永远如此。水的后面还是水
山的后面还是山
仓央嘉措的歌声
守着浪花的秘密
风只吹向他
吹向拉萨街头那些美丽的姑娘
所有的戒律在头顶炸裂粉碎

当一切寂灭
悲伤，犹如鱼网
铺天盖地
捞起满湖的眼泪

6. 茶卡盐湖的傍晚

凤凰飞越苍穹
在日落前归巢
轻拭胸前的玉石
翻着经书
将血色之诗，紧紧搂住

一颗石榴
砰然坠入梦幻
击碎这天空之镜
点燃赤橙黄绿青蓝紫

我心中的荒芜被焚烧殆尽
深呼吸，吐出几缕青烟
倚栏安眠

茶卡盐湖，可否邀你共寐

7. 昆仑山神话

传说中它是神仙的道场
一群疯疯癫癫的人自说自话
掳获另一群将疑将信的人
王母娘娘的蟠桃至今抢手
姜太公的鱼竿下
多少信众争先恐后愿者上钩
女娲一定后悔，造出这样的人类

我认为，它是一块谦虚的巨石
总在掂量，自己的体重
是否抵得上宇宙的一粒沙砾
总在审察，自己的颜色是否庄重
从苍白到浅灰，从深褐到金红

有没有过于浮夸
那些玄幻之作，是否违背己愿

登上昆仑，我用了一百年
二十年看书
三十年听神话
五十年冥想
将所有的故事把玩一遍
直到匍匐在它的脚下
幡摇雪山，法螺高歌，龙脉起伏，
神木洪荒
终于，读懂了这山宗水祖的寓言传
奇

8. 老照片

旧相册是一口蒸锅
逝去的青春
像被宰杀的老母鸡
在锅里扑腾挣扎
妄图抢回被岁月拔去的羽毛
从往事中
复活

9. 立夏

细雨眨着淡绿的睫毛
从天边飞奔而至
眼里碧波荡漾
倒映着梵高的鸢尾

小夜曲漫出古堡
悄悄落在野韭花中
如女孩粉红的发夹

潜进少年的梦
芳香扑鼻
呼唤鸟巢里待孵的鸽卵

冬却不肯退场
复辟者卷土重来
气势汹汹
寒风凛冽，乌云压顶
阳光被囚禁
温暖遭放逐
春，诞不出夏
新生，如此艰难

老城缩起脖子
抖去腰间的残冰
叹一口气
遁入半明半暗

10.　颜

一个奇妙的汉字
用色彩的形式
诠释宇宙最璀璨的美丽
轻轻一抖，天空便飘起赤橙黄绿青
蓝紫

一张复杂的面孔
引申出一连串成语典故
窥伺百态人世
譬如厚颜无耻 奴颜婢膝
譬如强颜欢笑 颜面扫地
譬如红颜薄命 龙颜凤姿
每一副面孔都是命运预设的密码

一个小众的姓氏
收藏了华夏传统的秘密
化身为族群会飞的历史容器
从齐鲁孔孟之乡到豫东光州固始
再入八闽大地
一路向南，风尘仆仆

千年后的你
携《颜氏家训》和普洱远渡重洋。
从此
欧风美雨中也蛰伏着颜之推和茶多
酚的隐秘气息
有龙图腾庇护滋润，有祖先基因加
持
无需美颜软件，你也是高颜值的龙
之子

当四月的梨花开遍天涯
疏影横斜处有暗香浮动
一场春雪将《论语》打湿
颜回穿越而来，与你品茗论道
曲水流觞，牛铃叮铛
颜真卿在字帖中复活
以多瑙河之波为墨，挥舞如椽巨笔
将《多宝塔》写满阿尔卑斯

唐妙琴
美国纽约

作者简介

2000 年本科毕业于浙江大学，外国哲学硕士、文艺学博士，现就读 Fordham Universtiy。曾在国内高校出版社担任编辑多年，出版专著《同一与他者——里尔克与卡夫卡之争的哲学阐释》，诗集《天河》，论文、诗歌、随笔见《南京社会科学》《浙江学刊》《人文艺术》《同济大学学报》《北美文学家园》《纽约一行》《新大陆》《诗殿堂》《浙江诗人》等。

1. 孤岛

谁不是一座孤岛
缓缓沉入海底
只剩你和你自己

雨点和雨点之间
从天这一头到那一头
一段不明记忆
竟似永恒

如砂石紧紧相依
呼吸彼此的呼吸
几乎身不由己

造一座城堡
忘却旧日的伤
城墙已崩塌
时时都是防御时刻

把身体给出去
夜赐予赤裸的尊严
不可思议

谁曾爱过你的灵魂
甚至畏惧着
新的畏惧

2. 最后一道门

绝望是善良最后一道门
门后是世间最后的余味
月露滴湿脏兮兮的双足
风追逐风血水禁锢身体

谁温温柔柔地击碎时间
就像一场铺天盖地的雪

等候一声清白的道别
等候一只鸟从天飞过
等候一江春水湿了眼
等候一把剑将心刺透

3. 愿你的心永远活着

空气中的空气
黑色空间的黑色时间
一只无边无际的黑面包
一口吞下吧
人间唯一的食物
另一个自己

愿你的心永远活着
黄昏飘起雪花
被遗忘的脸
无遮无拦
仿佛从天降下

4. 影儿

一群奴隶争着救下奴隶主
屈辱是加倍的毒药
意料中风雨又迟延一次
逃亡者看着天边金色霞光
比梦更像一个梦

几乎要死的人不属于自己
目光如子弹扫射天空
直到黑夜生出一颗颗记忆

那些永远遗漏的故事里
即使一只毒虫
也渴望相知相惜
也无力呼出最后一口气

谁像根盐柱站立
可敬的命运不似路上阵阵微风
任凭滚烫的火从天倾倒
滚烫的血骤然冷却

不是每个人都会遇见天使
华美的殿宇仍沉睡在废墟里
当咒语通行地面
星辰禁闭
如瓦片中的瓦片
谁将脸伏于地

5. 夜巡

闭上眼
接过黑色的夜
一口一口放嘴里细细咀嚼
忘了呼吸
灵魂却未出窍

赴一场无人的葬礼
没有时间地点
死过一遭
何故死去活来
在每个季节添置新衣
雷同的过去或将来

这苍白的魂魄哦
脆弱如掉了翅膀的蝴蝶

经不起一阵微风轻抚
经不起爱人的凝视
却经得起绝望与杀戮
血浇灌的谎言愈发惊艳
黎明未至
送葬的队伍轰隆隆碾过床榻
这黑白交替的梦

6. 感恩

没有恶棍在午夜闯入房间
没有毒蛇游走在清晨的桌上
没有人夺去手中摇晃的笔
没有棍子敲打苍白脆弱的脑壳
没有尖利的声音不住地质疑审问

从一个钟点静悄悄走到另一个钟点
出现又远去的人流
每一张脸都似曾相识

待天黑前抬头看天
像是头一次
如此宽大无边
就这样看着
直到天渐渐黑下来

7. 不如

不如散乱一地
不如路边细小的野白菊
不如街角堆了一晚的枯叶
死是世间最安静的声响
走了埋了
活得也像场无人在意的葬礼

街上满了不知离去的游魂
早已注定的结局
世间最好最坏的用意
不如一场葬礼
新鲜的腐臭
再一次紧紧相拥
另一个尽头

不如一场瓢泼大雨
任凭天地像诗一般茫然不解
任凭被风撕碎沉沉下落

谁像星辰一般老去
如滚烫落日徐徐闭上双目
即使命悬一线
却仿佛天地辉煌

8. 瓦尔登湖边的女子

她转身看我
目光清清浅浅
笑意平淡似湖面的水波

天空紧贴着湖
蓝白相间
湖水轻轻柔柔拥着天
任凭白云儿朵朵
沉入湖底

仿佛不再有时日
在这湖边醒来睡去
身体比风还轻

风吹拂着每棵树

树上叶子
像无数记忆闪闪发光
像被遗忘的永恒
当身体与灵魂重逢
生生死死

9. 虚线和黑点

又一个苦心钻研的聪明人，
前人留下蛛丝马迹
提供了新的蛛丝马迹
路西弗疲倦而自得
可怕的公平
越吃越空洞
越往上飞越沉重

重新开辟战场
清理石头、刀剑和血
让唾沫、体液浸泡的字句相咬相吞
让众生痴迷的间隙生出最好样子
若有若无无关真相也不是谎言
可能接近或错过的星星点点

模仿一只远古的大鸟
遵循空中一条虚线
虚线上从未存在的黑点
——自行分解

10.　脱身

卸妆
世界重新陌生
赤裸得无需询问
尾随大街上一只蜗牛

几乎透明的壳
拖着长长的银色粘液
直到无迹可寻
就这样在空气里消失
像一抹灰白的云

一半昏睡一半清醒
没法连成一片
滚烫的是血是酒
多写一行字
沉迷一个灵魂
再干净一些
仿佛一片无人野地

接近完美的恨
没有退路
亡人仍在叹息
几乎同样的口气
如去年的风
一路上美衣铺地
仿佛一场新的葬礼

古土
加拿大多伦多

作者简介

　　青海乐都人，出身汉藏结合家庭。母语为藏语，后跟着遭贬黜牧羊的父亲学习中国语言和文化。后上大学中文系，创办《星光》诗刊，在八十年代北京高校有一定影响。毕业后一直从事新闻出版工作，曾为为新华社记者，多次获新闻奖，较有名的有关于可可西里藏羚羊保护的系列稿件，在全国有较大反响。诗作曾在中、加、美获奖。现居加拿大多伦多，主持以"独立之精神，自由之思想"为宗旨的加拿大湖畔书院。

1. 笑忘——致敬茨維塔耶娃

等我们相见，我会微笑、拥抱
而且健谈、开朗
不说一路走来遭遇了什么
只说搭了命运的便车一路通畅

不说湖边的芦苇被脚底的血染红
如果问起，就说那是最美的湖泊倒映夕阳
也不说曾在秋水长天里漂洗过灵魂
如果问起，就说已经把所有的泪水交给了上苍

或者只告诉你，思念是一根纤绳
牵着我在波涛汹涌中靠近你的方向
或者只告诉你一件事，曾经
以一棵山顶的蓝杉想象我见你时的模样

你那边的云飞来在我这里变成了雨
雨滴让我听见你的步伐知道你的去向
从你那边来的月到达时已经瘦成了镰
收割了我漫山遍野的忧伤

唯有你的拥抱让双臂忘却曾经的绷带
让双腿忘却拐杖和长路的踉跄
我会稳健地站立，悠然地踱步
我会潇洒地握手，然后敲敲自己的胸膛

一如从来没有孤独、痛苦和彷徨
从来没有一匹狼在人迹罕至之地独
自舔伤
从来没有一座山站在山上遥望你所
在的远方
从来没有，没有，最后连自己都已
遗忘

2. 前夜——致敬博纳富瓦

笔尖
用整个夜晚的重量刺穿我
星空点点没有句号

而你犹如大地
一片平铺的稿纸
害怕而又欢喜
雨夜的墨汁
喃喃絮语
让大山深处的泉水
重又汩汩作响

雷声说：赶紧爱
然后去沐浴阳光
但我知道
这是洪水来临之前的时刻
因为石头早已远避他乡

只有一片心形树叶在手中
青春已被甲虫咬噬一空
方格扭曲变形
我依然用它的经纬
扶正风中倾斜的竹林
向人类通报

此处的佳音

感谢蛛网
它让世界看起来
银光闪闪

3. 写诗——致敬奥克塔维奥·帕斯

你
写
一首诗
用雨刷器
或刨冰铲
找到一片新的天空
星辰就会自动地排列其上
按照他们自己的规律
当我仰望，没有横竖
只有韵律和自由
兆示美和真理

这时，时间来了
却不会露出自己的真容
只用两个气球
娱乐地上的人们
太阳和月亮
孩子们喜欢它们
刚出来时的样子
已经足够
就像黑白两色的琴键

这时候，你也会爱上黑色
白纸的反面
爱上那些星星

一直压在字典里
只是它们的灰烬
放到诗行合适的地方
才能使万物
得以呈现光明

藉着这光
你找到了自己
然后点燃
一首诗
写
你

4. 歌辞

箭镞
乌鸦般飞来
落满全身
血流如注
江河开始流淌
我的歌声：

如我已被膺选
而你执意练好箭法
那么请预备弓矢
我一直在此静候
心房静如石鼓
权做你的靶的
胸膛很热
且近檀场

倘我一旦倒下
无须庆祝或哀伤
只须按我足趾所指

向正北方向仰望
我的眼睛早已
在星汉闪亮
勾陈北极
雁阵向南

尚有
另一种可能
我将振翮翱翔
只因你遗我
以太多白羽

5. 春天赋格

春天从远方
扎着绷带行走春天柱着拐杖行走
春天仅剩的眼睛融冰流泪

春天的面容有修补的痕迹
她不会告诉你她曾经破碎
天上有隆隆的轰炸还有还有导弹在
飞
春天带着硝烟的围巾迟迟不敢露脸
你看她的足迹
每一个脚印都有未干的血水

春天听见了哗哗的铁链
春天听见了奴隶的杭育
春天伴随隆隆的砲声醒来
春天从黑黑的森林那边来
从还在发烫的铁丝网那边走来

人们在等待春天
黑蝴蝶引导我们走向密林深处

那里布谷鸟在吃带血的雪
春天在寻找那只飞走的白鸽

春天扎着绷带行走春天柱着拐杖行
走
春天仅剩的眼睛融冰流泪
鸦群 乌云 风雪和呼号
在这样的一个搅拌器中旋转
而雁阵正努力地保持一队
将此处灾荒的消息
带向远方带给另外的人类

夭折的孩子请尽快熟悉此处的黑暗
裸露的树根多像先人的白骨
它们曾照亮我们的夜路
你们很快就会愉快地交谈
谈论这个特别或寻常的春天
那些话语将在来年春天发芽
并长成鲜艳的浆果

春天扎着绷带行走春天柱着拐杖行
走
春天仅剩的眼睛融冰流泪

无家可归的飞鸟请衔住我风中的头
发
好去再做你的新窝
让你的孩子从此舒适安全
请别告诉他们
有过这一个春天

春天扎着绷带行走春天柱着拐杖行
走
春天仅剩的眼睛融冰流泪

第一个在惊蛰行走的虫子
是谁穿着我的鞋在这里留下了脚印
我又穿着谁的鞋走在这里
走进这一个春天

春天来了野菜的春天到了
逝者的面容和蒲公英的黄花
一起开遍原野

6. 早晨：另一个我

早晨起床，我把毛衣前后穿反了
梦中出现过的另一个我
又回到我身上

那个我，和上层称兄道弟
身在沟里还不忘点头哈腰
那个我，担心彩虹崩裂
为房贷担忧，害怕被老板开除
那个我，因为混得不好
避见儿时伙伴

最后我发现
毛衣上的毛全都竖了起来
长在我身上
——我变成了一只羊

是急着去吃草
在待宰的恐惧中
还是暂且忘了这回事
在草原漫步
我选择了后者

不但重新穿好了毛衣

还打了领带
用一套精制的西装
遮住了那些毛
和那些梦的痕迹

7. 留下——纪念索南达杰
和扎巴多杰

喧哗和热闹已经过去
地上滚动的空瓶还在发出满溢时的
声音
碎纸片上已经没有一个完整的字
但仍做出飘飞的样子

我怀念我们一起送飞的朗达
骑着它能不能到达你们所在的地方
留在此处，还是飞向彼岸
不知道哪一种更为幸运

但我已经很多次听到
身后传来那种熟悉的窃笑
我还没走远，他们就开始庆祝
我们的离去留下的那点草坪和座位

而我们早已回归出生时的草原
以及灵魂来处的白塔和雪线
升起经幡的父亲和煨桑的母亲
因为没有树，他们把我们种在那里

然后拿出一支枪，一支箭
让我们按它们的样子生长
据说冰川在消融，而泪水增加很多
火车路过可可西里总是长鸣三声

8. 小路——仿西条八十
《草帽歌》

妈妈，还记得那条小路吗
我离开山村的那条小路
搭上一台拖拉机就那样离开了

妈妈，没想到我一走就走了这么远
直线距离就很远啊
何况我走了那么多弯路

妈妈，是三尺长的哈达
还是一万里的江河
在天堂看都是一样的长吧

都像孩提时你彩色的衣带
一直把我牵连

妈妈，还记得那条小路吗
那通向水库堤坝的那条路
我曾骑着自行车带着您去看风景

我以为会永远这样
我走到哪儿就带你到哪儿

后来眼泪垮坝了
将我冲向远方
您的凝望永远是源头的孔雀蓝
而我的眼睛却像远流的河一样浑浊

妈妈，我走远了走远了
没人告诉我为什么
是远方的风景还是儿时的传说

那突突的手扶拖拉机只有十二马力
带着我离开了故土
估计它早已沉默，而那条小路
也已被荒草淹没

9. 夏枯草

第一次，以这样的姿态远眺
用一只手搂住身边的世界
白云，绿茵，和红色屋顶
于是我决定让座

多美的山谷，像一张漂亮的体重秤
也让给那些总是大吃大喝的人吧
而更多的人用话筒刷牙
用主持会议来理疗

看哪，一些病人走进精神病院
还有一些病人走进精舍寺院
人类总有处理不好的问题
最后都交给神来解决

在雪花的那一边
夏枯草用另一种色彩开放
躲避蜜蜂躲避传粉
而且拒绝凋零

上帝已经给了我，数字清晰的尺子
还有一束结实有力的登山绳，
让我走向山巅
然后在黄昏时走入落日

10.　爱情五笔

点
亮你的名字
树顶上的星星

让一横连接你我
地球的纬线的一段
我们在线相互传递
黑夜和白天

然后是竖
由表及里的交流
悬针是星星的芒刺
而垂露是夜晚的眼泪
滴入深深的海洋

你的心终于发芽生长
你伸出你的左手成了一撇
我伸出右手成了捺
有时它们像刀
将月亮切成柠檬
将太阳切成香肠

最后，我们相会于树下
听得到树上的啾啁
却看不到树顶的星空
看到的只有
彼此的
眼睛

枫舟
加拿大多伦多

作者简介

枫舟,原《海外诗刊》主编，加拿大官方诗人协会会员，多伦多诗友会会长，多伦多英诗读书会会长，有诗作发表于《诗刊》《人民文学》《创世纪》《诗潮》《诗歌月刊》等等，多次获得嘉奖，荣获加拿大第三届国际大雅风海外华语文学杰出创作奖，首届《杜甫杯》天星奖，2024 年被香港《国际华文诗报》授予为国际华文桂冠诗人。出版有八本中文诗集，亚马逊上有其三本英文诗集，有译作聂鲁达《一百首爱情十四行诗》在台湾出版。

1. 你不相信什么永恒

你见过永恒的苍天
却不曾见过永恒的云彩

你见过永恒的山川
却不曾见过永恒的草木

除了天和地
谁不是天地间的过客？

而你，便是我的天和地
我是你头脚之间游移的一束光

听你来自天国的天风
听你来自海角的潮声

看你天幕上变幻的光脸
看你蜿蜒流过大地的柔美长河

那白云天和星光夜，哪有更美的容颜？
那雪山和入海口，哪有更古老而清新的传奇？

你不相信什么永恒
更不用说永恒的你和我

你不相信你的美
更不用说我小小的一支笔

你不相信生命的永恒
更不用说我为你唱响的一支歌

是的，我将离去
那远去的风，必将轮回而来
吹拂，守候于天涯海角的那棵棕榈
树

2. 岁月的风

当初谁能想到，岁月的风
将一片光亮得映照云彩的月亮湖
静静的快速翻篇
吹干为龟裂的河床
遗留一身无法愈合的伤口

等了一辈子的人没有出现
最想听的话不曾听见
手里的红玫瑰迎不来它的主人
梦想依旧停留在梦境
有情人只能在别人的歌声里放飞和
潇洒

镜子里是沾了雪的枯草
自己和他人都难以接受
又不得不接受
有时不得不躲开他人挑剔的目光
关上门
独自重温来过又飞逝了的小青睐

晨曦又一次点燃浓黑的夜
即使是最后的日子
也要把搁浅的船推向流金的大海
扬起一片帆
把自己交给船，交给海，交给岁月
的风

3. 这一切，算不算四月天的爱？

我想收获你绽放的每一次花开
想听清你嘴角流露的每一句蜜语
想看见你眼角飘来的黎明
你长发掀起的每一缕微风
你掌心给出的每一次爱抚
这些统统都必须只属于我一个人

你是人间的四月天
你带来的日子一天比一天温暖
是发了芽的丁香树
是很快孔雀开屏的郁金香
是把荒地铺成绿色王国的小草

我想独占你每一个明媚的四月天
像我手里握紧的一小瓶冰酒
每一滴酒都流入我的心
像我随时能点燃的薰衣草香蜡
火苗的每一个舞姿只为我闪耀

听起来有一点霸道
但我答应接纳你残秋的败相
被冰凌裹紧的日子
被白雪厚厚覆盖的冬眠
我的第一缕晨曦和最后一道霞光准
时照耀你
这一切，算不算四月天的爱？

4. 我是千百年古老的河床

我是千百年古老的河床
满身是揉不去的鹅卵石伤疤

哪能像枫树一样站立？
所有的过客都不愿走近看一眼

躲不过万木凋零的残秋
嗓子有点喑哑
还患上白内障
分不清盛夏的天蓝和初冬的灰暗

依旧是静静的等待
等待红叶般飘落的火唇
等待鱼儿般爱抚的小手掌
等待鸟儿飞来复活生命的晨曲

好在还有一半河水遮羞
在雪花飘零的时节
有零星的闲人来冰上舞蹈和遛狗
很少有人想起破冰，聆听冰下我古
老的歌

5. 石头里砸不开的故事

那个游客走散了的海角
只剩下一对情侣
她陪伴浪花跳一支水上舞蹈
他和海潮为她鼓掌
夕阳和礁石见证了这一刻

那夕阳已在千百个夕阳之外
那浅滩被潮水一再冲刷
那一夜被初日送去了哪里？
新的夜，不断地降临
那个裹进了情侣的夜
阳光找不到的夜
谁都打不开的夜

已栖息在他心海的最深处

也许她偶然想起
也许她已经忘记
那个石头里砸不开的故事

6. 我脚步丈量过的土地……

我脚步丈量过的土地……
无论是故国、美国、加拿大或者荒
野
我出生地四周的东海
都将是我发射到天外星球的地皮
我目光落脚处的风景也将移植到那
里
我嘴角的话语是溪流和江河
我发布的诗歌是一座座相连的山峦
日月从山巅初生和陨落
星球上空是永不停歇的飞鸟
那是我从内心放飞出来的灵魂的小
小鸟

有一天，我默默的不告而别
带上身边每一样东西
飘落到我悬在天外的星球
在那里等候地球村村民的来访

我是主人，也是导游
陪你喝咖啡、神聊、烛光晚餐
假如你爱上这里的山川当夜不走
我们便共度良宵，邻家的星星也来
祝福、舞蹈和轻唱

7. 暗夜里的帆

暗夜里的帆
等待晨曦吻上额头和心口
等待冲上岸的潮水
等待她打开荡漾无边的胸怀

帆影上是她白玉兰的容颜
被光点亮，被风吹远
夕阳下的云影飘忽于火红的天边
那是一场没有终点的追赶

何时会遇见黎明前的灯塔
她张开双臂的港湾
月牙儿似的颈项，满月的脸庞
是他落帆、靠岸、嘴角上的天堂

8. 当你老了

当你老了
天空小到窗口大
世界只有电话线那么长
午夜，陪你的只有遥远的星光

你捧起那本熟悉的书
随意翻开一页
往昔似潮水从彼岸轰响而来
浪花捉弄着夹着泥沙的脚趾
金鱼的笑颜游弋在清亮的浅水湾

想不起哪年哪月哪一天
夜色吞噬了一对交错的脚印
沙滩的篝火照亮你纯真的脸颊
你眼眸的晶莹似玫瑰的花露
一堆火，两个人，直到晨光换了星

光

当一切从你身边走远
相守的只有空镜框似的墙壁
准时来访的一束光，进进出出的云
影
你随时悄然隐入往昔的春梦：
那是书页之间的流水、鸟鸣、眼
镜、花香
和一朵朵永不熄灭的火光

9. 内心波澜不惊的女人

你看着这物欲横流的人间
像看着家门口的海
平平常常的一场戏，一点也不奇怪
船只来来往往
你捡起大海馈赠的每一枚色彩

荒林里，一切都显得杂乱无章
你觉得没必要花时间清理
似乎那更有一种野性的自然美
失去了春华，你也无所谓
你早已秋收了优雅、淡定和纯粹

我每天都在外面疯
你从来不问我忙什么
不就是写诗，多问没什么意义
你看我总是一副笑眯眯的模样
仿佛断定我是个十足的传奇？

一辈子，我走丢了多少双鞋？
我知道你在海外的老地方等我
你这样的人少之又少

我拼命也要和你一起洒脱
把枫叶糖浆涂满你一嘴开怀的笑

10.　祖国，我是用象形文字呼吸的游子

祖国，我是用象形文字呼吸的游子
脑海里吹拂过唐风宋韵
取出来都是魔方
每一面都是触摸祖国脸庞的雁阵

那是我说不尽的掏心话
说给故乡舟山的海山
说给武汉喻家山脚下的华工
说给西湖边的杭州人和游客

在我客死他乡之前
诗天空上有我绽放的三千首
像云朵，雨滴洒落祖国每一个乡村
的每一寸土地
像朝阳，花草的发梢上有来自远方
的第一缕曙光

紫君
美国

作者简介

紫君，仁心医者，热爱文字。喜欢音乐、舞蹈等与艺术有关的一切事物。原创诗作散发于国内外纸刊及网络平台，偶有获奖。著有诗集《雪色格桑》。

1. 祈天

那一天
傍晚的人群在草坪上游动
天边仅有的一缕光亮
也被坐在周围的白灯笼
一点点吸干

直奔主题的演讲
草木听得懂，不断点头或摇头
长短不一的句式
把圆形的氛围切割成块儿
一块儿，笼罩雾霭
一块儿，挑亮萤光
还有一块儿，歌声时而陡峭
时而平坦

掌声来袭时
我看见一只鸟儿
煽动羽翼，撞破了暮色

2. 风声

走在大西洋海岸
天空、阳光、沙滩与风声擦肩
岸边的板路
孤傲地挺进远方
海浪被风声碾压
变成一种境界，或是摆设

大海是风的母亲
因海风从那里诞生

风声很有弹性！

如奔马，任旌旗飘向云端
如古曲，在一首律诗里平仄
有时也如摇篮
晃动了儿时的怀想
用细软，擦拭着每一根心弦

有人诚服于它的色相
遇见什么，都能与其合一
当风声遇见光芒
相互穿插，渗透彼此情绪
热烈中总会有一丝天妒
在无形中调试出有形成分

和风声交朋友，是个不错的选择
请它走进身体
骨骼、肌肤、神经……顿时添了血
性

3. 当呼吸化为空气

一种震撼源于一个细节
这个细节竟是同框坎坷

当一颗种子无意间发芽
挤压了空间，抹杀了空气的存在
呼吸，无处安身
立命也只是一种奢求
慌乱中，它们都将遗失所有

当呼吸化为空气
思考，是否有了层次？
每一次介质的传递
是否让山体滑坡
暴露内核？

当呼吸化为空气
重新排版时间和空间
便是海浪拍岸的轮回
进或退，由天也由人
你看那春来时
总有茂盛的绿荫，擎起
繁花落尽的枝头

当呼吸化为空气
残云里
有氧的燃烧
也有二氧化碳的退避

4. 想让秋天知道

你怎样从明澈开始
一点点洇开在高天
光与亮，都散发着阳刚
你如何用深邃
刺破落叶的真谛
让枯蝶也能舞弄芳香
你是胸中深沉的用笔
把一撇一捺砌成斜阳
你是坛里待发的酒曲
热烈蓬勃酝酿一路辉煌

望着你时，你就伏在我眼角
凑近我耳旁
细心浇灌越来越美的菊黄
遇我忧伤，你会陪在我左右
播种已被夭折的渴望
秋天啊
我想让你知道——

你是我脸上的风水是我掌纹的沧桑
你是我经年的饱满是我记忆的葱茏
也是我
向着自由的，胜利大逃亡

不要犹豫！请轻翘你的兰指
正式翻开
《命运交响曲》第一乐章！

5. 设计

秋云织成网
无非网住了几声雷鸣
而暴走的感觉
止于唇齿
设计，灵感还在继续

在夏日的臂弯里
拎起几条思绪
一条朝东，有紫云飞舞
一条向西，海浪如赶集
南北，经纬纵横，任脉贯通
病疾：思伤脾

手中织物，色彩搭配着心思
暖色正是季节——带上赤诚
冷色，与秋风同底
绵延至江河
景深，包括
崇尚个性的设计

6. 动感十月 189

不写秋风长足

不写秋阳明耀
也不写红叶四处飘摇尽显风骚
十月，骨感中印着娇娆

十月，有海一样的年少
纯净、不羁、傲骄
看惯了春夏天穹变换
听惯了昼夜风雷咆哮
在生命中孕育生命
始终肌肉健硕中枢盛茂

十月，有山一样的稳重
接得住丰收耐得住寂寥
把赞美化作一道道风景
让满腹奢华更显低调
十月的深沉不在笔墨
心中
自有谦卑、包容
和无私奉献的渊浩

7. 极夜

据说，极夜撑着一块磐石
何时落下是永远之谜
所有黑暗
无不在此时纷乱
皈依的方程式
也无法救赎尘世

白昼与夜晚不分伯仲
用墨，争先掩埋万物生息
太阳沉醉，后羿无辜
光，是曙暮的臣子
水做的骨朵儿

披起盛装流离
面向着连天雪域

时长秒短里
都攥着黎明希冀
盼望五彩光明的世界，从地平线
缓缓剥离

8. 相框

阳光，在与不在
你总是那样从容、温暖
目光对视与否
总能感受你的矜持和庄严
我知道。你束缚着
你的桎梏
而非，笑意、腼腆
抑或独白的蔓延

当春风再次崛起
你的背景悠然生出一支玉兰
也许，你已看惯了
花容与月貌比肩
耳熟那笛声驾驭的少年
众生中，有多少异军
突起在河流山川？
又有多少陌客
潇洒于你的庭院？

我喜欢那团圆的氛围
也崇尚，你从墙上回到
孤独和久远
无论是原木雕琢
还是石膏打磨

都会留下记忆的门槛儿

生活的每一幕都被裹挟其中
青丝到白发，只是一相框的增添
如花开花谢花入泥
灿烂、平凡、瞬间
——生命使然

9. 海子，你从春天走来

不要把春天葬于寂寞
不要让笔锋忽略折磨
那远方的房子
住着"面朝大海春暖花开"
太阳升起时
从那里涌出千万条诗河

激情由视野中升发
心念是诚信的坎坷
你的目光所及
岂能离开春色的蓬勃？
而今，春又是，花又开
迎春的花鼓敲起来
鼓点声声，落尽人间悟彻
听闻春风，感受春雨绵绵倒戈
为重燃一把火
照亮走失的弥勒
春天，是你的归宿
桃红、杏白、菜花黄、杨柳绿
都以缤纷的姿态
迎接你的到来
海子，你从春天走来
那脚步踏着激昂的清波

10.　时间

她，裸妆出镜
在无边的人海中
挤过闲谈里的唾沫

低眉，不屑
山石刮破风的影子
不屑
晨光似羞花，夕阳如落雁
刃，在年轮上磨了又磨
让草木变脸
而自己却藏身于故事的

或真实的平淡，或虚伪的精彩

名词，纷纷
淹没在星辰的潮汐
我一抬眼　和她照面
却也错过了
那一支肩膀

王建刚
新加坡

作者简介

哲学博士（PhD）。内蒙古呼和浩特市人，现居新加坡。在《中国诗人》《联合早报》《台港文学选刊》等报刊及《2022 华语诗人排行榜》《2022 中国诗歌年度诗歌选》《2018 中国青年作家年鉴》等年选发表文学作品；著有诗集《小人物 大世界》。获第五届方修文学奖（2024）；《中国微型诗排行榜》双年奖（2019-2021）年度诗人奖。新加坡热带文学艺术俱乐部理事；海外修远文学社会员。

1. 空椅子

公园，城市最柔软、宁静的部分
人们带着各自的故事
或走，或跑，或骑行
行迹与景色交织，时而
还夹杂着音乐或歌声
过程中，人们学会欣赏
也悄悄被这座城市欣赏

在一大片草坪前
一把空椅子静静地立着
不眨眼注视前方
仿佛等待某个人，深怕错过
或许只是风，轻轻掠过它的肩膀

光不会放过每个缝隙
草地上的绿，深深浅浅
像时光走过的痕迹
每一片叶子都在低语
讲述那些未曾说出的故事
时间伸缩、沉淀
缓缓流淌
就像眼前那条弯曲、安静的溪流

椅子没有靠背的安慰
也没有座位的温暖
只剩沉默和绿
它只是空的
空到像是只满足守在这里
做一个这片天地之间的
见证者

远处，传来孩子们的笑声

像风一样，穿越每一片叶子
听得出他们在嬉戏、奔跑
而我，突然冒出一个念头：
守在这里，守成这片绿地的一部分

2. 城市雕塑之"阅读者"

你不敢回头
因为你知道，自己身后是
一座城市的眼睛
你手里的那本书
早已变成
无数目光的交汇点

你不敢动弹
你知道，每一次翻页
都可能引来新的凝视

你曾想逃离
但留给你的每一条路
其实都藏在目光织就的天网里

于是你坐着
坐成一段凝固的光阴
书页成了你的堡垒
而你，早已在钢筋水泥森林里
悄然把自己，读成了城市的一页

3. 奔跑

在公园连道上，奔跑
阳光下的影子
被我带进树荫
在阴凉处悄然伸展

又带着树荫的凉意
重新跑回阳光

风迎面而来
在多巴胺到来之前
我的呼吸节奏告诉我
这一路
既有炽热，也有宁静
交错，追逐

正如生活
有时温暖，有时寂静
而我
一直在这条路上，奔跑

4. 清菜白庙

有人看见艺术，有人看见佛

因为艺术，所以追求细节、永恒
白，非空白
更像光与影的堆叠
重复之中构成的不重复

因为佛，所以秩序，所以包容
远看近看，都像"觉悟"两字
而白，却吞噬了人影——
镜头里的你
脸，隐没在那片耀眼的背景
仿佛尘世之身，在光明前淡出

白庙无言
仿佛空中的雪
因为落在信仰之上而不会融化

以洁白之极，抵达沉默
它不布道
却用美，让你放下语言

不需钟声，不需经文
只凭万千碎银般的光
在你心头轻轻颤动
那就是——觉

5. 立秋

之后的事，可以预见
风，起加速作用

蝉鸣未尽
由萤火补上
天空一天天拔高自己
我在低处
高度可以忽略

落叶与碎石对视
脚步声
被落叶默默接住
天空因此
退得更远

而我想到你
那天挽着谁的手走远
白衣如昔
背影从容
像季节
走进自己的节奏

6. 回不去的一分钟

阳光还在笑
我却看见它转眼隐入乌云的怀抱
7-Eleven 里那杯美式热咖啡
香气还萦绕在指尖
天，已低垂
像夜，悄悄提前拉下了帷幕
一阵风，用尽力气
撩起树叶的私语
雨，像一场来不及克制的情绪
突然砸下来
我来不及撑伞
鞋底已开始叹息
像在说：又来了，又是这样
而我忽然想起：
是不是忘了关窗
世界在雨中模糊
闪电过后，雷声来打卡
可我知道
这就是狮城的脾气：
风行雷厉，像一句话还没说完
暴雨便戛然而止
太阳又露出笑脸
若无其事
仿佛什么都不曾发生
也不曾打湿过谁的心事——
只有我
还捧着快冷的咖啡
站在回不去的那一分钟里

7. 落基山脉

宁愿相信
你现在的样子

就是世界原来的样子

绵延不绝，你似乎想说
当需要承载太多的时候
不妨拉长或延伸自己

一张图，未必胜过千言万语
有人喜欢图
有人喜欢文字
热爱，可以靠起名字表达
给看到的东西重新起名
能起多美的名字
就起多美的名字

引擎的轰鸣
毕竟单调、短暂
只有你的沉默，才厚重、永恒
写满了敬畏，我在地上的影子
微微隆起

8. 捞鱼生

金色的盘，鱼生飞舞
鲑鱼鲜红，柚子丝嫩黄，青葱翠绿
每一片，满满的期许

筷子轻轻捞起，轻轻放下
祝福语，说多少都不嫌多
"收到"，"收到"，"收
到"……

"恭喜恭喜，恭喜你"
熟悉的旋律耳边循环
"想什么得什么"

你的一句，我们用笑声回应
落在每个人的心头

这一瞬
温暖，有穿墙的力量
无声的祝福悄然升起
盘子长成镜子
在你的笑容里，我看见了自己

注：捞鱼生，源自新加坡的春节传
统，深植于华族文化。

9. 杜巴广场

宫殿和寺庙对视
来往的人，成群飞舞的鸽子
都无法转移他们的视线

国王没有走远
宫殿的那扇
窗口永远为他敞开
就像母亲对孩子敞开胸怀

会讲故事的雕刻，让幸运的树根
几百年还活着
露天博物馆
石雕、铜器，还留着从前的温度

只有登上宫殿，你才知道
下面的院子完全没秘密

宫庭争斗
血腥味还没有散去
孤独的眼睛，一直透过密实的小窗

向外张望

巧遇活女神推开一扇窗
凝视
一分钟，可能是一世

注：皇宫广场，在尼泊尔加德满都
河谷的三个古城加德满都、帕坦和
巴德岗中各有一个杜巴广场，是当
年三个王国的王宫广场，世界文化
遗产。笔者有幸目睹活女神库玛
丽。

10.　浅草寺

巨型草鞋和灯笼
属于同一个主人
主人休息，雷门敢敞开

门槛高，入门却不难
难的东西，被留在了门外

观世音倾听
香火，是传声筒
默念，比读出声回声大
佛要仰望
低头，比抬起头看得远

秦琼卖马
加拿大阿尔伯塔省

作者简介

原名周笑凯，河南郑州人。加籍土木工程师。热爱诗歌，认为诗歌是真正限量版的奢侈品。

1. 七天

我查了查
这是第七个日子
母亲 你走的时候
我的日历
就开始了——
哀肠结绳记事
心头刀刻记日

你去的地方
是不是一个更高级的天地
你看得到我 我看不见你
是不是开满了百合
花儿挤满天际 苦痛得不到一丝缝隙
幸福就是唯一

人世间
有些无奈
就是宿命的胎记
最重莫过于单向的接力
你赋予我的
我虚掷几十年 都未曾转身还给你

这些天
我的回忆一直淋着雨
满目迷蒙
就像泼墨的宣纸
我想把你描出工笔的清晰
却有不尽的咸苦
流进嘴里……

2. 墙 197

无数焦灼的问候都转了向
世上　真有风都透不过的墙

只剩星光
在我眼角孕出珍珠
隔着墙
你是你的世界
我是我的世界

只剩回忆
煽动琥珀中的薄翼
再后面的故事成了空白
隔着墙
你在
我也在
但时光慢的像化石经过了侏罗纪

3. 腊八粥

八种味道置一釜兮
文火煎熬 我添曹植的豆萁
相煎何急兮 年关已到
催账的相思 让我来不及买淡然一尺
那捧黑米能否染回父母的青丝
别让担忧 总陪他们坐在破旧的藤椅
翻滚的花生红枣
是不是儿时的慌年 坐卧不安
一遍遍点看买好炮仗的欣喜
多少相知是刚强的红豆
不惧火焰 时时坚硬地提醒你
松软只在执手的泪里
我多想作那几枚超然的莲子
莲心已去
为何还有一丝离苦

悠悠然
就飘了一万里

4. 野营

其实 我期待的是夜——
夜是一枚硕大的信封
　　　　——如果你想提笔
只有夜才享有　这成人世界的特赦
自由装入你的迷茫和彷徨
抑或倾诉和渴望

斜阳徐徐降下归幕
帐篷就成开在夜色池塘的莲
转角过处
是莲间 月牙儿轻轻泛动

林叶簌簌轻摇
风反复斟酌着句子
噼噼叭叭的篝火
是星星落下了标点 断句
拨火的钎杆
不停翻动着被青春灼烧过的心事儿

这一夜
我只能看到
过往你的脸颊篝火前闪耀
这一夜
只有你的脸颊
是整个世界 最明丽的

5. 秋天

秋天

用一片叶子的轨迹
揭示了我飘荡的身世

雁阵长诵着季节最后一句诗
这是命运最准确的修辞

今晚　就适合趁着夜色
把心事
摊开在月光下的唐诗宋词里

而寒露是不是一种隐喻
不觉湿了我的眼角　我内心的囚衣

隔着一道墙
我知道　你就在那里

6. 观三文鱼洄游

在亚当斯河的溪口
我和秋意并立岸旁

如约等你的归来
和砾石的万头攒动
等你
讲述潮的记忆

然而　这成了一场
生死交接的仪式
华丽的外表
腹下鳞峋的伤
产床和　死亡

亚当斯河呵
我明白了

生命就是一场出演
按着宿命规定好的提纲

7. 端午

三闾大夫的木屐
把楚王大殿的青石踩凹
峨冠博带
已被愤怒鼓起万顷波涛
众人的沉醉里
清醒才是最痛苦的煎熬
亡国　夜黑风高
一点孤星在天边招摇
是大夫清癯的身躯
风里最后燃烧？
——谁给我饮下忠诚的毒鸩
死亡就成了唯一的解药
抱着比石头还重的心情
沉身汨罗的怀抱……
……
然后
艾苦粽香
是流淌千年的凭吊

8. 一片叶子

季节总是不邀而至
而一夜秋风又不偏不倚
在这个精选的时刻
仔细梳理了如茵夏季
一如那年我手指穿过你的秀发
无意间翻看了你第一根银丝
我发现了今秋第一片黄色的叶子

现在我有理由开始怀疑
怀疑一个公认的物理定律
那些质量大的东西
电闪雷鸣　狂风骤雨
为何总是输于这最细微的诧异
譬如那片叶子
譬如那根银丝
譬如当年　我都不忍告诉你
我要对你保守最严格的秘密

这个年龄
我已喜欢翻看相册采集回忆
虽然色彩陈旧
旧如红烛下窗透的影子
而岁月揭不开的盖头
还保留着青涩的矜持

我一直在想那片叶子
它是否也如那根银丝
像一根针跌落
在最寂静的夜里
惊天动地

9. 手相

过了知天命的年纪
也许　这是残存的最后一次好奇
迫不及待想翻开最后的底牌
那命运河道流淌着岁月纹理
早已把无数青春透亮的记忆
沉积河底
只想在淤泥中逃避　踩陷舒适
现实却只有鹅卵硌疼航迹

曾用这手一遍遍打磨生活
越多努力越厚结茧的粗砺
眯起左眼 也总调不直前行的路线
是不是该原谅
身后道路的背叛
脚印背井离乡错乱堆积
或许只因
穿着一双不合时代尺码的鞋子

10.　秋天是送别的月台

这是一季送别的车站
跌落的叶子　追追停停
艰难地和光阴道着再见
那风拉着汽笛的长号　暗哑低沉
时光列车碾过心底
檐下的风铃敲打着胸壁
一种痛　回荡于无边的空洞——
我多么留恋　那上季故事的葱茏
总有新的喜悦　星光下萌动
而如今
我知道　逃不脱的宿命
等待着
还有一场雪的约定

厉雄
西班牙马德里

作者简介

浙江人，居马德里。CCTV 全球爱华春晚国际总会场执行主席。浙江省作协会员，世界诗人大会终身会员，中国诗歌学会会员，诗歌散见《诗刊》《星星》《人民日报》《扬子江》《诗选刊》《诗潮》《诗歌月刊》《中国企业报》《中国诗词月刊》《浙江诗人》《泉州文学》《大巴山文学》《延河》等及海外报刊等。诗歌入选各种年刊，著有诗集《归来的雪》。主编《侨中人文学》《海外文学》。

1. 阁楼

雕花的窗户，上了年纪
长出一层老人斑
开关之间，呻吟声如泣如诉

沿着风的方向
孤独的飞檐
垂下沧桑的皱纹，一身羞愧
一年到头，憋不出几句话

整个下午，拨弄同一片叶子
地中海咬着交错的牙
母亲的呼喊
读书声，此起彼伏，悠远深邃

回头望去，一个远去的少年
纸上铺满深深的雪
椅子上
有阳光坐过的余温

2. 药罐

熬了半生的药
吞吐木炭猛烈的火舌
有裂纹的罐子，言语越发清晰

胸中沸腾着排山的风言风语
按住紧凑的身子
最后落下，咯血的形状

背影投在熏黑的墙上
花白的头发，染上冬天的色彩
拈二钱月光，一两梦想

抓一小把所剩无几的风光
泛光的罐子，吐出人间的沧桑

九十九剂良方，用了半生的积蓄
破壳而出的那一刻
如小鸟啄开黎明
冬的万马奔腾，一罐又一罐
倒出春光无数

3. 冬夜书

可以忽略冷，但需敬畏
贪嗔痴恨的黑色本性
更需仰视

藏在眉间的褶子
被靠近的夜色戳落
匍匐于泥土下，怜惜一条冰冻的血
管

眼睛被灯光烫红
凝视着指缝仅存的温度
梦境远渡重洋，字句爱着远山和云
朵
炊烟不断缝补，填写一千片雪

夜是一个很好的道具，本能的纷纷
扬扬
一些形状，颜色，尘世的目光
演绎淅淅沥沥的借口
许下长途跋涉

捧住望穿的秋水
捧住一重山追赶另一重岸的绝句

再靠近一些
忽略冻伤
忽略存在与残缺

4. 在树下，我想起母亲

母亲不愿住西班牙
回到国内，最终选住农村
守着后院的瓜果
与父亲一起，日落而息，细雨无声

晚风跨过矮墙
穿过瓜棚，成群结队的蔬菜味
和泥土味沾满了母亲的手

故乡，纯洁的夕阳
松开双手
抚摸着母亲满头的栀子花

光与影，宁静的村庄守着空楼
在没有理想的现实中
母亲牵着尘世，走过村口

高过二楼的仙人掌开花了
蚕豆，八棱瓜，金达菜长势甚好
微信里，母亲低喃着

遥远的地中海，风从树叶上跳下
摇晃了那些美好的时光
阳光照在新芽上，聚拢反光
比母亲微信里的空白，更刺眼

母亲，你可知一万公里外
毛毛虫爬过沟壑，数着归期

5. 但愿人长久

秋色越饱满，我更像月亮
守着一寸寸的光
守着圆形图案，辨别归去的路
院子里，有沉默的茶具，也有桂香

贴近越来越鼓的光芒
忘了身世，忘了异乡，忘了惆怅
时光老去
磨去棱角，我变得更柔顺

我用手机接了一场雪
更多的是回忆
最后变成一条条信息，一张张照片
为了不显得太多的思念
我染了双鬓的白

书桌上的惊雪，不知为谁动容
尘土扑簌
仿佛一吹就破
地中海的水穿过我的影子时
我划向空旷
让走来走去的月光，都得到长久的
祝福

6. 这个危险的夜

从小雪，等到大雪
日子上流着水，雪仍然不见醒来
空等的花期，在窗下浮沉
从西楼，望断天涯
整夜整夜，脸颊与北风互搏

一滴血，试图
和一滴雪，拼接起来
避重就轻
从世态炎凉上长出霜花

无非是再次虔诚，斋戒沐浴
双手合十
无非是再次拔出锈迹的长剑
刺破夜，刺破无眠
嗜血的剑，滑过朔风
学会了互搏术，学会了掩盖悲喜

7. 我的土地

这些被秋蝉吵醒的泥土
在我面前缤纷
它们详细地阐述了阳光破土
露珠清澈
年前冒雨丈量的那场秋雨
又涨了几分

看见旧时的我，被一滴雨追赶
义无反顾地翻过高处的光亮
在我的土地上
晨钟暮鼓，反复夯实
小溪，鹅卵石，一双飞奔的影子
燃烧成炊烟

日子渐老
已经忘了攀登的祷词
太阳下山时，土地吟咏一阙宋词
放弃了与群山的对峙
脾气平稳得像秋天的雷

8. 她的红舞鞋

踮起脚尖，她轻轻落下
一阵微风过去
没有一丝震动，仿佛是一只蝴蝶停
在
木质的湖面
遗落一朵红色的娇羞

水袖按弧形晃动
湖水惊慌地接受她的指令
曼妙的身姿
或低头，或掩面
拧开万千恻隐

在她跃起时，撒开双手的水袖
一粒粒桃红的文字
开满湖面，如同漫天的桃花
她的缤纷，颤抖一下
遥远的书山，诗路，连绵不绝，紧
跟着晃了晃

9. 午后

小猫收起街角紫藤的脚步
红色木屋，把头斜依在寂静的肩头

伸手接住几瓣家长里短
拆开一封阳光
有一些东西在坚持，在沉默

脱下旧事，穿上蒹葭
诵一段经文，有招魂的短笛
穿墙而过

请借我贝尔加湖柔情的目光
我还需要一个木鱼，敲空一个午后

10. 桃花诺

爱我的人，从对面淌过
靠近艳丽的终点
看戏的人，艳装浓抹，兰花指被过
度渲染

阳光从土里拱出来
爬上心窝，在胸口筑巢
一滴水散开
打破蛰伏的寂静

绕过去年的人面桃花，再落一次红
在乍暖还寒时节
早早地付之于流水
听见上一世沉迷于桃林的呼喊声
开始找到解药
开始复活虚掩的汹涌

火凤凰
日本古屋

作者简介

火凤凰，本名朱丽慧，祖籍辽宁省，现旅居国外工作。《海外头条》创始人、认证主编，世界诗歌联合总会常务主席，风雅诵经典国际执行副主席，日本华文女作家协会会员，澳大利亚书画家协会副主席，东渡诗社总编，纽约文联网刊执行总编，NZ 国学诗词艺术协会荣誉总编，《中华女诗人》副主编等职务。作品在多种报刊和杂志上刊登。2024 年 1 月加入中国第一个后现代主义诗歌流派"北京诗派"，进入七十二地魁星序列。

1. 木匠

木屑在生活中飞扬
刨子将粗糙的尘埃剔除
木锯起落的瞬间
隔断琐碎的棱角与烦恼

木料在你干裂的手里
犹如一块块待雕的玉石
能制造出无数精美的艺术品
那扇雕花的大门
隔开了尘世的喧嚣
承载身体的椅子
缓解多少疲惫不堪的情绪
书架用瘦弱的身体
托起一排排沉重的书本
带领多少人走进知识海洋

当电锯的轰鸣声
吞噬了黄昏的余晖
你手中的墨斗
一道弹线
弹出你心中的蓝图
一片锯齿
割出一条时空隧道
而你大国工匠的精神
也在悄然生长

2. 绿茵上的女子高尔夫唯美

这是多维而深邃的美
抛物线坠入草坪
银球与阳光共舞

飞鸟掠过大地　天空

女球员挥杆如笔
镌刻力与美的诗韵
优雅柔若春水
洒脱如风
似冯珊珊、星安妮卡·索伦斯坦的
传奇
动与静间旋转天地之灵
松与紧的微妙平衡
参透生活哲理
暗藏生命真谛

女子高尔夫超越运动本身
是释放压力的出口
从 T 台到沙坑
每一处都是修行道场
守杆即守心

绿茵上的她们
以挥杆的优美弧线
不仅划出对生活的热爱
超越着自我
无限着追求
更承载着
深远文化的浑厚

3. 静默自成

我只想沉默在
属于自己的世界里
这样
才能更好地
做自己

白天，吸纳太阳的能量
夜晚，欣赏月圆的光华

不经意发现
竟悄然走进笔端
与纸笺对视
碰撞出灵魂的和谐

4. 翼上的哲思

我憧憬着
天空中的飞翔梦
于是借滑翔伞
系紧背带，展开伞翼
牵起伞绳，向着高处攀升

两百米的空中
呐喊追着云朵
视野随大海一同辽阔
俯瞰岛屿的美景
珊瑚礁海域缓缓展开
这神奇的运动
魅力的背后
是我在飞翔

每一次升空
都是对向往的抵达
每一寸高度
都是对自己的突破与超越

5. 蝉鸣之外

蝉鸣声吵醒黎明
更吵醒正在熟睡的我

起身走出去
带上门
想把噪音关在屋内

索性走进另一间屋
坐在电脑前
书写这嘈杂带来的困扰

或许，这蝉声
会随着季节流转而隐去
可世间的纷扰
是否被时间磨平？

6. 声的归途

声息，从银屏发出
穿过时间的差
漫过幽蓝的海
直抵另一颗心的归属

我叩问自己
是否真的渴望聆听？
答案是的
便把耳朵贴近大海
听那来自祖国的声音

7. 五洲四海，听你讲中国

你的好声音感染了我
像小溪涓涓细流
像瀑布奔涌而下
像大海波涛汹涌

我决定走进你

在五洲和四海中
听你演绎日月轮回
与人间烟火的气息

我看不到你的形状
却用双耳触碰到字正腔圆
听你用中文讲述中国故事
在微风中委婉
在四季里动听

我献上如火的挚爱
在有我的此岸
在有你的彼岸
相拥于金梅的世界
挽手金梅人
优雅同行
那些好声音
直抵我们的心灵

8. 旗上的光

轻轻地展开那面旗
金梅图标与
海外头条赛队的大字
在入眼的一抹红里鲜明

撑起信念的旗子
将朗诵艺术的魅力
扎根在心底

那盛夏烈日里
默默付出的身影
正洋溢着喜悦
我用真情穿越视屏

双手递上一盏清茶
滋润那颗善良的心
茶香漫过旗面
让红色更纯

原来所有的坚守
在旗上的光融入风里
飘扬在灿烂的天空

9. 日本记（四十九）

冬夜，唐风
冬夜，宋雨
凝成雪花
飘飘洒洒
明月
高悬
谁能看见远处
那朵盛开的寂寞
也许出于万有引力之虹
也许出于岁月蹉跎
也许出于远方
就这样，我诞生
全世界以我的故乡
命名，升腾的火焰
将我紧紧包裹
紧紧地
身体里的春天
身体里的夏天
身体里的秋天
身体里的冬天
我，四季轮回
世界如此辽阔
丰盈之中，不变的主题

我，从此不再漂泊
这个寂寞人间
这个寂寞红尘
这个寂寞世界
有个你　也有个我
这个冬夜，黎明前的幻像
照耀着我盛开的筵席

10.　日本札记（十六）

静静地倾听一杯红茶
沏出生活的滋味

此时此刻没有喧闹的风
没有多情的雨。也没有
一丝笑容

时间滴滴答答地走过
你依然纹丝未动
眼眸低垂藏在眼镜的后面
更远的彼岸岿然不动

纾紧时光
还有海面折射出的蓝色风景
或许一切都与年龄无关
希望，在沉思之后

那杯红茶，此时正浓

龚如仲
美国

作者简介

　　旅居美国，诗文爱好者。毕业于中国对外经济贸易大学英语系。曾任外贸部中国轻工业品进出口总公司驻美国公司总裁。迄今为止已由有关出版社出版发行了九部中英文著作，即：翻译电影小说《忍者神龟》《岁月如重----兼谈华国锋》《东西南北中国人---细谈如何在大陆做生意》《悠然时光》《悠然时光----如仲诗语》《悠然斋诗文选》《花儿在身边开放》《清风徐徐》英文传记《My Life --- Family, Career & VIPs》。目前是海内外多家诗文社的骨干写手。

1. 微笑

微笑是她的瑰宝
快乐悄悄地爬上眉梢
纯净宽容婉约俊俏
更有那超凡脱俗的媚娇
微笑与你搭建交流之桥
微笑让你苦闷烦恼顿消
微笑传达中华之文明
微笑输入诚信的情操
微笑是水的倒影
微笑是风的歌谣
微笑是她那柔美的秀发
与秀发交相辉映的
是她那天使般容颜的妖娆
啊，微笑
是心灵的召唤
是美德的写照
是消减疫情的良药
是孕育善意的根苗
让红尘多几分微笑吧
这世界一定会变得更加美好

2. 酒杯

酒杯有其辉煌与沧桑
青莲"会须一饮三百杯"的豪放
放翁"时伴尔曹把酒杯"的欢畅
牧之"莫恋醉乡迷酒杯"的清醒
子美"潦倒新停浊酒杯"的凄惶
子瞻"惟忧月落酒杯空"的嗜好
年融"无聊只怕酒杯乾"的颓相
少游"酉楼促坐酒杯深"的儒风
苏洵"世上谁堪共酒杯"的孤狂

岑参暂放边塞大漠的豪强
展现了
"荷香入酒杯"的文人柔肠
但麻革那两句
"百年书法里，万事酒杯中"的壮
语
道出了书道与壶觞相得益彰
难言尽古人对酒杯的敬仰
而当代人端起酒杯格外轩昂
郭小川的《祝酒歌》四海名扬
林场工人经久传唱
"且饮酒，莫停杯"的铿锵
"三杯酒，欢喜泪"的舒畅
"五杯酒，豪情胜似长江水"的激
荡
满载的酒杯是华夏文化之传承
辛辣的酒饮是壮人体魄之桥梁
让我们为世界美好举杯
愿红尘永远和平和祥
愿百姓永享富足安康

3. 诗魂

我寻觅着诗的灵魂
从上古神农的祭祀
到诗经风雅的诞生
从楚辞屈子的九歌
到乐府叙事的曲风
从盛唐之青莲乐天
到大宋的东坡放翁
是孔子的"诗亡离志，乐亡离情"
还是陆机的"缘情而绮靡其中"
凝炼之语言
构思之灵动

追求的是自然美、艺术范
抒发的是人间情、赤子心
诗的唯美是丰富情感
诗的主旨是彰显民声
诗的呼唤是社会和谐
诗的理想是世界大同
随着时代的前行
现代诗更显峥嵘
君可知
诗是诸夏文学之祖
诗是中华艺术之根
让我们认认真真地写诗作词
弘扬诗的文化使之代代传承

4. 枫叶

金秋的枫叶争胜
把霜染后的嫣红
极致展现
杜牧停车石径前
坐看红于二月花的秋景
让他赞美连连
颓废的南唐李后主
亡国后的生涯
宛如艰难地
爬着"一重山，两重山"
但他内心深处
却是对往昔
"相思枫叶丹"的眷念
在画家唐寅的眼里
看不到枫叶随风舞翩迁
却在意"我画蓝江水悠悠"
"爱晚亭上枫叶愁"的感叹
最喜欢诗人杨万里

凭空弄出个
"小枫一夜偷天酒"的浪漫
但不承认
自己是偷酒的"罪犯"
"却倩孤松掩醉客"
来掩盖枫叶酒后的酡颜
啊，秋日的枫叶
为人们描绘出了
多少想象的画卷

5. 两个泥娃娃

两只巧手一块泥巴
山泉之水细细揉化
惟妙惟肖捏一对泥娃娃
"雄赳赳"向她喊话
小丫头好好在家玩耍
莫学那臭小子下河摸虾
"怯生生"对他应答
"大哥哥把心放下
屋里屋外诸事繁杂
我哪有闲功夫和人磨牙
日月如梭光阴把皱纹刻划
泥人老矣如落日前之残霞
"雄赳赳"步履维艰
"怯生生"自顾不暇
终究有一天泥人坍塌

迎一场春雨化两堆泥渣
细细地搓揉灰土
匀匀地相互添加
水土交融重塑一对冤家
揉一个俏黄蓉
捏一个郭大侠

恩恩爱爱嘻嘻哈哈
相濡以沫共度年华
任凭你火眼金睛
任凭你心细如发
你永远分不清
是"雄赳赳"身上的她
还是"怯生生"体内的他

6. 故居迷踪

到了颐养天年的时光
我突然常常思念故乡
于是乎
借银燕飞回沪上
重访故里
沙泾港木桥旁的旧房
抵达目的地后彷徨
我辗转地来回游荡
迷失了寻觅方向
找不到故居在何方
只好询求路人的引航
终于找到了那条小河
我少年时畅游的天堂
不成想
旧房早已消亡
高楼坐落中央
小河沙泾港依然静静流淌
但已不是浑浊泛黄的河塘
花草绿树环绕河疆
空气中弥漫着花儿的芬芳
清清的河水里鱼儿游畅
归来后我自叹息
旧事莫再思量
因为人间换了模样

沪上美而中华富强
作为海外游子的我
心中好欢畅

7. 雨的印记

（一）

小巷的一夜春雨
洗净了路上的尘渣
晨起未闻杏花的叫卖声
却有了邂逅丁香女的惊诧
青春的素面朝天
轻巧的油纸伞下
那婀娜生姿的缓步而行
诉说着我梦中的情话
啊，丁香女
《雨巷》的传奇
永远印记着
我少年时的热情迸发

（二）

借时光隧道我回到大唐
见到李义山端坐灯下
凝眉深思地琢磨诗章
不停的滂沱秋雨
让池塘的水暴涨
一封家书告知家中的娘子
游子的孤寂和念想
期盼着西窗共剪烛的时刻
执子之手倾诉衷肠
《夜雨寄北》千年传唱
是因为言浅意深语短情长

更因为那一次秋雨的印记
让后人永远难忘

8. 宁阳颜子庙

复圣祠兖国公端坐殿堂
香火旺膜拜者熙熙攘攘
大门大殿大开间格局非常
平梁顺梁大梁之气势轩昂
大殿前沿单抄单下四铺作
整体架构二梁不在大梁上
莫小觑这七百多年前的庙宇
突显了珍稀元代建筑之辉煌
这寺院坐落在鹤山镇泗皋村庄
颜夫子千百载大名远扬
孔门下居首徒深孚众望
孔子曰"贤哉，回也"大肆赞赏
"敏于事、慎于言"处世超强
"简食饮、居陋巷"苦读文章
"不迁怒、不贰过"心胸坦荡
"贫如富、贱如贵"平权思想
"内修德、外爱民"无为政纲
"重志气、近真理"群儒榜样
更令人敬颜子不屑仕途
忠孔圣伴师尊一路护航
学术丰道德厚为人慈祥
唐宋元至明清备受敬仰
唐"先师"宋"兖公"位尊大儒
元明清称"复圣"孔庙配享
若评价宁阳城名人风光
我独尊颜子渊品行高尚
若探求宁阳城儒家现象
愿伴君到颜庙敬炷心香

注：1）珍稀元代建筑：山东宁阳
县的《颜子庙》是元代顶级建筑风
格的产物，而这种建筑物在现如今
的中国仅存两处，所以弥足珍贵。
2）无为政纲：颜子和同一时代的
老子在治国的理念上相同，都主张
"无为而治。"

9. 让我们头颅高昂

站在加州萨克拉门托的高地上
我仿佛看许多来自华夏的儿郎
正为修建太平洋铁路而奔忙
他们不畏艰险坚定坚强
是建成这条铁路的中坚脊梁
随着铁路的建成收场
他们又为建设国家而扩土开疆
这些华人来自于礼仪之邦
懂得本分做人不会挑衅违章
但华人们不是任人宰割的羔羊
为了平等民主
为了幸福久长
我们反对种族歧视
我们渴望社会和祥
让我们大胆抗争
让我们自立自强
让我们齐声疾呼
让我们头颅高昂
团结起来发出声音
这才能显示出我们真正力量
这才能继承华人前辈的荣光

注：萨克拉门托，位于加州中部的
县城，是美国太平洋铁路的加州始
发站。

10.　温柔地道声爱

温柔地道声爱
心贴着心
温暖着彼此的真情
你那雄浑的声音
颤动着我深爱的心灵
我们生活在自己的世界里
共享着鲜为人知的温馨
美酒般嫣红的太阳
温暖着
让我们迷人的日子得以垂青
在那个丝绒般浪漫的夜晚
我们升华为一人
别人难以分清

温柔地道声爱
悄悄的、轻轻的
除了老天爷
别人不许旁听
我发出的爱情誓言将永远存在
存在到我离世后方能消停
君可知
我的生命只属于你
因为是你带着温柔的爱
来到了我的世界
并与我携手同行

陈红韵
加拿大卑诗省

作者简介

笔名寄北/红韵，毕业于上海第二军医大学（MD），新布朗威克大学（PhD），和多伦多大学（Postdoc）。曾任制药公司高级研究员和部门主任。她于 1991 年开始写作和翻译，其散文、诗歌、和短篇小说散见于国内外中英文报纸、电子杂志、和数十本选集里；专辑有《你知道怎么爱吗？》等；数篇作品在北美获奖。翻译作品包括《贫民窟的百万富翁》《中国情怀》等；2021 年获法拉盛诗歌节翻译佳作奖。

1. 融雪的裂响

明净的天空
为太阳开启一扇无边的门
一只白天鹅
用飞翔划破冬寒

它翅尖抖落的暖
在初春千疮百孔的胸膛
溅起亿万片融雪的裂响

当泥土湿润
我们开始学会
用埋葬
接住
自己
坠落的姿势

2. 立秋

第一片叶的飘落
只在瞬息之间
你没有觉察

然后
一阵风倏然而至
将层叠的金黄
铺满脚下

你俯身拾起一片
放进微温的掌心
轻声问：
怕不怕？

3. 密林深处

密林深处
一扇门悬在空高
雪白的马
静伏门后
它曾驮梦远逃
趁夜色跃过云霄
黎明冷白的锋刃拦腰截道
如今只愿在我血脉里
悄悄奔跑

4. 梧桐

梧桐举着一树绿色的心事
夏天的梦
还没有做完

阳光透过叶脉
铺在每一粒果实的肩上
蠢蠢欲动的它们
不是不感恩
而是更期待
秋给它们松绑
待春风浩荡
就把新生的歌儿唱给土壤

5. 秋阳之私语

秋叶啊
寒风一吹你就颤抖就投降就摆烂
故作坚强的外表下你脆弱不堪
只是我还是愿意为了你
再一次来到这纷繁的人间

给你光给你亮
添你色加你彩
逼出你最后的斑斓
并许你一个轰轰烈烈的春天

6. 谁把羊群放牧到蓝天上

谁把羊群放牧到蓝天上
一朵朵，洁白无瑕
梦游似地在风的琴弦上闲逛
不吃草，只饮阳光

是谁的手，温和柔软
将它们从山坡赶上蓝岸
也许是昨日在黄昏流浪的游子
将思念托给风，寄给天上的草原

那一声长长的口哨
飘出去老远老远
唤不回一只走丢的云
却惹来一缕故乡的炊烟

7. 高度

让地壳持续抬升
再抬升——
直至峰顶刺穿大气
被流云反复擦拭
天空，触手可及

不必在风中雕刻辉煌
不必让羽翼
以翱翔的名义
靠近

又远离

是的
高度决定一切
静静矗立
仰望的攀跻
沉入幽蓝之底

8. 低处

让根深入
再深入——
直至盘踞渊底
大地的心跳
应和古老的脉息

不必仰望星辰的碎语
不必羡慕光的幻魅
只需低伏如一枚蜕壳的种子
在无人之处
成为本然温润的腹地

是的
低处汇聚沉凝的重力
雨水舒展，愈合攀援的隐疾
浆果垂首，笑报地心的暖意
泥土下，胚芽悄然擎起

9. 我认出你的瞬间

一匹暮色的天马
正温柔地朝我们飞来
鬃毛镌刻风的形状
鼻息微凉

夕阳熔铸的静谧
恰到好处
心跳在心跳里靠岸

此刻
黄昏收起所有的疑虑
你把手放进我手心
那是一种比光更轻的抵达姿势

10. 此处

剥落那些烫金的期许。
废墟之上，无需重建庙宇。
让心的河流按其意改道，
唯一的坐标是灵魂的低语。

时间兀自流淌。
一束光斜切过空廊，
囚住浮尘那一支无声的独舞。
一粒种子，在腐叶下震颤——
它不是等待春天，
是悄悄点燃季节的火焰。

即使你喑哑失语，即使罗盘锈蚀，
天地已为你调谐频率：
以潮汐的引力，以地脉的嗡鸣，
以万物的静候与光阴的低吟，
请持续振荡——
确认你独一无二的波长。

梦楚原
美国新泽西

作者简介

　　本名孙新来，病理医生。祖籍湖南，现居美国新泽西州。世界名人会《海外精粹》副主编，《乐诗中西》和北美高校联合会《鹤鸣文学》编委。有诗词作品散见于海内外网络平台和纸刊。合作主编出版《湘风雅韵》。诗观：诗是软雕塑，诗为心之声。

1. 七月的记念

妞妞，有人说走就走了
而你，却连说都没说
我想叠几行文字为你立个碑
好让健忘的人类
有人能够记住二十岁的你
记住五号地铁车厢
水位越涨越高
记住你的鼻尖
在那里告别最后一丝氧气

雨停了，太阳钻出云缝
悲伤同积水一起抽干
妞妞，地球上
又一切如故
好像什么都没有发生
"有晚上，有早晨"
只是
你爸爸单车的后座上
永远没有了你……

2. 八月记事

山姆大叔匆忙撤军后第九天
喀布尔没有战火
荧屏被塔利班占领
总统丢下宫殿
丢下他的国民
乘车去了他国
一夜之间，阿富汗变天
黎明时分的女子
戴上黑色的面纱
世界，便一下子黑了下来

接着，诺亚方舟飞上天
有人从空中自由落体……

3. 瓶

经过火的历炼，脱胎换骨
把你的前世遗忘
将那些不属于你的丢弃
有模有样
透明也好，不透明也行

但要有守信的口，有道德的底
有虚空的心
你的雅量承载你的大小
你的质素拍卖你的价值

盛酒，而不沾染悲喜
插花，而不让虚荣生根
在黑夜里装满墨汁
是为预备一行字、一幅山水

即使是破碎了
也不能让人任意践踏……

4. 镜子

悬挂于一面墙上，或者
镶嵌在木头之间
都能把进入视野里的一切
如实映现

或遣灵魂栖息池塘湖泊之上
祈求寂静无风
将苍天收纳至深处

让浮云活成一条条大鱼

而一旦用来映照时间
探寻历史
便见处处斑斑驳驳
画面几经篡改，真相
消失在焚化炉里
留下层层叠叠的哭泣声
在那烟囱上空盘旋

5. 吉他

管它起源于古印度、巴基斯坦
还是古希腊、美索不达米亚平原、
埃及

在它俊俏的一面，从头上
直拉下来几条弦
把音调拉准
把风格拉明晰
跨过指板和琴衍
再跨过响孔或者拾音器。固定

然后，就可以任你的思绪
弹拨
星光下独奏、重奏
或舞台上陪衬
让音符在指尖上飞腾
给故事生出翅膀、加上节奏

直到有一天，西班牙人毕加索
让它变形、扭曲
与欢喜、快乐，悲哀、惆怅
一起涂上画布，着点颜色

生活瞬间凝固，归于静寂……

6. 街灯

（一）

你在黄昏时醒来
直挺的腰板
明亮的眼睛
让黑暗不至于过分猖狂

（二）

一夜未眠，心泉倾泄
默默为夜归的人指路
也让月亮知道
黑暗时人间还是有些光亮

7. 芦苇

（一）

被风吹着吹着
就白了头
幸亏身边同伴
都一样
自然
就没有同辈压力

（二）

因为生活在江湖
只要风大一点
就得弯腰

让风从背上滑过
风一停
便立即
与同伴们直起腰来

8. 韭菜

只需要一丁点的温热
就从冰封过的土地上
纷纷探出头来
脑尖直向空旷的蓝天

如草一般，一丝春风
就心满意足
几夜潇潇春雨
更是欢天喜地的往上冲

碧绿。从头绿到尾
从内绿到外
身段柔软，心实
不惧日头晒，不怕暴雨淋

一辈子总是鲜言寡语
够高够肥时
便垂下头来
任凭，新一轮刀割

9. 愤怒的月亮

愤怒的月亮默默无声
一会儿怒目圆睁
一会儿独眼紧闭
一会儿眯着眼缝在苍穹见证

见证炮火又在天空呼啸横飞
在斯拉夫人之间
在亚伯拉罕的子孙之间
如同曾经在日耳曼人之间
在盎格鲁撒克逊人之间
在炎黄子孙之间一样

兄弟开战，也睁圆着双眼
手不软，心如铁
让一条条生命变成碎片
将一座座城池变成废墟
兄弟开战，一样也是杀得
血肉模糊、天昏地暗

愤怒的月亮默默无声……

最后杀戮的，是亲生儿子
谁叫他与你争吵
直到，自己跪下抱着垂死的心肝
双眼射出绝望的凶光……

将这对父子同那一片血色的地毯
悬挂在展厅吧
让世人都知道
魔鬼的爱，也如此恐怖

10.　　那是一片血色的地毯

不停地杀戮，开疆拓土
将他国的土地变成一片片血色的地
毯
将别人的家园变成一堆堆哭泣的废
墟
谁让他们的土地与你为邻

不停地杀戮，为了成就
宰杀一切富有者
先是领主然后是贵族
谁让他们不奉上他们的财富

不停地杀戮，为了辉煌
宰杀一切反对者
先是仇敌然后是战友
谁让他们的脑回路与你有异

蓝鸟
美国

作者简介

　　原名许龙驹，资深新闻出版人，学者、诗人。1993 年移居美国。美国洛杉矶华文作家协会会员、理事，美国《洛城诗刊》编委。诗作选入《诗坛—2020 华语好诗榜》，出版诗集（合著）多部。2022 年，经"国际新移民华文作家笔会"郑重推荐，由中国专家作家团队及中国国家出版社审核与遴选，诗作《影子》《候鸟，春天在等你回家》收入《2020—2022 海外华文文学精品集——诗歌散文卷》。

1. 西皮与蓝调

立冬的第一声风哨
惊醒了凌晨寻觅水源的鸟群

枫叶红了又落了，落入泥土
被风裹挟着不知了去向
大师描绘的金秋
早已破败

耳鬓厮磨着秋雁的呢喃，西山
走失的那个十月，还会回来

AM1300 播着西皮二黄
FM105.1 唱着蓝调摇滚

这个初冬无雪，没有寒冷宣判
西皮与蓝调、二黄与摇滚
哪个是原罪

不同的文化与民俗
并不势同水火

风里参杂着湿气
那是渴字的三点水

因为渴望世界和平
一些人将选票给了川普

2. 跪在荒原

一

是谁把你带进我的荒原

让一粒种子在土地里发干
天空，布满了干渴
风也干咳着

我跪在地上
朝拜天上的云。无奈
绿芽的额头贴上了枯黄，可是
苍天依然无泪

生死离得很近
只隔一层空气
雨水的季节无雨
仰慕太阳的小花，沉默着垂下了头

二

雨打湿了风，也
打湿了迎风而立的风信子
等待点燃生命之火的心
也受潮了。我们
如何同享丰盛人生

天不再蔚蓝，心不再火红
用不再蔚蓝和不再火红的颜色
为风摧雨残的风信子量体裁衣。裁
剪
雍容华贵、温婉淡雅的紫色礼袍

海面上又湿又潮
浪漫的海风被潮湿打入地牢
没有风浪托举
海鸟的翅膀变得沉重

三

这夜无风
这夜无月
这夜无眠
朱唇唤醒一管竹箫
吹落苍穹一幕水帘
把夜的长发染得乌黑

一点一滴的痛
沿着夜的发稍
渗入土地
滋润着不远的前方
雾中的黎明沉默无语
向日葵的种子终将破壳

3. 火影

起风的时候
一簑红草帽飘落我的头顶
撩动我伤残多年的情窦
令视线模糊了蓝天和天蓝

天空等待着无风的清晨
逆生长的紫丁香
一展比基尼，在我童年嬉戏的院落
迈开长腿向我走来

你在我的梦里来了
当白色鱼鹰向你张开双臂的时候
我床头的灯亮了
你以一身热带神仙鱼的傲慢
躲进了灯影
只留给我一幅夜色下的剪纸

4. 蛇年叹

立春了
东半球的北部
一扇玻璃窗隔开了季节
窗外大雪
所有新春的嫩芽被冷冻着

有地暖的厅堂
水仙妖娆
满目 New money*

我居住的西半球的北部
春天淹没在雨里
天空没有白云
白鸽和乌鸦湿了翅膀
被冷风压迫到地面

它们背着沉重的潮湿
为待哺的幼鸟在地上觅食
不见 Old money*

New money*：暴发户
Old money* 简单理解就是祖祖辈辈
都是有钱人，不仅有钱，还有文
化、有品位。

5. 品你，男人的热饮

一杯爱尔兰咖啡
苦了舌尖，烧了喉底
甜腻在唇，酸辛在心，
咖啡，威士忌
糖和奶油
多重文化，交织成
多元情愫

如果
没有加温的匙勺搅动
咖啡的清苦
醉人的酒香
糖的甜蜜和奶油的冷腻
将导演
各扬各的帆
各唱各的小夜曲

爱尔兰咖啡，我的女人
你的端庄，本可以装在普通的葡萄
酒杯里
只要心和裹着心的身体是热的
你依然妩媚
我会在你的热烈中
接纳你的兴奋和醉意
抚爱你的缠绵和甜蜜

可是今夜，你却端坐在高脚杯里，
非要
显示你的万种风情和凌人的高贵
我的渴念消失了
心里的爱恋也退潮了，怀里的六弦
琴，唱着
苦，也很昂贵

你
不再是我星夜里企盼的月光
我的思绪
不再为你自由飞翔
高脚杯一起一落
眼前的光环，化作一簇黑影
思念，踏上没有皓月的归程

旅途中，迈步一家红烛点亮的茶馆
儿
唤来龙井
邀上乌龙
寻找梦寐的朴实
蒙昧的纯朴清香
陪伴我
浓浓漫漫的乡情

品你，爱尔兰咖啡*
你不懂中国男人

*爱尔兰咖啡里加 1/2 盎司威士忌
酒，加酒之前要预热杯子和羹匙，
再用热咖啡冲出酒香。可装在普通
葡萄酒杯或高脚杯中，是男人的热
饮。

6. 你约我见个面

你发来一封贴着邮票的信
约我见个面。你埋怨我说
我在微信朋友圈消失快一年了

看在这封信在不足 25 英哩的路上
走了 4 天的份上
我答应你见见，却一直宅在屋子里
没有兑现我的承诺

那是仲夏的邀约
我却拖到了晚秋到来之际才应允
怠慢你了

其实，我是在等

等路旁、田边、丘陵和灌木丛中开
满白色、浅红色、深桃红色和黄色
的野蔷薇

我从仲夏等到晚秋，是因为
我要复习她的耐阴、耐寒、耐瘠薄
的习性
那是我一生的追求

我居所的附近有一个公园
那里有一条小溪
我不必开腔，流水声会告诉你我在
想什么

你来吧，记住
采集一束野蔷薇。我们不说话
让野蔷薇听溪流轻吟低唱

7. 低调奢华

太多的叶子在阳光下摇摆
百叶窗过滤的光线很低调
北冥的鲲化为鸟
东方之子看见了鹏

每天都是黄昏悼念夕阳
落雨的傍晚变得奢华
风流本身就是个梦
雨水的旋律比风吹草低动人心魄

天空一片漆黑时
我没告诉你我喜欢你
但是转身遇见黎明时我已向你表白
我心里有过蓝天和太阳

风托着月光走进海港
鱼儿享受奢侈
鱼缸里的水满了
生命在鱼缸里荡起双桨

古罗马帝国诞生的西班牙斗牛场
战死的雄牛，不论胜败都是壮举
适于私奔的龙达小镇，白色的房子
镶在蓝色的天空里
一直主打着神秘与奔放
1-05-2021 于北美写在重读海明威
《死在午后》
北冥：传说中阳光照射不到的大
海，在世界最北端。

8. 叙事·二

依旧是那颗心，那颗
老井一样的心，很深
心底已经没有清泉荡漾
掏不出故事的井口，没入了海洋
星星，搅动了海
浪，啃噬着横刀立马的礁石
聆听抛弃吟唱。朝朝暮暮
只为打磨一个个圆滑的梦想

依旧是那间房，那间
血色染红墙壁的老房，很空
房子已经重新装潢
不肯熄灭灯火的小窗，挽留了一缕
秋日的悲怆
在屋里栽上一盆水仙，静静等待
等待来得越来越早的冬日傍晚将黑
夜点亮

在最冷的季节里，水仙花开了
那是最早的春光

在都市的上空，拨开流云
为心塑就一畦春柔
让透明的记忆缝合无产致伤的处女
膜
再把初夜送上拍卖会，换一锤
振聋发聩的觉醒
六十个春夏秋冬
季节为青松染白了多少次华发
云间的那条天街，就有多少回容颜
焕发

人头攒动，车水马龙
稻子黄了，高粱红了
嘴角上站起来的微笑
挡住了眼泪
天也高，云也淡

9. 六月的心事不肯出门

鸽子的哨声落在渡口
沿着鸽哨寻去，却不见鸽子和渡船
水从哪里来
又往哪里流

夜。星星没有睁开眼
我依然作梦
擦亮一根根火柴
渴望的花，开在指间的香烟上

昨天的那片云，不想走进六月
却又无奈五月的流逝

落在地上的绿叶
窥探五月和六月的对视

清晨的浓雾囚禁了初夏的朝阳
阳光撇下蔷薇花和蜜桃子去了
空旷的山谷起了风，像刀在砍伐
蔷薇的刺扎在桃子的唇上。泪水里
流着血

又一个暗夜挂在落地窗上
沉重离我就这么近
六月里的心事不肯出门
我把头埋进屈原的《九歌·国殇》

10.　我等你，金秋

眼泪把辛酸育成珍珠
合上眼睛
你变成一只关闭的蚌
藏在心里的凝重
在蚌里发育

海潮自东而西
浪花开了一季又一季
雪白的梦如纸
画了一页又一页
没有一朵花
今天艳过昨天

年少时节
我曾是
开花的雨季
落日余晖的年纪
我依然

雨中开花

有些梦只是触角
蜗牛的自恋
无法抵达难能的港湾

一阶一阶
爬上拱桥的高温
下桥了
伏后的风
穿过桥洞
为水面降温
岸边
枯草背着一身冷汗
等待绿色返回

树冠上摇摆的叶子说
风
很慢

大运河
载着隋唐以来的水上文明
在月影里缓缓流淌

就要十月了
我等你
金秋

哈雷
新西兰奥克兰

作者简介

中国作家协会会员，新西兰华文作家协会副主席，中文书刊网总编辑。崇尚诗接自然和心灵，认为诗人就是在文字里修行的人，喜欢襟山怀水，"把大地当作诗来读"。曾创办《东南快报》《海峡诗人》杂志，出版《零点过后》《纯粹阅读》《花蕊的光亮》《寻美的履痕》《我就这么短斤少两地活着》等十七部文集。现居福州、奥克兰两地。

1. 时间颂

父亲说，再勤快的手
是接不住时间的
在校准的钟表上，我看到的
也不是时间
人的一生，都在寻找
一场走失的时间
其实有时，时间就站在我面前
不是皱纹，不是落叶，不是流水
它匍匐下来——
时间多么谦逊啊！像影子那样
看着日暮渐消，光芒落尽
也不挣扎着抬起头
仿佛消失才是它唯一的命运
正如我老了，才真正看到时间
并感谢它
不谙世事地将我带走

2. 黑耳鸢

暮色已老
我貌似年轻，我拖着暮色
朝原野上走去
一棵稀奇古怪的树
正给众鸟，比划着象形文字
看出鸟已经明白其旨意
用清脆的声音
将暮色击碎

一群不穿风衣的人穿过暮色
来到悬崖尽头
他们中有心算师，政治家，坦克手
和诗人

他们黑耳鸢似地飞起来
下面是动荡的海浪
和冷漠的礁石
世界正处在：一群暮色覆盖了
另一群暮色中

3. 和衣服叙旧

我的衣服破了
不是被她洗破的
我的衣服脏了
不是被她弄脏的
我的衣服来到这世上
没人疼，没人爱。我的衣服
独自行走，过了这个村
又到了那个店
我的衣服代表我参加
这场婚礼，又赶赴另一场葬礼
我的衣服的云朵从天空下来
覆盖时间的残雪和遗体
还好我的衣服没露出思想
的破绽，更不懂呻吟
仅凭着那点体味
就混迹于苍茫的人世间
闲荡了一生

4. 陪空气聊天

在所有事物之中
我最害怕空气
它总是伪装成虚无的样子
又牢牢将我控制
我是污浊之人，思想缺少供氧
行走在浑浑噩噩的世间

如入无物之阵
我承认自己追踪空气已久
也曾赤身露体，企图将它诱捕
却从来没有胜算
而它只要掺入微尘
就让我流泪，打喷嚏，呼吸加重
四肢无力……
人这一生注定无法逃离
若真想逃离
也要让气球装满空气
进入太空，才发现人和空气
的游戏，才刚刚开始

5. 与黄昏隐秘交谈

汽球进入平流层
还好，它还是一只汽球
不像人
一旦封神
很可能就成了笑话

我喜欢落日走下山岗
就像看神走回
人间
走入我落生的
草屋里

晚祷中，神和黄昏隐秘交谈着
又和我坐在灶台前
添一把柴火
烟在上升
夕阳很红，神满怀惆怅

6. 死亡赋格

一个诗人老死了
人们不是怀念他曾写过的诗，
而是他和女诗人纠缠不清的爱情往
事
以及女诗人和另外一对
孤岛喋血的诗歌夫妇试图创建
女儿国破灭的童话

我看到众神离去
诗歌已死

我看到海正抱紧苍老的岛屿
颤颤巍巍

诗歌。满目悲怆，挂满泪痕
又不时修改着白帆的去向
在独自伸展的峡谷赤脚走来的那个
人
请不要惊动他

我看到放弃写作的原野一群死去的
花草
又活了过来

7. 烤全羊

我到达现场时
这只羊
已经在炭火上烤了三个小时
全身焦黄
说是全羊，而羊头
却不知去向

一群人散去

暮色落尽，炭火也已熄灭
我是最后离开的人
穿过牧场，看到悬崖上的晚星
像遗落的羊眼
瞪着黑暗中的碎骨

8. 黄昏记忆

海水妆扮了一天后
躺成爱情的样子
一个日光浴的女子斜倚在
沙滩上
背部的皮肤黄昏纤质般
柔美。那杆插在礁石里从早到晚
的钓竿
终于等到一条咬钩的鱼儿
动一动，晚霞荡漾
我的老父亲正坐在窗前
摘下老花镜，悉心品尝一杯甜品
斯文的样子，完全不像我落草为寇
的曾祖
当年在红磨坊酒巴
喝下一箱洋酒，蹋翻黄昏
抱走当红的舞女

9. 记忆之树

老去的黄桷树
将叶子一片片贴在石阶上
仿佛给村庄贴上邮票
需要那么多邮票
才够把一座村庄
寄到远方

秋风黄了，让人更容易
找到回家的路径
树站在村头作揖问安
只是河水细小得让人唏嘘
几只鸭子
还蒙受它的恩宠

10.　多余之物

一条宽大河流边上
放置的一件水瓮
水瓮中一只鳖，顶着浮瓢
青山盘腿而坐
与我对饮，我的杯里
竟然是春风荡漾的
绿波
什么时候
轻拂过我的三月，我的味蕾
又到了头采节，去山前
避开稠密的人群
看你腰扎篓子，携来绿叶
和内心的流水对接，我也有了
放生的意愿
在雾起的山岩边
将水瓮里的水倒还给水
鳖交还给浮瓢
从此河流和我，都了无牵挂

悠然心会
澳大利亚

作者简介

女，北京人，九十年代初移民墨尔本。二零零七年开始在博客写诗，二零一五年进入诗歌论坛继续即时创作、即时发表、即时与诗友交流互动。现为"新州华文作家协会"会员，"世界诗歌网"海外频道主编。

1. 我们的一天

一个月只一天
让我好好看你
不化妆的脸又起了几颗痘痘
一个月就一天
让我好好听你
说比你想象美好太多的爱情
一个月只一天
不是匆匆一面
而是整整一天从早到晚我们在一起
一天啊就一天
让我好好做你母亲
你好好扮我的爱儿和爱女
我喂饱你肚子，你填满我的心
一天就一天
我把我完全交给你
你把你完全舍给我
让我们的这一天长得像一整年

2. 一床阳光

南半球冬日，晴
三扇面北全落地窗
后面是卧房，客厅连书房
书房有书，可晒正午几小时
客厅皮沙发，只得晒半天
唯有卧房敞开晒
正好，阳光从脚晒起
一寸一寸晒向一整床，此时
阳光正满床满身满脸满头
侧卧，让过眼睛里的强光
手机上晃动着阳光中的半脸
窗外是开放了的墨尔本

高速路上延绵不绝的车流声
间或有近处的马达轰鸣与鸟鸣
软软地化在床上
哪儿都没去，又好像哪儿都去了

3. 第一剂疫苗

都打到背上了
或者说打到肩膀上了
一开始不疼
第一天都没疼
打的时候，医生说
放松！我深呼出一口气
等小拇指长的纤细针头
钻一下的疼
——没等来，等来的是
指头在我肩头捏了一下
说：好，推药了
我又等药水在肌肉里呲开的痛
——也没等来
——啥都没感觉
他把棉球往我肩头一压说
按住！我按住
对在我前面刚打完还在说疼的
那位说：我怎么没感觉
感觉从第二天醒来开始
胳膊酸痛，疲惫，昏昏欲睡
有同事说：她朋友打完疫苗
一周内出了三次车祸，我就想
大约是时候名正言顺歇几天病假了

4. 说点儿什么

这天在超市

和一个胖妹撞上
我们同时停下，道歉
看对方停了，又同时启动
再撞上，我示意
让她先行
谁知胖妹右边一个瘦男
扭头对我吼：你瞎呀
我一听，哪儿跟哪儿啊
想说点儿什么，咽回去了
……深夜测核酸的队伍
……深夜列队广场上的武警
难道没人想说点儿什么
我猜他们也和我一样咽回去了

5. 现场，歌声

说不出的话
做不了的事
有一人说了做了

现场没有掌声
掌声在后来
非常久远的后来

歌声，现在到处是歌声
合唱，独唱

男生女声童声
你转我转他转
到处传唱

传唱一个人的勇
传唱一群人的敢，传唱
这民族闷了这许久后的呐喊

6. 末班车——同题兼和柔丝

总是聊到很晚
晚到要追赶末班车
也不是聊，是脱口秀
你一个人的滔滔不绝
总是送你到楼下大院外
和曙光电机厂楼群的夹道中
告别，路灯昏黄
影子斜斜。你每晚都要
跑着追赶东直门外 106 路电车
最后一班车。虹桥下车
你总要吃一碗卤煮火烧
热腾腾，味厚脂香
……那年夏天恋爱的记忆是
一直追赶末班车
恋爱的滋味是一碗卤煮火烧

7. 沉溺背后

我不看娱乐八卦
但如果说某某星
多少时间内
成功减掉多少公斤
我还是会点进去细看
最近一次看的是张惠妹
减了六十斤
看别人减肥成功
感觉和自己减肥成功一样
多巴胺吱吱往外溢
我也爱点
慢跑、快走减脂文章
爱看关于

张爱玲、林徽因、胡适
爱看所有涉红楼梦话题
头条早已洞穿我
不断反复向我推送有关文章
我和嗜好吸毒、酗酒、沉溺游戏
没什么两样，只是沉溺对象不一样

8. 完美时间表

想做的事一件没做
非做不可的事拖到最后一刻

一年总有两三次
想起时间表可能是解药

做时间表时一天总是很长
长得能塞下所有想做的事

时间表出来时志得意满
想做的事意念中完成了无数次

我是自律健康满意的自己
我是自省读书写诗的自己

我以完美时间表完美实现完美生活

9. 人都哪儿去了

人山人海的国际机场
空空荡荡，空空荡荡
人都哪儿去了
哪儿去了

车来车往的集装箱码头

空空荡荡，空空荡荡
长长的卡车队哪儿去了
哪儿去了

熙熙攘攘的妇产医院
空空荡荡，空空荡荡
产妇和新生儿哪儿去了
哪儿去了

餐馆空了，商店空了
工厂空了
高铁空了，电影院空了
飞行员跑外卖
大学毕业生做家政
昔日老板给人打工去了

人群熙攘的只有
三甲医院急诊室和住院病房
我想给你一个大大的拥抱
怀揣赞美的词藻
把它们变成激励的目标
一起创造美好
一花一草都是馈赠的美妙

我遇见你，就遇见了
一个阳光灿烂的自己

10.　过年

母亲的年来得早一些
一点点屯积年货
父亲的年更长
一年都在预备好酒

小孩子欢天喜地
新衣新帽
人人见面喜气洋洋
过年好！给您拜年！

哥和姐夫烹献美味
人人吃饱喝足
打牌、嗑瓜子、看春晚

守岁到大年初一
女眷麻利利端上饺子
男眷拉鞭、放炮、燃起烟花

过年和好事连在一起
过年和美好记忆连在一起
过年把血缘至亲拉近在一起

那时父母五六十，年华正好
那时我们二十几十几，年华正好

后来我们一个个南飞
后来我们一个个南聚

后来我们送走母亲父亲

后来我们迎来长兄七十大寿
后来我们最小的也年近花甲
后来我们照我们熟悉的模式
把过年复制到长兄长嫂家

后来我们的后代
我们后代的后代也过年
见面也会欢天喜地——
过年好！过年好！过年好啊！

[XY1]

秀玉
加拿大卑诗省

作者简介

王秀玉　毕业于河南医科大学，医学系。现居加拿大温哥华。喜爱欣赏诗词作品，退休后学习诗词创作。加拿大中华诗词学会会员、加拿大大华笔会会员。作品散见于网络平台及刊物。

1. 夏的色彩

绿
无需大自然低语提醒
自有着勃勃生机

斑驳的阳光
穿透茂密的树叶
拥抱草叶鲜亮
生命热烈

夏的青绿
最是明艳动人

身在绿意中
清爽，安宁

绿 唱响山间松声
绘出水的涟漪
染出地球的本色
生命的妩媚
和平的枝叶

绿水 蒸腾着飞向美丽蓝天
蓝色大海，延伸至
天边绿色地平线
与白云编织出梦幻般浪漫

绿蚁
绿云
绿如意
围沙
造林
……

只此青绿

2. 父亲节致父亲

在时间追逐的日子里
笑容依旧映晚霞

苍颜密布的皱纹
像一张滤网
过滤掉了
烽火连天的过往

年轻时的梦想
家国安宁
子孙再无战火离乱

顽强的坚守
坚韧的精神
仍于不再青春的岁月里
明亮 从容

一零二岁的远征军老兵
今仍挥笔绘勇壮
前行不畏程

老爸说：现在的字写得这么难看；
侄女说：我要是 102 岁还能提笔，
我能吹一辈子 😇

3. 圣诞节感怀

圣诞树灯亮了
北风吹来晶莹白蝶翩跹

窗外是崭新的洁白的世界
教堂钟声响起
HoHoHo
麋鹿雪撬和水晶鞋
孩子们的笑脸
烟囱里圣诞老人送来礼物
圣诞节快乐

多少年了
每逢雪花覆盖
山川森林河流
折叠了时光
天空映着枫叶红色的光
云后的月亮
等待着
人们"恭喜恭喜"的祝福
还有鞭炮、烟花
桌子上热气腾腾的饺子

天空中飘荡着美妙音乐
星星眼中的火花
人们的梦想
那只被特赦的火鸡
悠闲踱步
寻找美味巧克力

新年平安无恙

4. 血红落日

八月中旬的一个下午
一轮血红的夕阳
不忍落下

它望着这烟火人间
高速公路上
撤离家园的汽车
排起了长龙
一眼 望不到头

如蚁的人们
曾辛苦建起的家园
一个一个地
被普罗米修斯盗来的火
抹去

这血红的落日
是普罗米修斯
看向我们的泪目吗?

5. 天真的希望

雨过天晴
一道彩虹划过蓝蓝的天空
在彩虹桥的一端
有朵白云
那一头
挂着外孙的梦
宝贝说
从那儿可以一路攀到虹顶
跳跳跳

两岁的外孙说
想去找它

这场雨后
美丽的彩虹,
不过霎那

它就淡了 消失了
外孙说
它回家了
Oh no rainbow!

宝贝相信
彩虹只是回家了
一定还会来

6. 女神节快乐

今天是人们说的女神节
奶奶妈妈女儿们
节日快乐

当年纽约女工的口号
面包和玫瑰
为自己争取到了权力和尊严
百多年过去了
自强自立的女人花
节日快乐

可温柔可坚强
一半在尘土安详
一半在风中飞扬
用温柔温暖了整个世界
驰骋职场持家养娃
女神们 节日快乐

可这天感觉有些悲哀
天空的蓝色
山顶残雪的惨白
冷寂的空气
瞳孔中映出的铁链

痛楚中
节日的幸福模样
女神节快乐

7. 写于辛丑腊八节

今冬的雪多
风很大
大大小小的湖面都结了冰

史坦利公园的堤坝
在巨浪和大风的撕扯中
路面被击碎、塌陷

山峦和树木
此刻看起来好像
什么也没有发生过

海鸥 加拿大雁
多时不见人群
四下张望
郊狼悠悠地
在海边游荡

天晴了
霞光穿越寒冬照到云彩上
落在雪地里
好一幅洁净淡然的画卷

今天腊八节
熬一锅香甜的腊八粥
过了腊八就是年
梅花该开了

8. 今日小雪

秋浓秋复淡
转过街角
秋天就不见了
把春华夏荷秋实
留在了身后

想念漫天大雪时
那印刻在雪花上的故事
那是
妈妈热气腾腾的饭菜
那是幸福撑满的时光

飘摇叶落冬时候
雪覆大地
皎洁晶莹
被雪花包裹着的
是生命传递的种籽
无声无息
等待着拔节伸展

炉火暖暖
风说着白雪的故事
给雪花一点时间
催开梅花满山

这是个
开往春天的季节

9. 老友相聚

烧烤炉跳跃的火焰
美味嗞嗞作响

要参与我们的交谈

落叶蝶舞般落下
一行飞鸿掠过
风吟秋韵
悄悄在耳边诉说

山岗仍是色彩斑斓的明丽
容颜却隐入了时光
鬓角染上了月色

回想着故乡的桂花
该是随着风儿飘散着香气
金粒似的花儿
飘落地面
金沙样的延向远方
又像是条河流
载着我们平凡的故事
向前流淌

看往故园的方向
眼中的热望
一如从前

10.　春寒

随着虎步声声
雨帘拉开春的序曲
那随风而来的
可是抽泣声
铁链锁住的
香火
地狱黑暗腐朽味
人心叵测

沸腾的残阳咆哮
撒下一地血泪
……
世界一片默然

施玮
美国洛杉矶

作者简介

    诗人、作家、画家。在美国获博士学位，研究旧约文学。国际灵性文学艺术中心主席，灵性文艺出版社社长。曾任职《诗刊》编辑、《海外校园》主编、《国际日报》文艺部主任等。八十年代末开始发表作品，近五百万字刊发于海内外，出版诗集小说等《歌中雅歌》《灵魂的诗意栖居》《世家美眷》《叛教者》等二十二部作品。在美国、中国、日本举办多次个人诗画展，创作大型交响合唱《基督颂》。

1. 墓碑

墓碑，你向我
竖起的手掌
五指并拢，密不透风
不漏财也不漏心情

灰白色的墓碑
名字模糊，掌纹清晰
你不向我隐藏命运
隐藏的是经过命运的心

你的笑，你的哭
你的犹豫和决绝……
你有无奈吗？
是否曾经把我的脸
装在你的裤兜里走一段

墓碑，一只拒绝的手
遮住了脸和脸上的一切

2. 清明

（一）

清明，是一个日子
里外都下雨的日子
有的人湿透了
在生死的对话中焕然一新
有的人半湿半干
徘徊在记忆的河边走不开

清明，是一张脸
一把黄菊花

一把白菊花
一段故事酿成烧酒
把一个人，醉成了楚辞
兮兮——兮兮——

雨，从梦里漏出来
在楼下的天花板上
画你的脸
楼下的人不认识你
不认识你的人却能看见你
他们看见的是清明
一张模糊的脸

（二）

清明是一条河
天上天下都是水
我们在地球的子宫中
孤独地挣扎
或者，孤独地昏睡
生者与生者，生者与死者
彼此看不见……

清明，一条冰冷的河
一道生死的界限
天上的水
在河那边融成阳光
天下的水
在河这边吞没山岭
造物主的话
在清明的冷河上架一道虹

渡过清明
穿越寒冷的死亡
让死人去埋葬死人吧

出死入生的人
踏过歌唱的玻璃海
穿越生命册上的名字
来亲吻你的钉痕
来吃你为我们准备的早餐

3. 跑道落日

我在跑道的这头
落日在跑道的那头
日头每天上下
我却在原地枯荣

一棵半人高的野花
枝叶千姿百态
花儿的脸，精致微小
等着落日睡前一吻

一架飞机，沿着跑道
从落日飞向我。一个男孩
记忆中不落的太阳
从霞光中，掷来
一架又一架的飞机

我在跑道的这头
看飞机落满灰白色机坪
没有打开任何一架飞机
没有阅读男孩的信

矜持地站着
晃动着没有手臂的身子
让一滴泪流下来
经过……张不开的嘴唇
它是女人的落日

4. 凌晨读诗的人

凌晨，天黑着
启明星已隐，天却未亮
在黑暗与光明的边界
沿着各自的轨迹
弯弯曲曲，蹒跚挣扎
在昼与夜交战的前线
走来一群读诗的人

凌晨，心柔软着
听一个弟兄写的诗
他吟唱着，走进囚房
我们倾听着，走出囚房
天父安坐在浓黑的暗云中
看儿女们彼此唱和
我们是祂心中的明亮

儿童节出生的人
注定一生都是孩子
没穿盔甲，没戴面具
一些温暖而柔和的诗句
因为赤裸，因为天真的诚意
惊动了暗夜……

有的人假睡
有的人愤怒
有的人暗暗落泪
有的人明明走来
走到一起。越过海洋大山
拉起手，立于黎明
颂诗……

5. 中秋，悬在头顶的雷

中秋，悬在头顶的雷
一年一度
滴下让你柔软的相思
喝了，醉了，却知道会醒
只是偷来一夜的梦
梦中的脸，翻新又褪色

中秋，悬在头顶的雷
一年一度
引诱你的心思长出翅膀
飞向一片不能落脚的沼泽
一张想象中的饭桌
一张想象中的全家福

家乡，是不能想的
回不去。回去了也找不到
家，也不能想
亲情戴着口罩被隔离
防止病毒，防止一切
想得到或想不到的事……

中秋，悬在头顶的雷
等着一声巨响
炸碎囚我的肉体
日子，却在不知不觉中
一口口不经意地吃掉了中秋
再回头，中秋已经走远

6. 2022 年的清明

总是要在春正盛的时候
才敢去纪念死者
一片青绿，他们在下面
我们在上面

蓝的天，红的粉的花

风，波荡着桔红的微光
将朝霞和晚霞连在一起
拉起一道清明的薄幕
活着的人们，隔着
温情脉脉的幕帘看死亡

2022 年的春天
被炮弹炸翻，城市田野
和人群，都失去了颜色
死亡的面孔从地下翻上来
灰烬的炭黑，残破的狰狞
甚至鲜血与火都是黑白

这个清明，没有一个人
可以安坐在青草地上
作为活人，来纪念死人
我们都在逃亡的路上
是戴着锁链的暂活者

2022 年的清明
捂着耳朵，捂着嘴
噤若寒蝉……生与死
被打翻，被颠倒、被搅乱
活人，被关锁在地下
死人，发动战争

你我死着？还是活着？
还是在不死不活间
闭眼、闭嘴、闭脑、闭心
苟且……苟且……
被一个又一个清明践踏
被一个又一个春天忽略

7. 战争……预言者……

你躲在地洞里
一个城市的废墟压在你背上
我躲在遥远的彼岸
整个海洋的波涛压在我胸上

你向着我的方向，在炮火中爬行
骑上自行车与坦克赛跑
我向着你的方向，在谎言中挣扎
真相被舆论炸成碎屑

为了家园战斗，为了家人逃难
国境线上张开双臂的是好邻居
小小婴儿车，载着母亲的希望
无声地从死滑向生……
铁石心怎会留下车轮的划痕

钢铁练成后，造的是子弹炮弹
倾泻在喀秋莎站立的河岸上
装甲车的履带缠着撕碎的布拉吉
废墟中的黑胶唱片藏着爱的旋律
一架钢琴横跨于生死界线

那片大地上，有的教堂庄严耸立
有的教堂已经夷为平地
十字架或竖着或倒着，或在
持枪者的胸口，或在死者墓上
都在重复相同的，二千年前的预言
"民要攻打民，国要攻打国"

8. 一粒种子的暴动

冻土的深处

一粒种子
在你眼睛看不见的地方
孕育一场暴动

花粉细小的亲吻……
松果火中的爆裂……
子宫中婴儿的脚印……
晨光中陌生人的微笑……
细碎的记忆，在黑暗的深处凝聚
成为煤、石油、岩浆
在你眼睛看不见的地方
预备一场熊熊烈火

这粒种子
被躺平在厚被窝中的人忽略
这粒种子
被饥饿地四处奔走的人忽略
这粒种子
包裹着人们丢弃的记忆与童话
这粒种子
郁积着呼求与天问、愤怒与眼泪

一粒百物中最小的种子
信——生命的核动力
正在进行一场暴动
炸裂让人昏睡的"安全"被窝
炸裂让人被囚的"价值"迷宫
炸裂冻土，也炸裂上空的黑云
炸裂生命界碑，也炸裂心灵的枷锁
用火焰召唤习惯黑暗的眼睛
用火焰灼醒，在时尚的灰色中
失去了体温的人

一粒种子的暴动
在寒冬开启

到春天，才会被人们看见……

9. 尴尬的黄昏挨着饿

秋，金色与蓝色成了文字中的远方
Web 3.0 的世界被包裹在沙尘中
天空，裸着土黄色昏睡的面容
割草机无声地，来回碾压斑秃草地
世界终于折腾累了
人和物，都在默片中梦游……

这是一个新的默片时代
岂止声音被抹去？
表情，从面容上被抹去
思想，从头脑中被抹去
信念，从故事中被抹去
爱，从生活中被抹去
所有个体的"囚犯"都被数字代替

看不见的雨，下个不停
人和地，裂开无数道枯干的口
日头不升，也不落……
朝霞与黄昏都僵在文字中
不敢跨出来，面对这个秋
面对千万只大张着无声呼喊的伤口

诗人们按照惯性臆想一个"黄昏"
却不知道该用什么颜色和声音来填
充
整个世界充盈着脱口秀的段子
尴尬的"黄昏"挨着饿
熬到夜幕降临，擦去双颊廉价的胭
脂
扯去破旧的"诗意"外袍

素着脸，静待黎明……

10. 2023 拉一拉 2019 的手

这个新年，跳过三个混乱的周期
痴心妄想拉一拉 2019 的手
那只手干干净净
那只手不可思议地、坦然地
张开五指，等待一握
童贞般的纯洁
让此刻，心酸又忿恨

2023 有着兔子的迅疾
也有着兔子的敏感
伸出去的手，五根连着神经的手指
一根戳在铁板上，骨折
一根在手机屏幕上磨平了指纹
一根陷在霉烂的封闭的日子里
一根点燃照亮，却射不透迷雾
还有一根，奔跑一阵，躺平一阵
唯一的领悟是食物胜于爱情

2023，雪山在远处
2023，亲情在远处
2023，发着烧并不觉得冷
2023，咳嗽、气喘，让人关注呼吸
关注生命的转折，关注世界的转折
新年，在各种转折前发抖、迷茫
或者不再回头，举目望山……

郑南川
加拿大魁北克省

作者简介

    加拿大作家、诗人、画家、华文文学评论学者。出版个人诗歌集《堕落的裤裆》《我和"我"的对话》《书里的别墅》《空白的一只鸟》《把心情挂在空气的房子里》《A life Mailed Out》《寄走的人生》和《一只鞋的偶然》（入围2015年美国最大的纽约"独立出版人图书奖）等中英文版本8部。小说、散文、评论集7部。主编加拿大华文文学作品集6部。曾获多项诗歌、散文、小说、评论和绘画专业奖。

1. 下辈子的梦想

用一辈子买的书
做一个棺材
等死后住在里面
一本一本拿下来阅读
等读完，棺材也垮了
下辈子再走出来
重新做一个读书人

2. 我的远方

出了门，我发现
我的远方是街头对面那个
小小的牛肉面馆
肚子让我看到了远方

面馆前站着一个服务员
估计他的远方
是盯着我，看是否注意到
碗里的那几块牛肉

原以为远方是一种
崇高的理想
但眼前想到的是
牛肉面的味道
难道肚子饥饿的选择
是最近的远方么

3. 住在衣服里

我住进了衣服里
说来你都不相信
而且，是一个随身的家

一直被关闭着
我真实的生活是
不需要房子的
可惜我们是人
人就不是动物
就不能看真实的东西
我们是精神的动物
是精神

4. 虚无

人的精神怎么创造虚无
变成骨灰。当然不是
抛进大海。当然也不是
只是看不见了
有一种办法
编一个名词，比如灵魂
这就虚无的宏大了
信不信由你
它比宇宙还丰富

5. 一只苍蝇的自杀

屋里进来了一只苍蝇
全部家人都聚集在厨房
喊叫、扑打无果
十分钟后，它彻底
秘密藏身。第二天一早
发现，它竟然躺在桌面
自杀了。显然
苍蝇明白巨大的牢笼
是无法逃脱的
这是唯一的选择

6. 寺庙里有一个孩子

把寺庙藏在深山林里
让乌鸦、怪鸟们呼喊
庙神张嘴咧牙瞪着你
那孩子说
他想打人吗
点一根蜡烛，放一块硬币
赶快跪下磕头
当匆匆立刻时
悄悄问道
神，笑了吗

7. 一碗米饭的惊吓

那天，一碗米饭下肚后
忽然想到一个严峻的问题
一碗饭里有多少粒米
按谷物计算是多少种子
这些种子会生出多少孩子
孩子将是一个什么数量
又能拯救多少饥饿的人们
而我轻易就把它们吃了
越想越感到悲哀
也越发感到糊涂
后来，吃了安眠药终于睡了
醒来，喝着一碗米粥
才忘了这件事

8. 没有人的地方

我很想到一个没有人的
地方生活
然后有一天

突然遇上一个人
我问，你是一个人吗
他说，你不觉得我是人吗
然后我说
我以为，你是长着
像个人的动物

还有一种选择
把它就当垃圾了，这是
最简单的做法
如同一只被踩死的
蚂蚁

9. 奇怪的想法

我这人有些奇怪的
想法，例如
坚决不住在高楼上面
站在高处看下面的路人
他们统统成了蚂蚁
是否在搬大米也看不清
很有歧视之嫌。再说
如果发生火灾
不做英雄都不行
只能拥篲救火
或者跳楼自救
对生命也太不自重
你觉得我的想法
有道理吗

10.　最后的骨灰

每个人活着都是为了
最后的一把骨灰
这样就终于找到了
自己的归宿
要么留在山顶，有个
永恒的住处
要么洒入大海，留下
宽广的胸怀

风行
美国华盛顿特区

作者简介

　　本名雷俊毅。现居于美国首都大华府地区，MD, PhD 双博士。行医为生，爱好诗词和文学。创作的格律词和自由诗曾被《创世纪》和《诗殿堂》诗杂志和《海外华人诗歌精选》收录，并刊登于多家报纸、网站和微信公众号。

1. 父亲

父亲，静躺在书柜中
光亮的封面
无知的天然滑梯
诱人的墨香
顽皮在角垛中浴沐
龙骨被任性咔嚓折断
悔恨突然没了土地

一层层的蛛网织出忏悔室
泪水把黑暗浇透
湿润的脸颊，打磨
又一幅光亮的封面
烛光中
我在书柜里作秀

2. 俄罗斯套娃

祭祀的祠堂
牌位一个比一个高大
闪动的香烛
燎绕着骑士和战马

风刀霜剑袭来
祭出一层层盔甲
山高路险
翻晒智慧之花

盔甲可以防身
却少了潇洒
该不该传给
下面的娃

3. 故乡

一丝雨
上帝的泪滴
乘着和风
在小城肆意巡礼
萱草花打开喇叭
波纹绣成了接力的圆漪
白云收起了根
流入哥伦布港湾
湾流湍急
雨被稀释地不像自己
月光入水
我变成了一条鱼

4. 数学大师——悼念朋友因病而逝

有人说，世界的本质是数学
自从呱呱坠地
砸出了一个又一个未知函

生命，成为求解的常数
执着，一道道推演
混沌怀孕着 N 元次方程
信念，让不等式齐肩

To be or not to be
方块字解出了这个 N 次元
生活和事业的直角
辛劳成弦
伟大的味道
柴米油盐中显现
平凡的无限大

菲尔茨直呼惊叹

风风雨雨
被豁达和乐观分割成无限小数
上天的无奈
用积极的平方补填
谁说人生是单行道
东方的归纳法
已将它画成完美的圆

注：菲尔茨奖为数字界诺贝尔奖。

5. 重生 ——写于《创世纪》七十年庆

一场梦，半个世纪未醒
路， 早已铺平
轻步惬意行走着
不时浏览路旁美景

古稀青年
快速从身旁超越
甩出的汗珠
痛蜇眼睛

汗与泪量子般纠缠
哈勃望远镜捕捉黑洞微晶
多巴胺和内啡肽
逐次越镜重生

6. 傻子——献给义工

给苍天一双眼睛
寻找世上谁最勤奋

良心的票箱
回响着蜜蜂的嗡嗡声
幼小的身躯
每日跋涉百十公里
奉上甘甜，最好的回应

给苍天一双眼睛
看谁让地球更加美丽动人
良知的焦距
摇晃着微小的身影
无形的红线
每日抛出千万条
结对的花儿分外摩登

风曾按下她的头
雨狂击她的身
高山上的空气稀少
薄薄的翅膀难以支撑
受伤的躯体
还世界以亲吻

百日宴后离去
每一天都是使命
毕生仅酿造三克甘甜
志同道上蜜流滚滚
心中有义，脚下有工
飘泊系上了锚
孤寂断了根
世界变暖、暖得如此温馨

不懂享受生活
总想点亮利他的灯
这是一群傻子
我可爱的家人
天使的翅膀

鼓动着世间春风

7. 赞人文砖基金会

砖，是建筑的基本元素
选材，锻烧
一阶阶走向云梢

人文是文明的符号
发掘，启迪
一步步跨上虹桥

砖块务实，人文务虚
思想的泥浆
软硬件无缝粘合
浪游者，终于摆脱了
无家的煎熬

8. 华盛顿印象

世界最奢侈的品牌
不在巴黎
而在花生屯
全球最先进的榨油枢纽
生产高度防伪的纸巾

从 1600 号宾州大道向东
挤满了天才和神通
削尖的铅笔
描绘永不褪色的雄鹰
鹰的脚下
摆满了可口的点心

最高的金字塔

在层层乌云中降低身段
最强大脑
在宫中玩着哈哈镜
林肯堂前的梦
浮在映水池中的泡沫
山顶的自由女神
被信奉者一条一条撕破衣襟

最昂贵的奢侈品
被名牌的利刀划破
主人被起诉
为何不支付历史的赎金
天窗的彩绘玻璃
在达拉斯的枪声中震碎
树上的鸟儿
不知何去何从

9. 无言的爱

望着高雅的白玉兰
蝶恋花匆匆从宋朝走来
省略号省略不了心底波澜
没有文字可以表白
引号引出巨浪
狂抛连绵不绝的情丝
逗号垂下铁锚
爱的小船请系在心怀

问号送出哑语
能否把连接号打开
冒号竖起高高的门槛
感叹号的长矛磨秃了头骸
夜幕遮掩了芳容
园括号挂出相思的弦月

句号射出无心的炮弹
星号将希望炸成一片片碎屑
删减号的泪珠，一滴一滴
洒在方括号的门外

10.　清风折了翅膀

（在土耳其旅游期间，惊悉国内导师
赵庆夏仙逝。遂作此诗，寄托哀
思。）

横卧在欧亚界碑下的火鸡
清晨，呆呆地
凝视着感恩节菜单
博斯普鲁斯海浪
冲上了奢侈的餐桌面

风追不上地平线
雨，一滴一滴淋湿了苍天
壁炉炙烤着每根神经
冰，冻结了语言

记忆散作满天的星光
北斗的匙把已折断
时针为明月拉上厚厚的帷幕
白昼被黑夜蒙上了眼

清风用骨做桅杆
船体穿梭在量子纠缠
AI 潜入了导航
驶向柏拉图的彼岸

杨伟东
加拿大多伦多

作者简介

　　笔名：伟东，男，武汉人，侨居加拿大多年。虔诚的诗创攀登者。

　　原创诗歌文学社 创立者、社长、总编。

1. 以草木的名义

药圣 李时珍
明朝 湖北蕲春人
踏遍 青山碧水
大无畏 以身试险

亲口尝食本草
忘我探寻中药
治病救人 著书立说
一部《本草纲目》
以草木的名义
赫然出世 润泽人间

人 草木一生
草木益助草木 岁岁年年

2. 无题

后知后觉
难免 被
先知先觉
嘲笑

人类先进的"望远镜"
收到的光亮 可能是
数百万光年之前
某恒星坍塌之光暴

人类 无一例外
妥妥地 后知后觉

哪怕 由某群人
在羊皮上 杜撰出

超然的"神"迸发了
"宇宙大爆炸"

仿佛 比 先知先觉
还要 先知先觉
不然的话 如何杜撰？

3. 飘之遐想

风 飘过了云
云 飘过了雨
雨 飘过了土地

风筝 线牵自由翻飞
飞艇 受控随意翱翔
帆船 顺应风势漂逸

浮萍 不用潜水 随波逐流
蒲公英飞絮 天知道落到哪里
飘浮物 轨迹不定 终归地心引力

孙悟空超强 跳不出 如来佛的手心
思绪万千 乘天马 驰骋无垠 向灵犀
天籁之音 空灵 飘入知音难觅？！

漫天雪片 飘洒无际 腊梅迎春
春花吐蕊 蜂蝶飞舞 花粉四溢
荷塘月色 蝉鸣奏曲 蛙声连绵
秋色斑斓 麦浪滚滚 丰收在即

青苔观看瀑布 水长流深 磐石屹立
善心之火不灭 总有一面瑞旗飘起

4. 碎语

午后的阳光
透过阴天般的云层
投射到地面
留下不太鲜明的阴影
无风 闲谈人世间的光怪陆离

前草坪 花坛中
几株薄荷 茁壮成长
掐取了 小撮嫩叶
含在嘴里 咀嚼
一股清流 闪遍脑际
耳鸣 好像有点泄气
DeepSeek 说
薄荷 可 疏散风热 提神醒脑

5. 看破红尘

活着
最为重要

谁活得长久
老子
《道德经》
万世流芳

6. 无题

西北风
一阵阵 狂飙
尽管 已经立夏
可 阳光是和煦的
多伦多的春色才到

加拿大雁 并不孤单

成双成对 溜达在草地上
我们 也不孤单 散步欣赏着
高天的云 好像 被风吹成流线型
仿佛 在宏大的蔚蓝色图板上作画

无瑕去理 "不靠谱"
无瑕去理 "大嘴巴"
至于 反击侵战及其绥靖
和平正义力量 总归 当仁不让

7. 味道

相片 流淌着岁月

天真 有天真的味道
沧桑 有沧桑的味道
青春 有青春的味道
暮年 有暮年的味道

相由心生
时光 串起温暖难忘的味道

8. 无题

人类文明 演进
底层逻辑 托起

譬如
区别于丛林法则
文明法则之要 人道主义

再譬如
市场（经贸）之根
交流交易 互通有无 互利互惠

再譬如
和谐共生 尊重规律

若 人为扭曲 违反之
则 事与愿违 犹如 抽刀断水

9. 无题

六小时
一觉睡醒
久违了
恭喜

喝纯正矿泉水
味觉恢复甜
不算久违
也恭喜

常识体感
堪比名医

10. 人间例外？

天降大任 于
冰山 冰原 冰川
与天气 呼应
绘出 湿地 溪流
由高向低
汇集成川 汇集成河

无论 漩涡交缠
无论 暗流涌动
无论 激流险滩
大势磅礴 大浪淘沙

一路向海

重力使然
规律使然
自然而然

人间例外？

木兰宏斌
美国加州

作者简介

孙宏斌（笔名：木兰宏斌、宏斌）早年求学于加拿大，后在美国从事工程师职业，现居住加州圣地亚哥市。近年来转向文学创作，尤以诗歌与戏剧为主要表达方式。热爱艺术，常在诗、画、音乐之间徜徉，追求心灵感受与哲学思考的深度与广度。力求以平实自然的语言承载深情的内在世界，传达细腻的人文情怀与审美体验。作品曾发表于多个诗刊与文学平台。

1. 瞬间永恒

穿梭於
人群，街道，树林 和
光线的错落中

定格，脱离开时光的束缚
抢夺下瞬间之永恒

林林总总
广角的视野里穿插着偶遇
和
不加修饰的神情
站在别人看不到的角度
焦距落款在光的语汇里 倾诉
非凡或是微小的特写

啊！这番心情 只需
回眸 或是
一个露齿的微笑，治愈。

2. 尘游

尘埃停止飞舞
我回来了

家，依旧是空空荡荡

我已决定
喝茶，静坐，伺候花草
日子，不再被翻页。

余光里，
只有两鬓熬不过记忆的梳理

一丝一丝，沾染上泛灰的银白色

朋友啊，容我放下空了的茶杯，
再将我的喜乐
挂在落霞的背后 然后
转过身
回望中送出最后的祝福：
就此别过
请留步，不送。

3. 红玫瑰

羞涩，没有裹住开放 且
等一场淋漓的温存 在
不眠的眼中摇曳

披上红色
美妙降生出明亮的晶莹
骄傲，曙光中绽放

褪去明艳
当风和月亮凉透的时候
一辦一辦
落尽枯萎的寓意 浪漫，
留下不曾弯曲过的风骨 在
淅淅沥沥的絮语里
与
一片落叶
亲吻秋寒……

4. 静物画

没有花香。
尘埃，落在鲜艳的羽毛上

墙上挂着鸟的遗像

画家，割去了耳朵
把世界变成一盘静物
却让星星
陀螺一般疯狂地旋转！

5. 消失的色彩

在夏天的阳光里
用秋天的眼睛告别

追逐着被鸟儿唤醒的太阳
人们吃饭、入眠，然后
怀拥不尽相同的欲念做爱

那个在草地上躺着的破草帽
在影子的返照里
顶着灰色的焦虑 还有
赶不走的失眠
将星星含在眼里
念叨着：

当我活着的时候，
不敢让这颗心爱上飞舞的春天！

一声轰鸣
月光被驱赶的无影无踪
地表上，开始坍塌各种尝试
灰尘的海洋筑起弯曲的波浪

啊，熵增
再次突破了极限
一瞬间

时间吞噬掉伤口全部的颜色

疼痛，无处流浪
以往失去了归宿！

6. 弯曲的孤独

雨后的天空拱起两边向下
但，永不相逢的弯曲

晃动 紫色的诱惑
面对云朵，喝下一腔痴迷
眼里闪动星子的冷辉

那颗被风遗忘的松果
在这条歪歪扭扭的小路上
风干着失爱的褐斑

于是，夜的来临
让周围充满了期待
秘密，在合拢的眼里
相逢一切隐藏的可能……

断墙上，夜莺停止歌唱
没有被蜜蜂发现的那株玫瑰 在
落叶未及覆盖的角落里
依旧
默默的盛开！

7. 时光

寂静炖着锅里的虚幻
青菜在漂浮

我们住的屋子
一根点燃的蚊香，
一根蜡烛
还有，一盆清水。

蚊子仍在飞 但
已张不开嗜血的嘴
现在我们暂时安全 做一个
听不到喘息的梦

我把心捧在手里， 盯着看
一匹灰色的马
夹在缝隙之间
在黑白交替的两极
卧倒、起立
循环来来去去的残意

已经成冰的标本
停止挣扎
不曾留下一句叮咛
寒意封住了未死的执念

此刻正在翻滚的水 沿着
圆体的环壁旋转
时间失去方向 徐徐
繁絮如花
满山遍野

雪
落尽……

8. 钟声里的乞讨

布谷鸟，对着夏天的太阳

吐出一颗种子
要去远行的蒲公英
撑开了伞

午后，炊烟托起一簇乳白
地上的蚂蚁、还有花
追逐着云朵
把残骸留给 夕阳

此时，教堂的钟声响起
但，无人结婚
空荡荡的长椅上
一本没有翻开的书
落满灰尘

主啊！ 你，
你是不是听到了？
听到——
阶梯下，孩子们在钟声里乞讨！

9. 不堪之轻

收起晒了一整天的衬衣
不知道明天会不会下雨？ 此刻
划一根火柴点燃晚霞

在化身为泥土之前 叶子
扯着树干的牵挂，荡来荡去
月牙露出闪着寒光的牙齿
周遭开始变得冰冷

这时，
即使奏起最低柔的音乐
疲惫的丝弦也不堪弹拨

存在， 像玻璃一般脆薄
合上眼
便能穿透生死的界限
止息，吐出失去温度的游离
……. ……

终于。灰色的雾霭散去
这时候不用穿鞋，也
不必携带任何的行李
踏上一片白鹤般的青云 赤足
向你飞去。

10.　预言

山顶上的那棵树剪碎了月光
打更的老人拾起昨夜死去的蚂蚱
叹出一口气……

昨夜，洞穴墙壁上的倒影
站立起来 又
匍匐下去

一颗彗星 从星尘密集的缝隙里
打印出一条长长的信息

指着天空，那个长不大的孩子
自言自语 悄悄
说出一个日子——
归期！

李伟仁
马来西槟城桥治

作者简介

来自槟城桥治市，祖籍广东开平，1984 年出生，2009 年马来西亚北方大学毕业。文学比赛多次获奖，目前为自由撰稿人。作品以笔名被刊登于新加坡、中国、泰国和菲律宾。散文、闪小说和古诗，通过世界华人女作家微型小说选、马来西亚雪隆暨妇女组、马中建交 50 周年纪念刊、马华作协、新加坡热带文学和澳门小说快报集结成书发行，并收录在中国太仓凌鼎年文学馆、澳门图书馆及马来西亚各大华文小学珍藏。2024 年底开始创写新诗，发布诗篇累积 80 首。

1. 秋晨写菊

祭父菊
黄花开灿
墓庄园
静思写菊
寄意出
思念的心
在枫未红的秋晨
心凝结出雾凇的寒意
待淡菊都描好
牵挂压抑过的心神
释放在秋枫美景下
凉风催不走
落叶的凄凉
回忆的印象
雨泣萧瑟中

2. 入定

空中入定了尘埃
尘埃入定了隙缝
隙缝在墙角裂开
灯火入定了酒家
杯酒入定了人生
隐约映射出光浅
灯火光霾隙缝
杯酒觥饮人生
尘埃入定空中
光浅之间破灭

3. 保温瓶

母亲的灵魂住进了我体内

忽而感受保温瓶内的暖流
符合了肌肤的温度
这是孕期的某天
突如其来的感悟
母亲生了我
我却复刻出她的言行和模样
各种兴趣的模仿和栽培
胎生跟母体相连的自己
好像又诞出另一个自己
有了一片新天地
悄悄适应着把保温瓶定型
孕水供应了温床
让充裕的血液
靠染色体分裂
胚胎形成婴
这完好的保护层
吸收了母亲的灵感
又复刻出母亲的神韵
幼儿将形成了
另一个我母体和我母亲的综合
再带点自己的衍生

4. 寒露

搭上浪漫的嵯峨野小火车
才悟觉保津川的急流
还不如留恋人间的地狱花浪荡
当了解曼珠沙华背后的刹红艳绝
正是绽放在初秋的岚山
白金青池的落叶松
挺直萧条的身躯
停泊在蓝色湖畔中
对着上天申诉
那些不可告人的恋曲

镜面的倒影虽是人生的照镜
姑且有后树林撑腰
只为中秋泛滥过绿黄红尘
东京大学的并木
霜慢慢下的晚秋
一点一点开始冰凉
渐渐凝固了指根指头
手心忘了穿上暖护套
甚至连自己
也渐渐忘了磐互红尘
艳羡惊鸿媚色的彼岸花多狂
那被谁缠绵过的情丝
仿佛寒靴下的银杏叶残存被践踏过
的足迹
嫣然发生在不愿沉思的追忆

5. 梦绕西窗

一曲琵琶奏出凄美的怨
战国炮火连连
苦让诗咏不成篇
梦绕西窗前
大红寒袍裹着
雪山盟约
恨不得嫁之彻
把情愫篆刻竹书
递交奔马邮差
赴送千里爱
此生确凿
活在有憾有悔的国度
托付无怨无悔的初衷
阎浮众生
只待战火平息
眷侣归来

把凤冠掀开
让生命连理进迈
再齐咏一生欢爱

6. 重阳登高我意外看到一株狗尾草

当秋雨唤醒沉睡的草
微微芒毛和细刺在一株狗尾摆弄着
的斜丘
当一碰到细刺的瘙痒
那种儿时无忌穿上拖鞋山野玩乐
似曾像细刺擦足而过在心间数百回
有种失而复得莫名感动与难受
这些细刺在微血管增生的芒毛
在去向不明的登高惘然甩开了狗尾

7. 独钓空濛

轻舟
划过层层幻象
无题
任诗漂流
拨开
迷人的烟雾
若即若离
忽然迷失方向
在真我的意境中
独钓
内心时而空濛
缓缓
流淌着真实岁月间
融洽含糊过的情真
凭思生梦

仿佛正当寒烟翠邂逅秋波的一瞬
回神时
面对白雾星空
浅浅淡淡的云烟
滑过不被皱褶的情感
夕雾里永远都看不清人性的细湾
只愿此舟从本无平渡到人心的彼岸

8. 自由飞翔

你是风云我世界的雄鹰
那些被你带着翱翔过的天空
自由　奔放　浪漫　不羁
在一片你不为谁逗留过的树林
你停留在我的林中
片刻　短暂　惊心　动魄
自由是一种向往与标签
情感的约束是负担和枷锁
世界却是你更广阔逐梦的天空
只有割舍掉我对你的枷锁
你才能做自由飞翔的自己
深夜　有梦　无梦　有你
爱像山意　情如海深
你是　那个　我的　前生
我是　今生　你的　谁人

9. 子非鱼

每当阅到美丽的诗句
双瞳呈现水灵光
嘴嘟嘟般若朗诵着美不胜收的诗篇
那是岁月年华的沉淀
自形衍生沉稳了鱼缸
任由爱诗小众欣赏精华

珊瑚般的情诗七彩动听
海藻似古诗屹立微漾
海葵如花词静美水中
慕名者纷纷而至
久而久之
我成了懂得写诗的鱼
灵光一闪就如来跃水
特别喜欢静态中
忘了昼夜
独乐砌字游牧诗句
终日期盼多一鱼泳来
两唇波波齿动对对的雅兴
欢至生活鱻鱻鱻鱻
子非鱼，焉知鱼之乐

10.　听海

我抛下一壶酒敬海
海龙翻腾，掀起波涛
勿须问也勿须答
龙卷珊瑚石沙贝类鱼飞
待平复后我依然耳鸣
试图寻回那一丝属于海浪的声音

陈华美
新加坡

作者简介

江苏盐城人，旅居新加坡。中国诗歌学会会员、江苏省作协会员、香港诗人联盟理事、《香港诗人》报编委。著有诗集《月亮河》《岁月有痕》。

1. 旅途

缓缓驶动的列车，是
躯体的一部分
从日出到黄昏

鲜花与掌声粉饰岁月
云烟过后只是逐渐暗淡的灯
天上的星星清点着我们

斑马线弯曲着风雨
弯曲着奔跑着的
一个个你我

石头从不说孤独
行囊里有那么多的月亮

只是多年以后
落叶终将抵达故乡
父亲说过，他只听懂方言

方寸土地
替我们收获着
人间冷暖

2. 在秋天

更多的幸福被落叶拾起
果子低垂天空

密不透风的墙壁
有一丝光亮
彼此的牵挂
忘却留守

生命如此单薄
一个微笑就能添一件衣服
十字巷
比往年又少了
几个熟悉的乡音

城市在夜风中
自言自语
几滴雨水悬挂着
始终没能落下来

3. 雪落满身

雪不会拐弯
如同它对这个世间的爱

雪把鸟鸣遮掩在鸟巢
把春天还给田野

深秋的夜里
想起一个人
也会常常不由自主的下一场花瓣雨
这份缠绵的飘零更像是一场雪

又到十二月了
流浪在异乡的街头
细碎的月光披在身上
听说，家里下雪了
于是落在母亲身上的雪
也下了我一夜

4. 春天的故事

琴弦在河面努力降低音调

不去惊扰了风
风，会传递秘密

关于爱
天空里有最好的证词
一朵花从没被淡忘过

翻山越岭，蝴蝶
从一场雪中赶来
一盏灯越烧越旺
叶子，悄悄地蒙上了眼

一个人的名字也又一次
在键盘上
与田埂
一起拔节

5. 听海

里面有一生的承诺
这里的颜色是没有黑色的
衣角走过的风浪花淘尽
奇迹于平淡中见证

一座岛屿触碰的帆
在一页纸上犁出航线
十指扣闪着金光
眼睛滑过的草叶
覆盖伤痕

湛蓝的故事深不见底
一尾鱼满世界张望
发光的鳞片喊出星星
堤岸的枝头，不断清空

离别的驿站

而一个人是另一个人
无法唱完的歌

6. 雪

久违的花朵
所有的语言都在飘洒之间

游走在现实与梦幻之中
嘀嗒的雨声从未显身

阳光是父亲
也是带走她的最后一位情人

屋檐，瓦砾，高过天空的枝条
有雪遗失的影子
更有用炊烟与鸟鸣
截获的中年

雪，是唯一把旅途当归途
并不论悲喜

7. 瓦上霜

这些距月亮最薄的相依
是候鸟滑过夜的痕迹
还是人间反馈的盐份
这么多年，我一直在猜测

它种下的每一片瓦
都是缝补老屋的布丁
更像忠诚的卫士

它们懂得经过的悲喜
与留下的秘密

与星星对话
努力把体温逼近一场雪
瓦砾上毛茸茸的卑微，紧握
不远处田埂上的麦子

8. 雪的款待

用一场白覆盖一场更大的白
用阳光收纳春天的最后一场雨

草原因此有了苍茫
群山因此有了辽阔
牛羊的眼底，也多了
对草儿的一份敬意

游走的石籽只要面对雪
就从不会提及孤独

梨花、芦花、蒲公英
这些朴素的事物
都会适时以雪的另一种方式
在人间绽放

雪与雪
擦亮一团火
它们与堤岸没有界限

无限接近的抵达
是彼此的信任与
诺言

9. 秋月

远方拨动的音符
倾泻一棵树

河流，山川，草儿与月色
融为一体
指尖有多少绵柔
天空就有多少片雪花

每一片雪花与星星相似
星星里有承诺与你留下的童话
黑白琴键里有隐形的世界
你每一次扬起手臂

都会在虚实之间
叩响，另一个人的梦
都会覆盖着
另一场雪

只是那时跌碎的月光横卧掌心
是至今拨不了的一根刺

10.　掌纹

这是一个人的山河
也是一个人的命脉

在现实与梦幻中切换
连绵的心跳，有时会
控制不住野心
握住的黑与白
跟一枚果实学会沉默

放飞天空，抱紧自己
秋天和冬天其实只是
一个过程

水木清华
加拿大卑诗省

作者简介

浙江慈溪人，生长在泉城济南。材料科学博士，曾执教于国内两所大学；现定居温哥华，加拿大公校物理教师。因深受祖母和父亲的影响，从小热爱诗词歌赋。文字散见于海内外多家网刊纸刊以及诗集。本着"真情流露，不事权贵，精益求精"的原则，以笔写心声，凭文书胸臆。愿此生陶然世外，与诗友们结伴，诗赋远方。

1. 樱花季

就这样悄悄地来了
仿佛只一个转身
樱雪纷飞落裙裾
作三月末乍暖的微笑

春风携着绵绵的手
抚摸前年的梦魇 和去年
丢失的棉手套
它们还在那里吗
那年那夜 拥抱枯冷墓草

地球无知无觉地旋转着
又到该放风筝的时节 操场上
红的 绿的奔跑跳跃
黑的 花的小狗儿追着叫
把心系上吧 放飞云霄

夕光里
斟一杯明前青绿
看雨丝飘落的纯净
听星星的夜话悄悄

总有一丝不明所以的泪花儿
一时间 涌上眼角
让清明默默地
合掌 期许 祷告

樱花落了

2. 想念一场大雪

终于到了零下

终于到了冻死苍蝇的程度
压低的诡云
压弯的腰
胸腔里艰难郁出的气

好渴望一场畅快淋漓的大雨
如绽飞的泪 呼号
在冰寒中 冷凝成肆无忌惮的
霜风如箭 雪花如席

飞越啊飞越 自由
六出晶莹的铺落
覆盖呲呀咧嘴的种种
好想念一场洁白的大雪
掩埋 淤黑的痛

想念这样一场大雪
想念新春彻骨的钟鸣

3. 想留住风

凌晨五点 方寸荧屏空对
无语 泪泫然

又是一个周末
多想捉住你的影子 在风起时

留不住的轻柔 湿漉漉的云
埋入 空空张开的怀抱
温暖无着处

没有实体的爱
在反物质中碰撞湮灭 *
能量 这思念长出看不见的翅膀

双倍释放

咖啡馆里砣砣的音乐
敲碎了冰 蓝调寂寞
浓浓的 expresso
在口腔中混合苦涩

其实是失去的太突然
才让回忆加倍的浓烈 被悔恨吞没

芸芸众生 熙攘
日月倥偬 流浪
留声机里声嘶力竭的唱
红舞鞋在村上的笔下旋转
舞 舞 舞 想留住风 - 终是虚空

放下吧
只有那根植入灵魂的爱
在肉体湮灭后 垂拱 永恒

* 物理术语: 物质吸引反物质, 碰撞后形体消失, 释放双倍的嘎吗射线能量。

4. 轻轻的

轻轻的 无声滑落
怕泪水惊扰
您冉冉上升的翅

轻轻的对他 说一声 "节哀"
怕指尖的一滴莽撞
把大坝决开

眼眸的一潭 看不到底
不敢直视 怕思念
在幽深的巷子里走失

就这样寻寻觅觅
静静地嗅着过往
抱住 命中注定的丝丝缕缕

春风微微过 雪花悄悄落
一年又一年
大大小小 在没有您的日子里
画满圆

蒲公英 望远镜 大麦圈
终于要打开一扇窗
让新年进来
像山楂树下的那些音符
柔和舒缓

5. 雨

淅淅沥沥
好像醒不过来的
夏天 嗅不到的气息

苗已高 阳光迟迟
鼻涕虫的欢叫
在无声的世界里
我的苦恼是 敢不敢用农药

霉菌长满的一块面包
这是未来人类的食物
不吃 饿死
吃下去 病痛无休止

凄凄厉厉 浸透淹杀
"精英"的嘴一张一合
鼻涕虫欢笑着登上餐桌
DEI * 温湿的滴着口水

"看你们能把我怎么着"

我转过身 眸底浑浊

* DEI diversity, equality, inclusive

6. 涟漪

在阳光下浸润两天 充电
沉寂在宁静的小屋
春天蠕动着爬上窗
怯生生地

阳光嘹亮了大雁的声线
幽幽一如鹿湖的波
丝滑地漾开 微笑 看

意大利的音乐家 唱着忧郁 划着船
他唱那年被枪杀的警察
和他心底的怀念 音符曳着悠远
湖面跳动 灵光澹澹

鸬鹚 站在小渚上观望
四维枝蔓仍是枯褐的死
围栏 随波游疑
远处是高楼
近处是苍山

大地含泪的眸 睁开
用一群雁的呼啸
策动枯死的心
任涟漪 圈圈柔软

再画 一个春天

7. 四月老了

当我再一次想给你唱首歌的时候
四月 你已经老了
老得白发飘雪
老得再也听不见

像我的父亲母亲
蝶灰飘渺

我还在执着地寻找
寻找每一丝曾经的欢笑

在房头 在屋角
在百合开满的山谷里
在白花覆盖的山楂树上

菲沙河水静静地潺湲
你的歌声依依 柔波荡漾

8. 灰霾下的希冀

冰雪覆盖了田野
散落的坟茔招摇几丝记忆
塑料大棚一排排闪过
车窗 留不住眼泪 和叹息

爆竹和烟花照样升起
噼里啪啦 疼痛 打在心底
是一声声祷告 寄托在梦里

灰霾八千里
卷压着每一寸呼吸
老师、 学生、 工人、 农民
自由职业者、 出租车司机
每一声轻叹 都诉说
无法面对的颤慄

烂在棚里的白菜
"八分一斤买了吧， 好着呢"
干瘦的黑土地 佝偻着身子
满眼诚恳的期冀

2024 轻身而至 阒无声息
礼炮在远处炸响
四爷四娘喃喃自语：
比起恁小时候
这已经是做梦也做不到好日子
有得喝 有得吃 知足呢

9. 告别泉城

回来看您
匆匆地 难流连
趵突泉的水雾 琵琶桥下的清波
还有千佛山

明湖霜雪还在在梦里
颤步玉鼎 回望去年

去年的今天是嚎啕无助的恸

今年的今天是冰冻千丈的寒
落在松影林间的不是泪雨
是抚摸拥抱您的一双棉手套
是哽咽的追思 和一句迟到的"再
见"

跪住 零下 20 度的严寒
喜鹊穿梭 忙碌着墓园
"仁慈的耶稣" - 音乐 赐阳光跳跃
斑驳流连岁月 让记忆安眠

今天是圣诞

铁骨的稼轩 柔韧的易安
江南的绿水 江北的苍山
回首不见爹与娘 唯看掌心
燕山大雪融一片

10.　把疼痛放进空气里

把疼痛放进空气里
用风稀释
若有若无的漂流
在白云上栖息

东风粉红 南风荫绿
滑过天空的雾
是划过心的丝丝缕缕
月色在深夜凝聚

刀片嗓 粗糙的呼吸
无力的眼神 捂住嘴的泣
还有面前那张白纸
在公证处折成纸鸢

摇摇晃晃地向海那边飘去

把疼痛放进空气里
每一份痛释放一个水分子
让每一个分子都化成氧气
在梦中帮助逃逸

紫色的应是薰衣草花田
摇曳一曲曲宏大的叙事
夜里的珠泪也必随阳光起舞
把刺痛的寒夜与今日剥离

阿门 愿大海没有记忆

积民
澳大利亚

作者简介

网名青竹斋主，本名陈积民，客居澳大利亚，出版诗集多部，如：《异乡的月色》《大道无言》《野狼追月》《陈积民短诗选》（双语）《积民微诗选》（双语）《微吟·五季》（合集）等，曾任报刊主编多年，现为澳大利亚酒井园诗社副社长、国际福林诗社副总编、海南诗社名誉常务理事、国际当代华文诗歌研究会副会长兼执行秘书长、副总编。

1. 画雨

在炎热的夏季
我专心描绘一滴雨
天边的星星还在
寻不见少不更事的语句

心的沙滩荒乱无序
皮肤默默呈现盐的隐喻
毒辣太阳熔化许多日子
慢慢平复患得患失的涟漪

尽情燃烧吧　无需畏惧
何必辜负夏的殷殷寄语
时光都无法挽留花开花落
没有谁打算活着离去

那些感叹号已不在意
徒留刻骨铭心沉淀心底
我提着岁月的画笔
静静画一颗雨滴

2. 因为有雨

檐滴泄露水的秘密
在雨的领地

那些潮湿的词语
在风中找不到边际

红尘往事如烟升起
仿佛华丽的天衣

好多枯萎默默褪去

好多水汽催发新绿

律动活跃的步履
凌乱青春的长堤

姹紫嫣红的情意
写满温馨的记忆

因为有雨
岁月溅起了涟漪

3. 结痂的殇痛

倭寇凶残的屠刀铁蹄
令百万伪军言不由衷

鸦片随坚船利炮恣意劫掠
病态的身躯躺倒在烟枪中

再也回不去的贝加尔湖
苏武忠贞的内心千里冰封

草原几千年不绝的兵锋
王朝不断挤脓苦练内功

屈原悲投汨罗的绝望
两千多年了还在红肿

被钉在十字架上的负重
为解救世人替罪责躬

菩提树下的经年苦修
瘦弱之躯打开无妄瞳孔

结痂的殇痛
可否撑起自强大爱的天空

4. 洗礼

一颗天择的顽石从天而降
在海洋深宫中反复酝酿
经过无数次的改变和适应
不再与猛兽为伍而挺直脊梁

被恩宠的天光照耀孕育
荣幸的走出生命莽莽荒塬
文明的圣水擦亮蒙昧的时空
天人合一的旗帜逐渐高扬

野蛮却常常与愚昧合谋
丛林巨手勒令秩序退场
膨胀的自我无限放大于虚空
井底潜伏着深不可测的欲望

冥顽不化唯我独尊的山岗
勃长草黄木枯的挣扎绝望
何时雨水能够落地生根
拯救顽劣内心的贫瘠彷徨

重新拾回否定自我的勇气
让大海涤荡蒙垢的灵魂
让生命注入神性归还万有
生死无凭的绝境回归从容安详

5. 鼓浪屿

我站在日光岩之上
尝试穿透岁月的阻挡

理清过去未来的彷徨
倾听琴音和鸣的波浪

弯曲的石板路迷醉花的芬芳
不愿离去的春光张开翅膀
夜幕携带满天星光
为鼓浪屿撑起浪漫的罗帐

漫山遍野的岩石注解苍茫
遮天蔽日的榕树演绎茁壮
中空的鼓浪石见证潮落潮涨
历史的烟云能否消除隔阂的屏障

延平挺身拒倭狼
柱天巨石成天嶂
小洞天仗剑远望
五色蛮旗海茫茫

有约的江山抹不平惊涛骇浪
闽南语兄弟能否找到回家的方向
厦门金门门对门对门相望
东海南海海连海连海情长

6. 天上

我站在清明的瞬间
串联起无数的从前
凝视小草含露的叶尖
仔细寻找通天的路径

匆匆行人在欲断魂的路边
遗落一地故土的惦念
纷纷雨滴洒落崇山峻岭
远去的日子寻不见背影

杏花村的酒旗飘扬流年
辛辣的乡愁等待引领
天真的牧童不识霜鬓
遥指无忧无虑的明天

蓬勃的野草在古道蔓延
诠释枯荣更替的生命
若隐若现的窄门隐身幻境
菩提树徘徊着无尘的思辨

让烛光洞照心底的晴明
让香火通达天地神境
绵延的纽带传承在阴阳之间
时间尽头围绕着慈爱的祖先

青山一处绿水一渊
绚烂一季精彩一笺
原来绝美的天上妙境
竟然就是幸福人间

7. 故乡的浪花

我在博鳌的海边伫立
满头霜发直指天际
头顶的光线穿越岁月的长堤
抵近语言无法到达的极地

到底大海有多大永远有多远
呼啸的海风似乎听懂了我的语意
飘忽的渔船仿佛是神的预言或隐喻
海鸥洁白的翅膀扇动我深长的回忆

让孤独与无穷尽的浪花互相撞击
生活的感伤在绵绵的涛声中漂洗

驱散心间所有的无奈和忧虑
在霞光的抚摸里回到内心的静谧

在隐约的礁石间跌宕阴影与希冀
引领灵魂的脉动走出平仄的旋律
用母语构筑安身立命的高地
用外语拓展背井离乡的雄奇

8. 雪语

上天的精灵
以轻盈飘逸的身影
穿越三界闪电
来到喧嚣的凡间

惊见欲望的狂云簇拥于天地之间
阳光早已经远离他们空虚的内心
绝望的精神谷底挤满失神的眼睛
尘埃里不断传来灵魂低泣的声音

被寒风持续阅读的蛹茧
竟然是旷野里最有动感的亮点
仿佛在等待时机与小草一同苏醒
即便飒意萧萧孤寂空灵

唯有以漫天羽毛为慈悲抒情
以凝固江河的方式逼退烈焰
为复杂多欲的尘世删繁就简
盼望为众生留下洁白的瞬间

以温柔的晶莹擦拭飞升的路径
在万籁俱寂中抵达悠远神境
如宏大的哈达祝福所有的生灵
报以一朵朵盛开的洁净雪莲

9. 一路同行

爱恩斯坦说
宇宙最不可理解之处
是它是可理解的

地球并非唯一的宠儿
宇宙都在相互拉扯
自以为浩瀚的银河
不过是虚空一个角落

灌下这瓶烈火
我们不再犹豫蹉跎
任凭千年雪瓣儿飘落
恣意徜徉情感的长河

一起抚摸荡漾的碧波
一起挽留日出月落
一起丈量田野阡陌
一起晕开人间烟火

不必在意那些坎坎坷坷
生命只是短暂绚烂的云朵
早已经被量子纠缠定格
何必纠结瞬间的起起落落

10.　乘愿的水滴

南半球正在倒春寒
料峭寒意吹拂霜发
仿佛在叙说纵横捭阖
断舍离不过瞬间起落

许多绿叶化作枯黄背影

无处寻觅刻骨的乡关
丛林的尽头是遍野血腥
回首不见辉煌的延续

北半球在吹响秋的号角
一场攻防正在狂欢
阴晴黑白模糊不清
无人打捞孤独的沉船

长天不需要尖声戾气
大地不需要唧唧哝哝
无力自我审视和互察
终会抽去强健的体质

我站在岁月的风口
手捧乘愿的水滴
逐渐走向非我的路径
重新转向赤诚本我

安非奇
加拿大卡尔加里

作者简介

　　加籍华人。诗词爱好者。作品发表于《诗殿堂》、《新大陆》、《国际日报》、《微型诗选刊》纸媒和其他网络平台。诗作被收录于华诗会诗丛《世界华人爱情诗歌选》，《世界华语乡愁诗精选》。

1. 散步

你喜欢一个人散步
不管天气如何
你会与碰见的每一个人点头微笑
你会记住每一条街道
每一颗树
每一只小鸟

你在和云亲吻的湖面上行走
你的心底长出许许多多
像云一样盛开的花朵
风必将花瓣吹散又聚拢
它是一艘白色小舟
你安坐其中

2. 多余的人

一双手
藏不住永恒
一千颗心
找寻冬天的灵魂
一片片卷曲的舌头
在烧焦的土地上活了下来
一群可有可无的人告诫我们
船舱已满 包袱留下
——谁是多余的人
——谁就躺在白色的泡沫之上

3. 另一个夜晚

当山张开了嘴
河流停在那里哭泣
树用最快的速度抱在一起

消失令所有生物恐惧
在天还没有转黑时
那些让人无法直视
金属般耀眼的光泽
卷走沉默
留下苏醒的岩石
它们将永远占据
阴影和死亡

4. 树

树在月光下交谈
用银色的语言
树在阳光下交谈
用金色的语言

我们就像树
各自站立，从不拥抱
我们把根留给大地
把灵魂藏在身躯里

我们这些树
在春天发芽，秋天凋零
默默遵从四季
和命运的轨迹

我们这些孤独的人
与树一样
在寂寞中相对
却在沉默里发出希望的芽

5. 冥想

你赋予我神力

我重铸时间的刀
在陌生的宇宙中
建构一个神秘的国度
当一种象形文字
真实而准确定义自由
并允许它
以不超越人的意志
存在
我就会沉沉睡去
在你广袤的怀里

6. 短暂的秘密

他一直端坐云端
被咒语纷纷缠绕

他无法闭眼 人群如此喧嚣
他张开手
布满弹孔的心正噗通噗通在跳

一个人
一颗心
一枚在风中被吹响的竹笛

不要试图用语言
说出这些短暂的秘密

他有一张用符号拼凑的脸
他会留下陌生的号码

7. 月下思念

一个人从月亮走出来
一群人从月亮走出来

他们在河对岸停驻
他们在树林边看着我
他们没有影子
他们和风
一样遥远

他们看着我
我就从此不再
不再想起过去
在他们殷殷的目光中
我感到温暖和舒缓的节奏
在我身后
另一个我
把我紧紧拥抱

8. 我们如此接近美的事物

仿佛总有这样的时刻
在一瞬之间
一种温柔
一股暖意
一阵微风
将我们包裹

仿佛总有这样一个人
在不经意间
一首歌
一句话
一根烟
他就缓慢出现

仿佛总有这样一段故事
在书页间
一个布景

一场相遇
一段被引用的话
旧日情怀隐隐弥漫

我们如此接近美的事物
因为我们如此幸运
不能在通往天堂的路上
选择永远的遗忘

9. 你途经的地方

走在我前面的人
再也没有回头
停在树上的黑色小鸟
等了一个世纪那么长
现在他开始扑棱翅膀
虽然他没有告诉我
要去什么地方
但我虔诚地为他祈祷

假如我在黑暗中不去思考
就无法仰望夜空 窥探星星微笑
假如暴雨来临我因为害怕躲在屋内
干燥的风不会吹醒我昏聩的头脑
假如我在天亮时不能睁开眼睛
我就会错过露水 清霜和你凝望我的
那一秒

假如你途径的地方 河流改变方向
潮起潮落的思念就会把我击倒

10.　符号

我们试图表达

并以各种方式呈现
但最后
我们只感到
精疲力竭
忧心忡忡
我们极力寻找
某种浅淡的踪影
那些在梦中出现过的
符号像烟花般绽放
它有神秘之手
它轻抚痛苦的灵魂

思乡
美国波士顿

作者简介

　　思乡，本名王彦芝。欧洲华文诗歌会加盟会员、华人诗学会会员。原创作品散见于《诗歌月刊》《诗刊》《人民日报》《青海湖》美国《新大陆》《诗殿堂》等各种国内外报刊杂志和网络平台。出版个人诗集《蒲公英》。

　　诗观：用文字抒写灵魂，用诗意点缀人生。

1. 窗

她推开窗棂，风抢先涌入
鸟鸣衔着晨光落进窗台
街道的喧嚣缓缓爬上窗帘

窗是光与影的边界——
当你想躲避，它就凝成霜花
若你渴望靠近，只需
一个呼吸的重量

总有人倚窗听雨
总有人对窗失眠
她独坐，任茶汤渐凉
忽然察觉这方玻璃
原是一面暗哑的镜子
照见自己
在人间的音量

2. 水性

它天生懂得
如何用坠落完成上升——
在石头上签名，在城墙里写史
在沉没的桅杆上种珊瑚的标点

你说柔软，它便展示
被月光压弯的腰肢
你说锋利，它立刻
抽出冰的刀刃

我们总想，用掌心证明
某种永恒——
而它摊开身体

让我们指缝间漏下的
每一滴，都成了
新的源头

3. 初绽

六月刚翻过扉页
水面的墨迹未干——
一枚荷苞，从绿笺的折痕里
踮起脚尖

光落成淡雾，悬在她的睫梢
水鸟衔走一粒未写完的梦
只留下尾韵，在远处轻摇

泥底的根须尚未舒展
她已学会用涟漪造句
风读得很慢，怕翻乱夏天的手稿

有人俯身，却忽然失语——
怕唇齿间的气流，惊散水面上
正在排版的晨光

4. 桃花渡

河水缓缓托起春天
粉色的涟漪映着归舟
有人渡过此岸，未必记得彼岸
只有落花，记住了所有人的脚步

渡口的灯影轻晃
桃花落进水里，又被风送回岸上
一场短暂的离别
竟如此温柔

5. 与万物重逢

树叶记得春风的名字
归雁熟悉故乡的路
一滴雨落在湖面
与水波缓缓相认

而你，在季节的门槛前站定
听见风从远方归来
携来陌生而熟悉的气息

6. 五十二个年轮

茶雾勾勒的肖像里
山径与柏油路渐渐重合
我不再奔跑
鞋跟沾着春泥与地铁票的印痕

窗外悬铃木
正用新叶修改天空的语法
风翻动我——
一册缺角的人生指南：
折页处是止痛药说明书
夹着未寄出的明信片

额角那道年轮，开始学会反光
它记得所有迷途的云
却不再统计坠落的星

此刻晨光正数着我睫毛上的霜
五十二粒结晶里，有未说破的甜：
"活着，就是慢慢把自己
走成一条温暖的直线"

7. 瓦上霜

清晨，屋脊微颤
薄霜铺陈，似夜羽遗落
静卧在瓦片冷唇间
凝住星辉余息

霜影游走，勾勒瓦脊隐秘脉络
将月光绣入冷寂
浮动如夜呼吸
瓦弯身低垂，藏住寒凉
举起星辉碎屑

一只鸟掠过，爪尖刺破霜肌
如无声呼喊。霜轻颤，心事坠落

忽而天际燃烧，阳光舔过瓦顶
霜融成透明辞句，滑入墙角阴影
唤醒万物，却不留痕迹
瓦，静默如诗
弓背承寒，守岁月流转

8. 青花瓷

脱胎于土，成型于火
生命在黏土中盛放
青白相映，素雅完美交融
伴着微妙沉淀，温柔了时光

月色柔美，如歌的夜润染
缓缓倾洒这片青白
朦胧了琴弦上一缕檀香
梦回千年，如藤缠绕

唤醒尘封的记忆
有一种诗情和一种怅惘
此刻，透过窗传递出
孤傲与静谧的气息

那流露蓝天与大海的容颜
一旦"玉碎"，也会化为片片刀锋
千百载春秋，仍历久弥新

9. 清凉的夜

手执一杯红酒，乐曲在午夜悠扬
孤寂的魂灵梦醉
光影发白，触痛一角的幽暗
一种欲望，如芽展现生机

夜凉，星光黯淡
酒杯遗漏的光影，透着血红
若隐若现，似幽灵在雾中穿梭
在眸光中迷离

现实与梦境重叠
时间，似温柔的手藏在黑暗里
恍惚间，就令快意击破平静
空虚的头脑，突闪诗的暖意

10.　预言

感觉是苏醒的，却时刻
被困在物质与诱惑的境界里
时光一往无前，无人知晓下一秒
晴空万里，我感到秋风习习
几片黄叶翩然起舞
荡起季节的涟漪

此时
窗明几净，有云雾飘升
低处的万物，越发贴近大地
念想一瘦再瘦，徘徊在生活边缘
感到有乌云覆盖我的水域
平静中涌起风暴。我似浪涛汹涌
唯有鼓起力量和勇气
在起伏跌宕中寻求机遇

此时
窗明几净，有云雾飘升
低处的万物，越发贴近大地
念想一瘦再瘦，徘徊在生活边缘
感到有乌云覆盖我的水域

李莉
加拿大多伦多

作者简介

毕业于北京大学计算机科学技术系软件专业。1999 年从北京移民加拿大。现在多伦多某保险公司任数据架构师，从事数据模型的研究和建立。曾任华诗会理事及秘书长，《诗殿堂》配音部主编和评访部副主编。诗歌散文和诗评散布于多处书籍，诗刊和网刊。数与字皆喜，文与理兼修，在知识的海洋里浸其内，乐其中！

1. 树四章

（一）叶的一生

新叶护花萌（春）
绿叶顾花浓（夏）
熟叶露花荣（秋）
枯叶助花红（冬）

（二）根的祖祖辈辈

安身漆黑之底
魂望澄蓝之宇
托举光明之脊
支撑向阳之华

（三）花的一时

承载前世的根源
携带枝叶的心愿
明了自身的责任
倾力怒放的情缘

（四）果的一世

融四季明明雨露之滋
裹来生万代希望之籽
聚一世甘美醇香之精
贡万物生生不息之实

2. 春花

春雨一滴
你都珍藏在心

还有谁，比你更惜雨润？

春风一抚
你便盛开于世
还有谁，比你更解风情？

春心一荡
你便化作诗歌
还有谁，比我更懂你的心意？

3. 云的心事

云的心事很多、很重
越来越浓
越来越沉
实在撑不住了

眼泪一颗颗
滴下来
接着一串串
噼里啪啦
倒下来
连成了一片

纷纷撞入了大地的怀抱
一颗颗珍珠，被他
吞进肚里
融入身体
化为血脉
滋润芳草鲜花
高山原野
他以花草与芬芳
默默地遥望与守护

这时
天空变出彩虹
照亮心和万物

4. 时空断想

时间是向前的
时间也是循环的
时间的直圆二种特性
正如光的波粒二象性

空间是静止的
空间也是流动的
空间的止动二种特性
正如物的相对与绝对

此时此地，我是谁？
此时彼地，你在哪？
彼时此地，我们在干嘛？
彼时彼地，人类会怎样？

时空伴随一切
伴随春花秋月
伴随你我他她
一切乃时空之函数
M=f (t, s)

你的生命函数轨迹 A
我的生命函数曲线 B
完美交汇，闪亮在命运的天幕
共同弹奏命运交响曲

你我他她的命运函数
共同描绘一幅绚烂多姿的

人类命运共同体的璀璨星空

5. 秋之美

秋景
流光溢彩，宇宙为背景
秋色
五彩斑斓，天空是画布
秋韵
连绵起伏，大地作舞台
秋游
赏心悦目，心湖映天地

6. 跨年

时间的一瞬
空间的一跃
时空交错的特别"双间舞"

秒针的一步
人生的一路
一路的"风花雪月"浓缩罐装进一
小步

钟表的一格
日历的两册
是终点也是起点，"始终如一"

现实的更迭
历史的连接
现实与历史拥抱，"握手言合"

时光的环复
希望的新曲

跨年的彩虹桥"跨越时空"
迈变与不变的"与时俱进"

7. 缘的随想

缘是说不透
缘是道不清

缘是不可求
缘是不可躲

缘来如电
缘去如风

缘喜圆
缘厌怨

缘续（前）缘
缘生（后）缘

缘起有源
缘落无原

缘是天有时
缘是地有利
缘是人有合

缘是天地人共同作用的结果
缘是天地人的函数
$y = f(t, s, [p1, p2])$

注：y=yuan 缘，t=time，s=space
$p1$=people 1，$p2$=people 2

8. 雪问

题记：遇见今日大雪很 lucky，lucky
之外，被其大美所震撼，震撼之
外，无言相视，相视之外，倾力相
问。

苍天落泪为谁而泣？
风雪漫卷为谁布景？
白毯铺就为谁搭台？
天女散花为谁舞蹈？

银装素裹为谁装点？
一统洁白为谁纯净？
铺天盖地为谁倾诉？
倾心倾城为谁而来？

9. 向日葵

你是哲学家
具有变与不变的理性心思

你是艺术家
身怀不变与变的感性痴迷

你是科学家
发明变而不变的功能专利

因为不变的信仰
你终于把自己变成它的样子

圆圆的笑脸，多温暖
金灿灿火苗，在燃烧

为了抵达不变的彼岸
你朝朝暮暮改变自己

以变应不变
你成全艺术的经典
你谱写生命的传奇
你创造着爱的魔力

10. 四季人生

春天睁开婴儿般的眼睛
好奇的眼神惊醒了大地
春天的笑脸
水灵灵，柔嫩嫩
春天的脚丫
晶莹透明
向着朝阳一步一个脚印

夏天的左手冒着少男的
勃勃生机
夏天的右手升起少女的
葱葱情愫
夏天的脚步
奔腾跳跃
在火热的骄阳里燃烧放飞

秋天穿上五彩服装
翩翩起舞
秋天结出丰硕果实
香香品味
秋天的眼睛
饱含满天彩霞
映出心湖的明澈静美

冬天的妆容朴素
不施粉黛
冬天的日常简洁
无需繁琐
冬天的脚印
悠悠慢漫
将这童话故事完整写就

陈晓茹
美国纽约

作者简介

　　陈晓茹，笔名甘草，移居美国。纽约华文作家协会会员，喜欢文字和画。相信文字饱含生命，于倾吐与邀约之间，诗写灵魂，表述心语。

1. 平安度过的季

从南边飘过的轻浮之物
也曾出现在北边。似是低潮来袭
早已不在乎
来访的是雷，是雨

我只管继续流动
向一池清水深处汇聚
向夜色倾泻
暗，已越发清醒

不曾遗忘前庭一棵树老去
缓缓，我的爱任由星系牵引
双手合十
名号被牢牢种在树下
昨天生根发芽
最终亮出一盏灯

2. 你的馈赠

我能拿什么来回馈呢
空置的壶，躺在抽屉内格
很静，很静
像昨天道别的街头
路灯笔直地站立
安然且执意

雨又来了……
这次我撑起的不是伞
是莲蓬

淅沥作响，心咒此起彼落
谢上苍加持

花儿盛开的声音自带押韵
如一首诗谱写主题曲
从山里来
往心里去

3. 母亲

（一）
唯独那朵
我一直爱着的不曾老去
停在第五十二个春天
把最后的痛，开在了她的壮年
和我的余生

（二）
问苍天借一卦
该怎么寻觅她的去处
借来世之笔
写一字一句，一笔一划
字迹在家书里与我对望
治愈我的旧伤

（三）
关于无条件的爱
不过二十几年
易逝，如浪花淘洗过的浅笑
她爱我
爱得如此安静
如悄悄待放的花蕾
如偶尔飘落的几片秋叶
如阳光下结了冰的湖

4. 寻常百姓家

（一）
日子，在良木与朽木上长了双翅
为众生稍作停留。然后飞走
只留下些许痕迹
人们习惯用锅碗瓢盆，打理日常
每只左手牵起的右手
与小平凡相关
清茶淡饭
昼夜朝夕

（二）
比翼鸟来了，以过客的身份
双双站在你的阳台
企图还春天几声清脆啼叫
在同样季节
他们歌唱
流转出的一点一滴
如油盐酱醋
为一碗羹调出似曾相识的味道
弥补我们错过的时光

（三）
多么努力啊！
一起栽种芙蓉
试图给予彼此整片荷塘
依然爱你，如初，也如秋
红枫来不及飘落
说一句珍重
仙子早已打马经过雪地
烙下脚印，越来越深
不自觉陷入……
无法自拔的人间

5. 最后的陪伴

用明白易懂的语句
向老树请安
她，点了点头

陪伴是适当的嘘寒问暖
少言寡语

安静的枝头
一瞬转身。叶，开始掉落……
只剩光秃的躯干

秋，踩过回忆，人和事
未被踏碎的
被夹进旧书尾页

踏碎的，被祭向山野
祭向长风

6. 修灵魂之净洁

迷失的时候
水，弄不清归处
湖泊，大海，还是小溪

将错就错
穿梭十万八千里，往深山去吧
流经叶片，石块和泥土
向大山厚重的臂膀
这般自然，随心，无挂碍

我是渺小的
只为抚摸你一身净骨
为弃杂念，清心养性

持诵。为攀上第二百六十八层梯级
也为燃点这柱香
借来缕缕轻烟，在蓝光里宽心

只要等到日落长河
我，便能水滴石穿

7. 虚幻

烈日残酷
年前是怎么走过大漠？
提着水，我想
种下的仙人掌的确越来越高了

不必弄清
刺与刺之间如何亲密
只要高到能撑起余下的半边天
趁机会来过
不必感到抱歉

仙人掌正开着花
海市蜃楼
又一座一座地呈现
如初

8. 炽焰

下来了，魔鬼的实习生
练习凌厉的眼神
这样狠狠地——
一眼，苍生便开始焚烧

屏幕里只有通红的天际
你说，要有火

于是云朵四方逃窜
消防喉哭成泪人
高温如巨蟒，爬上一座又一座山

来自银河的磷光
公平地撒向富与贫的村庄
教堂，博物馆，店铺，车与房……
多少人刚开启了希望
又无奈地关闭
嗟叹，在灰烬中纷飞成祷文

9. 夏荫

重新喜欢你
因为渴望，我伸手
世上所有恬静便回归掌心

随性自在，喜欢你从高处飘落
用不着边际的翠绿
不慌不忙地缝制天地
弥补失缺的氧气

喜欢你，打救被酷暑所困的人间
妥善地安置参天之树
让他们屹立于原野与森林
安抚炎热，呼风唤雨

喜欢你，水流，树影
在过去和未来交接之际
这般凉快舒心
我啊，为此卸下了包袱

10.　泰然祥和

没有风暴，没有雨
没有造成困扰
更没有泛滥成灾
体内没有多余的积水
今天白露，一切都刚刚好

按风向顺时针前行
赴宴吧！把想说的说完
该做的做好
赶在天黑前如愿
日光见证
我们书写光阴，画山画水
落笔之间，无匆匆

以一首诗开始
以另一首诗作结
细腻，入微
如云般各自成形
狂草亦可，楷书亦可

艾伦
加拿大卑诗省

作者简介

原名韩长福，喜好写作、诵读、话剧演员。加拿大大华笔会副会长、加拿大华裔作家协会、加拿大中华诗词学会永久会员、《诵读时光》平台发起人。文章、诗歌、散文等常见于报媒刊物。 在多部话剧和电影、视频中饰演了不同角色。

1. 父亲（散文诗）

我的印象 依旧停留在你夹着香烟，烟雾一圈一圈 荡去。炉子边上烤着小酒壶，你不时地嘬一口。尽管小菜一两碟，但你很满意，你笑着……

妈妈走了过来拍了拍你的肩膀，"少抽点吧！你呀，昨天的衬衣又烧了个洞。"

妹妹也跑了过来，"爸爸，你又喝酒？哼！说话不算数！"说着就要拿走你的酒壶。

你赶紧双手护住酒壶，有点不好意思地笑了；"好闺女，就一点，就这一点……"

我的印象依旧停留在你年青时的模样，早出晚归，似乎从来没有累过；东奔西波，似乎总有使不完的劲……

可没有想到，你也有老的一天啊！当你躺倒病床上时，才倏然发现，你的头发已经灰白一片，皱纹已经爬满了你的脸。当握住你的手时，才真切地感受到"骨瘦如柴"的概念。

爸爸，你这是怎么了？前些日子说好的：我们还要出去旅行的呀！而

我们父子俩还有好多的话没有说
呢……

今夜很静，我很想您…….

2. 很想写几句诗

春天怎么就下雪了？
是谁在哭泣？
不，是谁在创造诗意？

纯洁盖住了一切俗气，
静静地，
只有思绪放逐在白茫茫的天地！

很想写几句诗
没有理由
只是在半夜醒来
或太阳倾洒下时的偶然冲动

不是写给春天，不是写给冬雪
只是想写几句憋不住的话语

没有措辞，没有构思
没有香烟，没有扎啤
甚至没有灵感

她想起那句半真半假的话
诗不是凡人能看懂的
她写的不是诗

诗是什么呢？
不重要
那些外国人不也是写长短句子吗？

似乎没有比中文更美

她不再纠结于余华，还是余秀华
她想：抒发自己内心的感受就是诗
比如苏轼的诗……

3. 母亲的老屋

在回首的时刻
母亲的眼里有酸涩
她没有像当年的奶奶
撩起围裙擦拭眼角
没有像从前的姥姥
坚强地拢拢头发离去
只是转身轻轻地说：走吧

于是 汽笛鸣响了离殇
引擎把思念的线拉得很长
老屋便渐渐消失在路的尽头
随着夕阳隐去

老屋不老
是父亲和母亲的双手
筑起的那个年代的荣耀
那里的枣树还在开花
那里的井还在流水
那里还逗留着我们孩童时的欢笑
那里还飘着母亲升起的炊烟
那里更有父亲披星戴月的身影

老屋老了
当孩子们如鸟儿般飞走
寂寞的老屋不再歌唱
当父亲的鼾声远去

老屋背负起难以承受的痛
为母亲疗伤

老屋远了
成了我们模糊的回忆
可母亲看见老屋身上洒满了月光
窗口依旧灯火
屋里笑声荡漾
老屋
搬到了她心上

4. 月亮

轻轻的羽纱
罩着纯净的面庞

滚烫的烈焰
向你扑去
已经承受地太多
大地为何……

浓密的炮声
从上一个春天
响彻到今日的秋月
人人期望和平
为何……

从诚惶诚恐
到肆无忌惮地
排泄核污水
生灵的九十九
阻挡不了一?

男孩气愤地挥起了

拳头
追问你和每个灵魂
为啥不打?

安静了一下
仅仅一下
喧闹又起
行乐者众 沉默者众 空喊着众

心痛 你明白
寄托了多少家庭的期望
承载了多少孩子的梦想

可除了给一个
欢乐的
团圆夜
你又能做什么?

5. 壮哉，菲沙河

青晨第一缕阳光
抚摸你封冻的河床
冰凌闪烁为蓝天秀出七彩装

北极滑落的冰川透过胸膛
轰鸣
奏出壮丽的乐章

落基山的雪
走过蜿蜒曲折的昨天
柔软得折不断
坚硬得划破岩

从皮毛之要道转黄金之辉煌

装满了枫叶大地的历史
书写着阵痛、变迁和沧桑

有欢笑
游人流连 鱼虾满仓
排木倒映 渔舟晚唱

有悲伤
爱情的故事在这里埋葬
失控的飞机在这里折翼
一只偶尔迷失方向的足球
毁了一个家庭的梦想

更多的是希望
依偎在身旁的东西生命线
承载着各地的需求
翩翩起舞的加拿大鹅
自由地引颈高唱

多元文化闪着耀眼的光芒
在菲沙河的激流里
或低调或高扬
撒着欢儿
奔向太平洋
那是毕生追求的方向

6. 爱的呼唤——致洛夫陈琼芳经典爱情故事

很想再给您写一首《爱到永恒》
笔尖流出淡淡的雾
幻成金门莒光楼上薄薄的纱
罩着你美丽的倩影
醉在洒满芬芳的时光中

很想再看你奋笔疾书灯下沉思
为你沏一壶高山茶
徐徐上升的暖流
传来台北英雄馆的笑声
王子和公主的故事拉开序幕
似童话延续至今

再也不用担心越南的炮火
执子之手 一生共伞
你用温柔筑起爱的港湾
眷恋漂木的一生

回眸
木棉花杜鹃花茶花里蕴育着浪漫
在那列火车的晨来夕往中
幸福蔓延

远望
太平洋的枫叶如火樱花似雪
在那菲沙河的缠绵里
流淌着雪楼的欢乐
爱之歌六十载从未间隔

也许只是一次远行
继续在另一个文学的王国创作
思念的诗行带着温度
停留在枕边
轻声说：你是我的一切！

是的，我愿做你的唯一
爱，从未远离！

7. 走过四季

（一）

扬起的手臂
如同向上延伸的枝
迎接碧空初升的
朝阳

（二）

飘扬的长发
随风起舞
青春
在波浪中起伏

（三）

舵手
深邃的目光
早就洞穿
远山
却依然无法穿越
年轻的心

（四）

走过四季的城市
风景依然
岁月
只在人生留下
印迹

8. 美好与和平

迟睡的月亮

吐气如兰
在新年的屋顶
凝成霜

早起的朝阳
舞动广袖
天地间
彩霞满山川

脚步轻轻
马达轻轻
按下快门的手也轻轻
莫惊醒一城
新梦

回首
绚烂已绽放在昨日的
夜空

远眺
希望透过枝头
挂满路的
前方

汽笛
终是打破了太平洋的宁静
两岸开始游动

鸟儿
迎着翻滚的浪花
欢快地俯冲
衔起一帘水幕
分明写着
和平

9. 秋天走过温哥华

昨天 洒了一地的夕阳
把菲沙河染成金黄
布拉德桥下的晚舟
在万家灯火中
枕着水中月
入梦

清晨 捧起穿过林梢的朝霞
撒在五帆穹顶
撒在火炬广场
维多利亚湾便游走起来

枫叶在风儿的抚摸下
曼舞
摇曳出秋天的童话
引得鲑鱼争相
洄游

时间打着滚
在西摩山上滑落
青春也在树上老去
景相似
人非昨

海鸥低旋 汽笛高扬
招牌林立 车流如织
罗宾逊步行街上人声鼎沸
百老汇大道上机器轰鸣
走过秋天的温哥华
繁荣
依旧

10. 抚摸时光

拾起散落的记忆
故乡的晚霞
编织成昨日模样
唇边的清风
抚过溅起的细浪

母亲的微笑
灿烂着整个海洋
碧波里
起伏着嬉笑的儿郎

撑起的帆
涨满了希望
快乐
撒着欢儿
追逐
明天的太阳

索妮娅
加拿大卑诗省

作者简介

诗歌作品曾在由洛夫、痖弦等名家担任评委的"白昼之月"诗歌大奖赛中获首奖婵娟奖，出版过个人诗集《临风漫吟》及诗集合集《时光流韵》《水之诗》《海外华语女诗人选集》等十几本诗集。出版过两部长篇小说《青春宿语》《战争纪事》，并被加拿大部分图书馆收藏。其中长篇小说《战争纪事》被评为畅销书。曾获 2018 年温哥华十佳杰出女性奖。为北美中文作家协会协会等理事和会员。

1. 达令港

牵你的手
在达令港
有迎面的海风徐来

海鸟在天际间鸣叫
沙鸥在波影中翱翔

暮色笼罩着达令港
红，染透了夕阳

握你的手，
走过繁华集市
达令港
你我穿行在岁月时光

海蚌捧出银光珠链
霓虹摇摆着
恋人的目光

碧蓝的海
静如天籁
有帆摇曳在浪的心房

它曾经是你的臂弯
达令港
陪伴我
夜夜无眠，夜夜梦乡

2. 许愿日月湾

我们在日月湾许愿
烟花从天空掉落下来

像无数无数的梦
闪烁着光芒在空中扩散

我们是椰子树摇动着的歌声
在海的无际中欢乐跳动
天空绽放弥散的
是彩色星光，斑斑点点

它们
坠入海
坠入黑暗
坠入渔火和灯光
又魔幻般地坠入
我们做着梦的瞳孔、眼帘

3. 月光白

我们伸着手
差一点点就够到月亮

它明晃晃地悬挂
又明晃晃地坠落
在滑坠指尖的刹那
天亮了

月亮跌落谷底
碎开来
流淌了一地月光

我们把梦送回人海
在回望时
抚摸涂抹在阴影处的
一抹玫瑰红

将它贴进
夜晚梦境里的窗花
那闪亮得
能写进童话故事里的颜色
是一片皎洁的，月光白

4. 做梦的伞

只喜欢
和你站在一起
在太阳触碰草叶的时候
你触碰我的唇

浓密的睫毛牵动着目光
你像我睡梦里见过的模样

你口中呼出的白气
在升空时，会歪歪扭扭
我们涉过溪流时
你提着鞋

我们知道
有一树橄榄枝
它们怦然心动时
就会缠绵在一起
会开好几种颜色的花儿

会举起花瓣在风中飘
它们都是一些
正在做梦的伞

5. 北京画像

我站在古城墙

贴着杨柳依依

撞见故宫高大的城门
角楼扯起漫天血色夕阳

黄蓝绿瓦琉璃封顶
一池荷花摇曳着
弯弯折折曲径回廊

雕龙衔环是镀金水缸
参天连碧古木遮阳
龙嘴吐珠
汉白玉雕栏一圈圈环绕

如果没有穿过红墙青瓦
老北京的胡同
没尝过芸豆卷和豌豆黄
没看一眼北海的水
景山的亭
怎么能说你触摸过北京的心脏

老北京城楼厚重
从来不理会风云人物
在它眼皮下来来往往

它稳稳当当站立
在喧嚣鼎沸中
将时光流逝得静静悄悄

6. 盘古

从此以后
天空离开了地面
从次，天空是天空

从次白云的飘绕
成了它唯一的意境
地面陷落
横溢泥沙江河和海洋

太阳、仙山是天的吟唱
阴云飘过时
雨流淌一双垂泪的眼

荆棘的山岗
虎啸狼吟承载地的宿命
奔跑的人群，扰扰争争

盘古的力量离天散地
黑白两道
在一卦太极中游吟

7. 致敬北极冰

那一日
你赴约了你的北极冰
它脱离大陆
在海面上孤孑飘零

强光刺眼
在太阳底下拒绝狭昵
你与它对视
交出魂魄心灵

那是一架傲岸的北极冰
在岁月风霜中蚕食消融
这世界静默诧寂
无语也无风

那一日，你告别
海面上漂泊矗立的北极冰
它的生命
被海水的洋流带走

我爱上你
你爱上了一架北极冰

你凝视它
消损玉碎于深蓝色海底
隐遁入无涯浩瀚
无状无形，无影也无踪

8. 一笔缘

那轻落的一笔缘
在心中书成狂草
它究竟出自谁家墨宝

那苍茫的一片蓝
轻托起摇曳风帆
是谁在为它领驾护航

那离离原上草
逢春吐出新绿
它终究芳菲了谁家院落

那弯弯的一钩月
映照着丽人眠
今夜她与谁共度良宵

无声无息的一声叹
随风飘到云天外

前生来世今世缘
将与谁剪烛共缠绵

雨成鞭，浓雾成烟
寂寂旷野外，漫漫绪无边

9. 雪

如果这个世界
奇冷无比
天，就会下一场雪

如果大地阴朦晦暗
雪，就会覆上一片
银亮的洁白

如果怪石狰狞，枯枝嶙乱
雪就会落下它
一层又一层的松软

雪融了，花也就开了
鸟飞回来，江河变暖

雪铺满
每一个肮脏龌龊的角落
让纯真的孩子在它的白毯上
嬉笑欢颜

10.　秋日雨

在一场大火里
万木成灰
跌成江湖找不到的碎片

我隐身天外
和飞云作伴
唱和难以淹没的情怀

就这样把缆绳松开
不再飞舟向海

冷雨中浮起一把细花阳伞
遮挡住秋日清寒
将淅沥沥的往事撑开

岩子
德国

作者简介

　　原名赵岩。欧洲华文作家协会和海外文轩会员。欧洲华文笔会创始人兼副会长。中德人文交流研究中心《中德四季晨昏杂咏》专栏作者。上世纪 80 年代出版了第一本译作，90 年代留学德国，21 世纪走向写作。国内外已出版诗集、译著或合集十余部。其中有《轻听花落》《上钩的鱼都很美》《今晚月没来》《歌德全集》（译者之一）等。现居德国。

1. 趁天黑之前去散步

雪，倾斜了，向左，45 度
我把自己打包得严严实实
靴子，帽子，手套，口罩
趁天黑之前去散步

天色变得比我的脚步还快
四周转眼之间模糊得只剩下了轮廓
灯，一盏盏燃起来，愈渐愈亮
华灯初上的城市有一种说不出的美
夜晚总是比白天更加诱人

一落窑洞款式的拱顶窗
打开了我残缺的记忆
小喇叭被中止了播音
经过无数次刀刻的老唱片正在跑调
一台黑栗色收音留声两用机
蠕动着不伦不类的台词儿
犹远若近——

街灯下，金色的雪花若蝶翩跹
夜晚总是比白天更加诱人
黑暗屏蔽了丑陋
也屏蔽了你

2. 庚子二月

祈盼春的消息
却等来一场大雪

苍白，滚滚无边
湮没了逆行者
一行行深重的脚印

游荡在数据库外的孤魂
寻不见回家的方向
跪了整整一冬的种子
压抑而成无法呼吸的石头
一想到破土而出的时刻
便过筛子一般发起抖来

祈盼春的消息
却等来一场大雪
那些沉默无语的雪花呵
没有一颗与你我无关

3. 生日

这是一个叫尼采心碎的季节
希望逃遁
坚持的果实不停地颤抖、坠落
红扑扑的脸颊布满冰冷的恐惧

客厅的茶几上
绽放着一捧深红色玫瑰
不多不少 26 朵
还有勿忘我
手绘花气球
从四面八方飞来的
有温度的贺卡、电话、微信
沸腾的呐喊
《德国自取灭亡》
小米智能手环
烛光
爱的热泪和拥抱……

这是一个令人难忘的日子
令人难忘的一天

尤其令人难忘的
是夜幕下的那一双背影——
他和她，以及他和她身后
勇敢的少年

4. 夜的诱惑

就她，和夜
四下出奇的安静
安静得可以听见心的杂音

轻飘飘，发烧了一般
又好像喝多了 Sangria*
幽谷上空，勾魂的洞箫浮浮沉沉
在她的身边缱绻、摇曳、绵延
被抛出的玉簪
坠——落——坠——落——
落进一片深不可测的草丛

"情感其实最不肯落到实处"
古老的钟摆慢条斯理：
"从此岸到彼岸有一条河
一个苦海，你要渡过的
便是你的无明和虚妄"

其实她已看见了结局
只是不愿醒来
她割舍不下那汹涌而来的甜甜雨
以至于仇视黎明的到临

小注：Sangria，西班牙果酒

5. 艳遇

被惊倒了
这红艳欲滴的玫瑰
她差点儿就放下了矜持

她爱美，爱一切与美相关的人或事
物
连同那双缔造的手，那颗灵魂
怎奈这自天而降不假含蓄的幸福
这直逼心尖的红与香气
宛若五毒圣姑的腐骨穿心膏
让你须臾之间全身失灵
谢字未出口已然奄奄一息

6. 处暑

树叶低垂
晚蝉于热浪里
啼唱着最后的歌谣
金色的稻谷静静地等候着镰刀
在地平线尽头
一座灰暗的云山冉冉耸起
抑郁袭来
摇椅里
夏编织起秋的披肩

7. 寒露

几度连阴
雨红了枫叶
时光的额头又多了一道皱纹
凄凄雁鸣
自灰沉的天空不意而下
落叶一般
落在我的身上

8. 霜降

黑暗膨胀
书架、楼房、花园、街道
渐次遁入——
混——沌——
阴影爬上高墙
又无声的浪头一般吞没了
华灯初上的广场——
一只系着红布条儿的麦克风
正斗志昂扬地朗诵着
似是而非的台词
还在变声期中的噪音
透露着一股不由分说的自信
中央街头那口腐朽经年的老井
忽然间回光返照
黑色的乌鸦一只只鱼贯而出
寒气升起——

9. 低谷

走着走着便走散了
同行的影子一个一个不知了去向
左右的绿植勾搭成一条幽深的隧道
夕阳隐隐约约
在稠密茂盛的叶隙枝间

走着走着已人在深秋
希望的火炬愈来愈闪烁不定
步履吃力得仿佛行走在泥泞之中
暮色四合，心跳式微
出路在哪儿？
明天还有多长？

你已然习惯了孤独
现在要习惯面对黑暗
冥冥中有个声音在说
勿要忘记微笑勿要忘记呼吸
去年的芍药蔷薇蓝鸢尾
她们依旧开着

10.　每一片叶子都藏着风

向晚
昏鸦聒噪
美丽的夏花早已成灰
寒气附着落晖
盘踞在低昂的山毛榉上
一只只充血的眼睛
飞蛾扑火似地
开始了一场隆重的坠落
或许有去无还的长征
每一片叶子都藏着风
一生的坚守与见证
恨与爱……
背负十字架的神子啊
如何唤醒蒙昧的混沌？
宽恕和救赎？或锋芒毕露？
脚下即未来？
黄昏迢迢
殷红如血
答案飘在空中

孙宽
新加坡

作者简介

孙宽：回族，祖籍北京，南京大学文学硕士，新加坡籍诗人、作家、画家。新加坡锡山文艺理事，新加坡作家协会会员等。著有小说集《冰之恋》《火之恋》《新加坡蜥蜴》，散文集《遇见都是初恋》《荒月之城》，诗集《双城恋》《月亮与郁金香》及诗画集《郁金香的二十三种姿态》。2021 年获方修文学散文特优奖，新性灵国际华语诗歌大赛一等奖，2023 年获博鳌国际诗歌节年度诗集奖，滇池文学奖东南亚最佳华文文学奖，2025 年获海外华人东南亚文学奖等。

1. 天空之镜

银子的海，落在茶卡
钻石的鳞片，折射光的阶梯
你说，那是通往天堂之路
迎接到过这里的每一个灵魂
一道道天梯，从云端递送下来
行于镜子之上的游子，你一定
看见了光。咸咸的泪，来自远方
来自哭泣的文成公主
也来自你，这些六角，菱形
椎体，棱柱的冰心
凝结成慢慢，慢慢，慢慢
死去的海

2. 天空之城

原始于绘画的冒险，在
宁静与风暴之间
瀑布铿锵炫舞，神之光韵
坠落于茶卡

盐的五彩，毒的蜜艳
宇宙的生，与人类之死
连线。我和你，饱满的青稞穗子
坚韧躯干，熟透了直觉，冷暖色兑
换
无需分解诠释，融合。为盐之天空
添一笔纯粹，涂一道无敌

生命之轻的徐徐回声：嘿！
我始终在这里，不过，请
不必，不必
等我

3. 托不起的世界之重

镜之影，是轻的
舒特曼小夜曲一样柔软
可否托得起这个世界的沉重？

时间风干了，凝结成疼痛
关系与脉搏，枯竭了
落日与此刻，石化了

马蒂斯的野兽，僵死了
万物的，本能的，沉重的，纷纷落
雪
松散的沙，宝石的盐，无垠的倦怠
与焦虑

希翼与喜悦皆躁郁的时代
生命如此沉重
空之镜，镜之幻，我于你之上

容我穿起它来
如云，如纱
如薄雾，如蝉翼，如呼之气息

再被你轻盈托起，还有
记忆的肤浅。还有，你我之间的
虚无

4. 大海的悲伤

四月，我总是遇见大海的悲伤
伴随春天鸟儿筑巢
啄木鸟红色蓑衣，遮蔽着一丝脆弱
春天有许多避讳，不能谈箂兰

不能谈论禁足与死亡赋
有些人的青春是凌晨，像暮年的雪
落在新窗帘的花边上，也许
四月的雪，与花粉一样多
春天的寒冷挡不住四月遭遇它的
激情，生老病死。与山谷的一片树
叶对话
与海的泪紧紧拥抱

5. 卸妆后的体面

月亮欠缺一个十二月警醒
不是瑟缩的，冷漠的收复，或
那些变化的，丰满的
哗啦啦冰爽的金子银子
一片银杏叶子不动声色模仿
山越近，越听闻山谷栽满空洞回声
躯壳瞬间欢娱，掏空夜的平安
你欠缺的，我欠缺的，不是冰貌雪
景
不是黄金白银的月亮
不是冬雨润湿的忧伤，或痛的快感
是鸟鸣深幽的呼唤，田埂土坷垃的
真实
寒碜落幕后，卸了妆的体面，也许
正在慢慢发生，悄悄进行
万里群山庸常背景上，一句宋词缓
缓落霞

一切失去前，或拥有一切后
你我始终欠缺的，可是宋词里的李
昱？或
李昱的相见欢？

6. 郁金香永远的遗憾

无根的茎，又软弱，又边缘
没有气息的花苞，开始焦虑
枯萎的花瓣，是你的出生地
西域至荷兰，漠河至南洋，赤道至
新西兰南岛。根球，球茎，永远的
奥古斯都
病毒一样，遍布在有人类的地方
不停漂泊，不断移民，混血，变种
你只带走经过身边的一滴水
倒影人群的眼白，交易或泡沫
谁听得见闲言碎语，正触痛你的
悲伤？

7. 黄金海

梵高没有画过你，莫奈
只喜欢自己的池塘，日本桥的四季
我把画笔，拿起来，放下，又拿起
来
生不逢时，诗人比你还多的时代
文明进化回石器时代，女人与
嬉戏中的玩偶，或奴隶等同
无言地抗议，势不可挡地
盛开。八千个品种，八千里云和路
你学会忍耐，像锤子一样凿进钉子
一颗一颗钉在活着，却不能说话的
心脏

8. 二十三层波浪

锁住一方印章的绝望
种下智慧树。你推开窗

奔向原野，野生的，高原的
无疆域的，磨平国界，注销国籍
再多的伤情，也敌不过万紫千红
战争来临，活着就是治愈。迷惘从
未
如此丰满，月的风圈
一圈圈推浪，无际无边……
剥离，再剥离一次，再剥掉一层
二十三层，虚妄，之间，之后
你才是你的。你是你选择的
世界——穿刺，研磨，一块眉粉
一颗不曾磨损的钻头
一段不复存在的，记忆
一瓣，一瓣
溶进泥土

9. 春之共鸣

唐朝的一滴眼泪
名诗人的原句，原生家庭
背景，出身，遥远的天山拉近
喜马拉雅山，小野花，鸢尾花科
你曾是一朵自由的番红花
一瓢兰陵美酒，一盏琥珀光
一条丝绸之路，西行，南下
一队远行的驼铃，一次东征，北上
一块带着体温的，土耳其头巾

注释 ：1 土耳其头巾：郁金香的生物学名是拉丁文"TULIPA"，来自土耳其语"TULBEND"，原意为"穆斯林头巾"，郁金香长得像头巾。

10.　昂贵的下午

最昂贵的下午，石头的坚硬
在雨丝里融化，我的心跳快起来
脚步慢下，钻石的清澈敲击 15 岁
的
温柔，把整个下午的凝视雕塑起来
放在记忆的首饰盒里，点缀时间
湿漉漉的呼吸，迈过刻骨铭心的街
角
压低音频的字，几个不常用的标点
慢慢烹饪着一个下午，熬出毒汁
光荣致死的生命，在修辞手法上
找不到合适位置，只能假装
来晚了一个时辰的大提琴背景效果
激情里颤抖，刀刃折射一个缩影
昂贵的投资，昂贵的，可能都是自
欺？
被石头翻过一个章节的下午，走回
那旋系哨音的童年，凉晒几个音符
每个随风而逝的瞬间，都持有
温柔的特权

淳子
美国

作者简介

　　本名冯小炬。华诗会会员，广东省作家协会会员，深圳作家协会会员，曾任香港诗人联盟理事及深圳新诗研究会理事。出版有诗集《爱的甲骨文》，散文集《闲情》电子书《舌尖上的故乡》。数百篇文章散见于《绿风》，《诗刊》，《散文诗》等及报刊的文艺副刊和网络。主持个人微信订阅号淳时光小炬说。

1. 在一幅画中地久天长

走进人生的花园
粉的温馨 紫的浪漫
金色的是天线 从天而降的补丁
想起童年母亲教我把去年的裤腿接
长

落叶也是一块补丁吗
学自我急救时你想到创可贴
这样所有的伤口都得到救赎
补丁也是成河的血在河床上结痂

何况 爱若玫瑰本身带刺
香越浓的刺越坚硬
我们已任它开成头颅大小
绽放后结痂如风干的蝌蚪

落叶如光往事随风
泥土也有了温度 那是死亡分解出生
的热点
当我的手伸进新买的一袋花园土
发觉死亡与新生都如此烫手

你和我 父亲和母亲 还有兄弟姐妹
在此生 在此活 用永恒验证神谕
色彩变得不需要眼睛
闭目 心潮涨落 曲线远去 绵绵

2. 最近我更多的时间在花园里

一定是那个叫夏天的人嗓音特别
听了半句我已抬头寻找声源

三伏的太阳也比不上我此刻急切的
愿望
此刻 我赤脚徘徊在花园

徘徊在夏的蜜语甜言
世界变得愈加奇幻
一万年太久 为什么
再渺小短暂的都希望被看见

我在花园里徘徊
努力地看见被所有的可能看见
那些有声无声的有形无形
像今天遇见了童年的遇见

3. 寻找疯石（题记——他们疯狂丢弃的 我正疯狂寻找）

我在寻找一块疯石
一块有放射性的石头
一块可植入脑髓的能量芯

它是一块可以起飞的石敢当
有了它黑夜不会更黑
梦幻也有地狱的力量

这里的每一个字
比羽毛更轻
生怕错过了与石共舞

是的 有时我想白日换成黑夜
只有这时 疯石气场更大
在夜的柔缎中闪闪发亮

我每天 不，每时每刻都在寻找
目光扫描所有的遇见
更像在寻找一组自由的线粒体

4. 从不会毕业

万物如卷
我们只是从一所学校出来
又走进下一所
从一间教室走向另一间

被一些亲切的老师拍拍肩膀
被一些严厉的老师敲敲脑门
他们都是手举火把的人
让思想从黑暗走向光明

我却始终相信
没有一张纸可作证明文件
这一生从无法毕业
就像没有一块棺盖真的可终止评判

那些看似的尘埃落定
经不起一阵风的考验
活着的和死去的一样
是看见和看不见的凌乱

5. 没有人告诉我今天是什么日子

云为什么一下子就堆得那么高
雨为什么一下子就泼天而降
抽水泵为什么不工作
所有的雨在地下室门前高涨蓄力

没有人告诉我今天是什么日子
我听见雷声过后花瓶落地的脆响
那些被雨折断的花二次受伤
灵魂没有翅膀肉身再轻盈也是一张
苍白的纸

我知道云为什么堆那么高
雨为什么急着倾空积蓄
我冒着触电的危险在积水中查看泵
体
没有什么能比赤脚的感知来得真实

那些闷雷在头顶炸乱发丝
毛孔也吐出陈迹 恐惧与生俱来
勇气也是 可成大器
就像胡乱摔打后抽水泵突然开启

6. 脑火锅

滚开的锅底
往往是鸳鸯套餐

麻辣的红油分明是皮肤烫伤的颜色
红到哪 烫到哪 有多红 就有多伤
清汤的一边等着食材加盟 合谋口味
而人顶着一锅脑花 五颜六色 七荤
八素

丢下去鸡肉就是鸡汤
几种虾熟得原汁原味和麻辣一个色
系
胃里有的 脑海里一一浮现
吃是为了思考 思考的结果还是吃

我们天生剪不干净脐带
所以什么功夫都告诫你意守丹田
脑花再灿烂 不管多少褶皱或沟回
都回到吃不动的终点

从此厌食？ 不厌食不等于延时
火锅沸腾着呢 你不会是唯一被减掉
的
可有可无的佐料 盖上锅盖吧
要么闷死 要么抑郁地跑气

一颗子弹介入 可归于寂
唯一真实的海底捞客人就没有那么
运气
锅不开抱怨火小 烫滚到溢出惊叫呢
反了 服务员 烫伤膏 还是创可贴 恼
火

7. 会是什么呢？

自然本是雨露均沾
杂草也需要被爱
此刻 我却在小暑的日头下
拔出草坪上蔓延的杂草

儿时励志的诗句
疾风知劲草
多多少少让我有了吃苦的力气
而晚景是我正满头大汗地拔起苿草

它是古人不盈一匊的采绿染黄
可眼下龙袍早进了博物馆
咳嗽气喘也有了百般疗法
更何况我们是在异邦相遇

倒是我觉得故乡的草和我一样
茎细叶薄易生根
于是拔草的手变得机械
汗水流进眼里成了泪流

8. 每个早晨

每个早晨都想醒的更早
每个晚上都想有风景入梦
在午饭后可以慢慢研磨
用咖啡或青柠与茶沐浴片刻的出神

也不是不可以在路上
让风灌满毛孔阳光晒透骨头
相信沧桑可磨青铜之光
是的 其实园丁就是花园中活着的雕
像
所以 更多的时候我在园中
貌似我种下的每一棵植物
修剪它们像修剪自已一样认真
皮肤上同样有疤痕封存的故事

9. 恩赐

灵魂或者肉身
上帝还是给了我们选择的机会

肉身说
我从未痛过
更不曾受过伤害
痛的 伤的 都是灵魂

灵魂说

我从未痛过
也没有任何事物可以伤害我
伤的 痛的 都是肉身

我选择肉身
灵魂会很痛
我选择灵魂
肉身也痛

我站在两者之间
上帝说
给你一生的时间选择
目前我还站在灵魂和肉身之间

10.　水

它的存在也许未经思考
只凭借生的原力
四海横流五洲云起
演示着大陆漂移

即使沉入天坑
也在寻找流动的缝隙
是的它不仅从地面涌出
从山岩流泻
一滴叹息也有穿石之力

流动是它生的本能
地底的暗河可以升空成为大气
当你跳起 就不再是尘土
你是浪花是水的分子

邓丽
美国西雅图

作者简介

邓丽，居美国西雅图。本科毕业于上海复旦大学，硕士毕业于日本神户大学。散文和随笔发表于多家报刊杂志并入选多部文集，诗歌发表于《诗殿堂》汉英双语纸刊及各网络平台，并收入《世界华人爱情诗歌选》《2021 世界华人诗歌精选》和《世界华人三行诗汉英双语精华集》等多部诗集，出版个人诗集《飞翔的乐章》。《诗人地理周刊》海外主编，美国西北华文笔会顾问。

1. 新邻鸳鸯

你静静地徜徉在邻近湖畔
西人雀跃地奔走相告
绝美珍鸟，异国情调
我却在悲凉的水雾中
望见一朵梦中开过的浪花

何以流落他乡
怎无你的鸯儿伴
是迷路在迁徙的途中
还是逃离了收藏者的囚禁

那满身绚丽的彩纹
分明是故乡山川的容颜
那玲珑剔透的灵气
舒展着诗卷丹青的旖旎

穿越时空的精灵啊
飘入了花蕊夫人的香笺
飞出了白石山人的墨宝
衔来洞房花烛的情意
啼出花好月圆的祥瑞

知你前世
却不明你今生
萍水相逢
却一见如故人
隐秘的激动
温暖的心酸

莫非你来
为拾取孤独的灵魂
绽放故乡的美丽

点亮原本暗淡的
乡愁的诗篇

2. 欧椋鸟的家史

曾飞在莎士比亚的舞台
星光点点的戏装
散发着丝丝古典的气息

曾立在莫扎特的肩头
呜啭莺莺的歌喉
唱出大师心底的旋律

同为新大陆的移民
黑羽令我倍感亲切
随遇而安地群居
勤勤恳恳的益鸟
我们貌不惊人
却都拥有传奇的祖先

3. 葵的情歌

我是一株行走的葵
毕生追逐你的爱抚
脚下的泥土固然宝贵
予我花之养分
而你赋我生之意义
黑夜中静守
蓝色的盼望
白日里映射
金色的荣光

垂听我无声的倾诉
托起我百般的软弱

知晓我脊梁直挺的曲折
洞察我笑颜灿烂的隐忍

你炽热的胸怀
总有一襟属我
而我这缕馨香
单单向你升起

4. 五月的色彩

觉晓的初夏
声声啼鸣唤我出行
心，雀跃欢跳
脚，扑腾欲飞
找寻五月的色彩

琉璃彩鹀衔来一片蓝天
戴在了头顶
美洲金翅裁下几寸阳光
裹成了羽裳

黑鹂将两瓣红玫瑰花
贴在了双翼
紫崖燕读懂了鸢尾花
背负起它的梦想

戴菊鸟轻轻啄出绿叶汁儿
洒在了绒毛
唐纳雀细细闻着橘色百合
花蜜沾了一脸

却见大蓝鹭久久立在河畔
把自己等待成了灰白
想起我远方的母亲

思念浸染的满头银发

5. 初秋

葡萄还在一串串讲述夏的结局
黄瓜伸出展手臂拉开秋的帷幕
李子树珍藏着最后几枚宝果
翠竹摇曳着先知先觉的微黄
蓝莓树却已悄悄换妆紫红

夏和秋在我的庭院握手
也在我的心头交织
左心房尚有激情的余温
右心房已入金色的恬静
思绪袅袅随雁儿漫游

莫非一生好景正此季
无需争相斗艳
只管舒展枝叶
任秋日的温柔缓缓着色
让秋风的从容轻轻拂发

6. 中年的爱情

曾经是惶急的激流
浪花碰撞着一路前行
风中雨中兼程
汗水泪水交织
生命的合流日渐丰沛
有了如今涨满的宽厚
方能从容把握河流的律动

时而水面平缓如镜
拥抱两岸的旖旎入怀

时而微波荡漾涟漪
回应百鸟盘旋的啼鸣
烈日下悄悄滋润几分流域
霜雪中静静暖化几寸冻土
只为回馈上天的祝福

河底的卵石是执着的沉淀
红白相间的欢悲
粉黑交错的甜苦
金黄互映的荣枯
多彩的爱愈发绵延醇美
流向更加深厚的岁月

7. 期待去流浪

世上最亲近我者
默默从发梢至脚趾
亲吻我每一丝的情感
擦干我湿漉漉的心绪

总是舒展柔和
无论高贵或卑贱
爱老人沧桑的额头
也爱婴儿柔嫩的脸蛋

同为棉母所生
不与冠帽争宠
不与衣袍竞艳
洁身自好
方方正正
尽自己的本分

8. 喝着友谊的早茶

被风干的记忆
在杯中舒展
漂浮起来
包在荷叶里的往事
一经剥开
便在舌尖舞出糯香

被拉长的光阴
流淌成肠粉
每一条都柔滑鲜美
曾经的单相思
煎成萝卜糕
一面微焦一面软嫩

有些友情如凤爪
皱皱皮下
满满的胶原蛋白
有些友情似流沙包
轻咬一口
便慢悠悠地淌出岁月的金黄

9. 永恒与瞬间

倘若你感觉一丝的喜悦
咀嚼它
倘若你看到一线的光芒
亲吻它
倘若你听见一滴无声的叹息
回应它

一江寒水
由几圈涟漪进入春风
一棵枯树
从几串鸟鸣生出绿荫

这些可遇而不可求的瞬间
岂不知
是一根宇宙的指头轻轻滑屏
将你带入永恒的起点

10.　包饺子，童年的大戏

母亲左手导演
右手调馅
大姐摇滚面团
圆皮儿飞舞
落在我的掌心
乖乖地张着嘴
小心用勺子喂它
不可太多坏了肚子

二姐巧手拿捏
娇耳一排排喜庆出场
弟弟咽着口水
数点一朵朵合家欢乐
父亲满面红光
豪迈地主宰沉浮
热气中一盘盘美味飘香
引无数味蕾雀跃

帷幕在舌尖落下
又在脑海一次次升起
亲情在锅中翻滚
又在胸间一波波荡漾

童年的大戏

永远在记忆中栩栩如生
饺子的滋味
永远在记忆中至鲜至美

相思枫叶
加拿大阿尔伯塔省

作者简介

　　原名李丹，曾在北京某大学教授数学，现在加拿大卡尔加里任职软件工程师。喜欢数字，更喜欢文字。爱唐诗宋词，也爱新诗。从 2024 年 2 月开始写新诗，小时候背诵的唐诗宋词，成语词典是我和文学最初的缘。诗歌散文刊登在各网络刊物。感谢生命中出现的每个人，遇到的每件事，所有的相遇都是一种美丽：令人欣喜的美丽，令人忧伤的美丽……

1. 灵感

你如一叶载着灵感的小舟
时时划过我心头

于是爱你的诗歌，一首接一首
轻轻诵出我的口

春天来了，你说春雨正落在檐头
我赶快用手去接，因为你的思念在
里头

夏天来了，你说玫瑰正在争奇斗秀
我赶快把相思的酒注入玫瑰的唇口

秋天来了，你说枫叶正好红透
我匆忙跑去题字，让她把相思带走

冬天来了，我开始犯愁
这雪花怎么天天有？
你终于开口：
那是爱你的信笺还没寄够

2. 春雪

我的思念如春雪
一片片，一朵朵
洋洋洒洒从空中飘落
希望它融化在你的心窝

你的思念是否也如春雪
随着风漫天飞过
每一片，每一朵
都在诉说着——想我

3. 梅花乡

市政府对面的公园里厚厚的白雪旁
一树红梅独自开放
我禁不住停下脚步，仔细端详
这傲雪凌霜

我轻嗅她的芳香
我细赏她的模样
这梅花和故乡的一样香
这梅花和我儿时的是一个模样

我禁不住轻抚她的脸庞
我禁不住抱着她的躯干放声歌唱
突然，咚的一声我掉到了地上
原来是思乡的梦一场

4. 我的梦想

走了那么远的路，
也曾迷茫踯躅
可是梦想从来没有被放逐
追梦的心从来没有荒芜

遇到了那么多的人和物
也曾被伤的体无完肤
可是梦想却从来没有被辜负
遇人不淑不是我的错误

春生夏长秋收冬储
四季不停的变换脚步
我亦随着四季纳新吐故
可是梦想从来没有被驱逐

我的梦想是让自己活成一棵树
脚踏实地,虚怀若谷
陪伴在你的人生旅途
春天，为你带来翠绿
夏天，为你增添浓郁
秋天，为你遮挡风雨
冬天，听你倾诉孤寂

5. 伴

相伴几十年
年年如初见
青草，湖边，麻花辫
浅浅的酒窝盛着葡萄酒的红艳

6. 开在溪水边的野花

我是一朵开在溪水边的野花
大地是我的家
我在秋风中凋零
又在春雨中萌芽

我不惧怕自然的风吹雨打
也不惧怕人为的踩踏
尽管我渺小，朴实无华，不会附庸
风雅
但我也想像家花
一年一年把芳香传到天涯

7. 春雨

我的思念如春雨
一串串，一滴滴
洋洋洒洒从空中坠地

希望它浸润到你的心里

你的思念是否也如春雨
随着风漫天飞抵
每一串，每一滴
都在诉说着—"想你"

8. 陌上花开

那年，陌上花开
一只跛脚的金色蝴蝶飞来
轻吻了一只瘦弱的花朵
花朵以为，这，就是青睐
于是，一年又一年
等着蝴蝶再来

陌上花又开
蝴蝶一只一只飞来
亲吻，然后离开
终不见那只金色蝴蝶
重返花海

于是，花朵流着泪感慨
相遇，只是偶然的安排
于是，不再期盼，不再等待
努力活出自己的风采

花朵不知晓
蝴蝶已经离开这个世界
在她脚下的土里深埋
只为了来年，她不再瘦弱如柴
蝴蝶也嘱咐自己的后代
每年去亲吻她的偏爱

你可是那只跛脚的金色蝴蝶？
藏在某个我不知道的角落
默默守护着我

9. 不要问我

不要问我
你是否给我带来忧愁烦恼
没有忧愁烦恼
我哪能感受到爱的缠绕

不要问我
在我的心里你重不重要
不重要，
我为何还天天和你傻傻的聊

不要问我
是否把你当成知己依靠
不是知己依靠
我的热情还会为谁燃烧

不要问我
是否想和你相伴到老
不想相伴到老
我为何还无限地纵容你撒娇胡闹

不要问我
伤心时需不需要你的拥抱
没有你的拥抱
我的心还能在哪里儿停靠

不要问我
离开时是否还会记得你的好？
没了你的好

我的人生就只剩下索然无味的白面
包

10.　清凉一夏

在飘雪的冬，我们默然无话
在细雨的春，我的心思悄悄萌芽
在清凉的夏，你收到那束玫瑰花

我也采撷七色的云朵
绘成浪漫的图画
为了让你铭记这清凉一夏

我也拾起五色的花瓣
拼成绚丽的彩霞
为了让你珍藏这清凉一夏

秋风吹来时，可否留下？
陪我一起迎接冬，看雪花飘洒
月下老人会送来红衣，红帽，红花
祝愿我们把生活过成童话
有你，有我，有诗，有茶
还有一个，咿咿呀呀

严力
美国纽约

作者简介

　　诗人、艺术家，1954 年生于北京，祖籍浙江宁海。目前居住于美国纽约。1973 年开始诗歌创作，1979 年开始绘画创作。是 1979 年北京先锋艺术团体"星星画会"和文学团体"今天"的成员。1984 年在上海人民公园展览厅举办了首次先锋艺术的个人画展。1985 年从北京留学美国并于 1987 年在纽约创立《一行》诗歌、艺术刊物（2000 年停刊），2019 年 6 月《一行》在纽约复刊，继续任主编。2018 年出任海外首个华语的"纽约法拉盛诗歌节"主任委员，同年出任纽约"海外华文作家笔会"会长。

1. 星座

生日属于某个星座已很多年了
我很想换一个属相转转运
星相学家说
必须回到当年才能偷渡陈仓
至于所需的申请材料
要足以改变你爹妈的缘分才行

是啊
任何人都晚于爹妈的相遇
所以我转而希望万能的宇宙
或许能让时间改为一年的
三百九十几天

在这无望的期盼之时
我的祈求
竟然有了数码方向的的灵验
布局在人间的一群 APP 星辰
几乎在下一个生日前
就把我的运程变成了
手机座

2. 后腿与前肢

不管是二十还是两千尺
都是距离
即便是正反面
也要消耗许多经历
才能发现那就是
你与自己的距离

时间的够不够用
在同一条路上

至于能不能押韵
那就请为自己的后腿
寻找写诗的前肢吧

3. 飞

我一直喜欢仰望飞鸟
以及展翅的飞机
或者
滑翔的云

多年之后才顿悟
无论使用什么样的标准
风
才是飞翔的唯一高手
也只有风
在撞墙幢楼
撞山撞地之后
还能飞

4. 没有和必有

没有修理也必有破败
没有誓言也必有祈祷
没有运气也必有结果
没有疾病也必有死亡
没有自由也必有暴力
没有口号也必有诗歌

当没有被必有占有
就没有了没有

5. 理

生活的道理
之前都在基层打工
最后才熬到了
成为真理的养老年龄
它获得了特殊的食物料理
以及全天候的医疗护理

此时的
道理、真理、料理和护理
都在怀念身处基层时
点点滴滴且热乎乎的情理

6. 苦咖啡

阳光在上午八点后
弱弱地来到了我的窗台上
还能感觉到
阴霾慢慢地隐入大地的怀抱
我回味昨晚的梦
它分成隐隐约约的两部分
就像阴霾与阳光
我伸了个懒腰
端起那杯日常的苦咖啡
至于糖和奶
多年前就已被妈妈
存进了我的体内

7. 除了

人体内
除了食物
没有田地和果园
除了饮料
没有江河湖海

除了欲望
没有教堂和寺庙
除了想象
没有云朵和星辰
除了磨损与衰老
没有四季轮回
除了疾病没有矿产
除了极限没有无限

地球之内
除了男方和女方
没有远方

8. 所以

生存的温度激活了好奇心
喜怒哀乐相依为命
尽管没能在地球之外
发现一只蚂蚁
但它肯定爬行在自己的局限中

所以水把水拖下水的罪行
不成立

所以
生命是没有门牌号码的
到了明年春天
谁也不会去草地上询问
您是不是去年那株名叫某某某的草

所以人的唯一故乡是良知
可以在地球上随身携带

9. 这几年

这几年
我被俄乌、哈以、以伊
等等的战争及冲突
影响着写诗的思绪

参战方、助攻者、
摇摆及暗中盘算者的规模
已经是世界大战了

这几年
钻地弹与人心深度的探索
几乎合并成了同一门学科
只是定点清除的发明
依旧消灭不了人体内的先天毒瘤

这几年从战壕出发的科学啊
横扫了这几年

这几年的文学下笔
依旧没能触及子弹制造者的神经
哪怕写作者身处事发中心
无力的词语集群
依旧徘徊在每一颗空弹壳之外

这几年的人间阅读
接收着敲个键就能去除的视频里
而人工智能写出来的诗呢
全是用网上发表过的历史结论
神速地为其押韵

10.　不改写

一声雷

击中了树
鸟窝幸免于难
在余下的半棵上
继续生长未来

江河改道后
左边麦浪继续起伏
右边海啸依旧翻滚

落日与云层
光彩变幻
瞬间也是永远

事物的速度互相对齐
余下的攀比残缺

死亡不改写高度
包括今天的浪

郑南川
加拿大

作者简介

郑南川，居蒙特利尔。加拿大作家、诗人、华文文学评论学者和画家。主编加拿大华文作家作品集 6 部；出版个人中、英文诗歌集 7 部；小说、非虚构文集、画册、文论集等 8 部；在《文艺报》《世界华文文学论坛》等学术杂志发表北美华人文学研究论文多篇；并获多项散文、诗歌、小说、文论及绘画专业奖。

1. 从花儿想到的

突然有一种想法
把一束塑料花插花盆里
自然的花会吃醋吗
真正的东西总是先消失
假的，倒是还五彩争艳地开着
这不是吃醋的问题
简直颠覆了真实
连自然的世道
也颠覆了

2. 窗子和镜子的智商

就算一个发现，怎么窗子和镜子
会有着截然不同的智商
窗子就懂得看两面
外面的情况和屋里的事情
两面的风景都和它非常友好
可镜子真傻，你不去看它
它永远不会去看你
结果还是只看见你自己
想想我们这些主人
感觉到更可怕
没有窗子，外面都看不见
不站到镜子前
自己啥样都不知道
哎呀，人也是蛮可悲的

3. 分床

听那个男人说
他们五十岁就分床了
住在同一个屋里变成两个单人床

据说，女人相信五十知天命
该收官了，特别是性事
男人只能点点头
反正同一个屋子里
看看身子是没问题的
后来老婆安上了自己的蚊帐
他们的交流变的朦胧起来
男人天天在想
怎么从来没见过蚊子
这是为什么

4. 谬论

那人出门总是抬着--把椅子
说是随时可以休息
我说，这样不是负担吗
怎么会是负担
让你沉重的身子得以休息
这不是轻松吗
抬把椅子算什么
求学出门要背着一包书
全是文字堆成的石块
出门怕口渴还要带上瓶水
不是一样的道理吗

5. 石头碰上我的拳头

那天，我的拳头
打在了一块石头上
只因为我诗意地
意识到
拳头和石块长得
差不多
石头没做声

我也没哭，只是
看着流出的血
心想，我比它
更有血色

6. 你是很可爱的

我对她说，其实你是很可爱的
比如你笑起来的时候
她说，在镜子里也看到了
自己的笑脸
是笑给镜子看的
然后镜子也让我看看
你看到我的笑脸
应该是一样的

7. 门的质疑

我把门打开的时候
才知道，是门把我打开了
街道没有门，路口没有门
抬起头看天也没有门
那只鸟是从哪个门出来的
还是它不懂得那个名词：门
怪不得自由自在
可以为它做个门吗
让它知道外面也是不能乱跑的
至少，不要让人们糊涂了
为什么我们需要一个门

8. 树下发生了什么

我把一盘红烧肉
埋在门前瘦小的树下

希望它能长得肥壮一点
没过几天发现小树竟然死了
树下爬满了蚂蚁
它们吃光了红烧肉
连树根也吃掉了
成千上万的蚂蚁围在一起
跳舞，难道是
它们也在庆祝过年

当然胸脯并没有挺起来
但意识到，一个蚂蚁的疯狂
也会变得像老虎那样吓人
这是我意外得到的收获

9. 强迫症

他有个独特的毛病
每次锁门出去
都要再打开屋门进来
看看火炉关上了没有
后来发现，关没关似乎不重要
重要的是必须看一次
医生说该是"强迫症"的问题
他不接受生病的说法
认为，这是一种责任和小心
最多算是习惯
最近他又多了一项责任
进了屋就立刻锁门
然后又必须打开来
再锁一次

10.　在人群中大叫一声

我昨天在拥挤的人群中大叫了一声
于是，看到了很多的眼睛
就像盯着一只老虎
只有一两个嘴巴对着我说，好吓人
立刻把路道让开了
我赶快往前走

王志敏
加拿大阿尔伯塔省

作者简介

王志敏（笔名，惜墨）重庆人，移民加拿大居住卡尔加里市。从小受父亲影响喜欢诗词书画，出版诗词集《风铃》，长篇小说《霜叶飘飘》。所写闪小说，散文，游记诗词等在国内外报刊，杂志，微刊上多有发表。

1. 七夕

一段天地的姻缘
诠释爱情的纯度
一个凄美的传说
向往真情的叙诉

牛郎织女强拆散
喜鹊才搭起桥路
七夕相会鹊桥上
感动多情人无数

凡尘有多少情侣
蜜言空绕房檐雾
却自毁心中爱桥
怎比这一年一暮

2. 可敬的飞虎队员

2021 年清明诗友到南山空军墓祭奠
后叙

你从大洋彼岸飞来
有那天使般的翅膀
降落在满目疮痍的土地

你义愤整翅上九霄
横扫强盗飞蝇来犯
让灾难的土地得以安民

你一次次冲上云端
把生死全置之度外
保卫滇缅路洒下了血汗

驼峰航线多少天使
长眠在那峡谷深渊
闪烁的铝片诉说那灾难

飞机残骸直指苍穹
似寻找天使的容颜
哭他们的鲜血已染蓝天

儿子的母亲天天亮灯
照耀儿子回家的路程
可儿子为和平捐躯留在中国

放心吧，母亲：中国人民
永远不会忘记您的儿子
看墓前的鲜花来祭奠的人群

安息吧，可敬的飞虎队员
您们的丰功伟绩与世长存
你们永远活在爱好和平人的心里

3. 中秋湖边赏月吟

湖托起月清辉的衣裳
推波涌浪尽情歌唱
啊！天上月亮
啊！湖中月亮
月起舞在平湖上
一个月亮在天上怅望
一个月亮在湖中游荡
听！天上月亮在诉说
看！湖中月亮在泪淌
天上水里月牵肠
天上的月亮在平湖里
平湖的月亮在云天上

啊！一个诉说
啊！一个泪淌
湖拉开雾霭纱帐
低头望月在湖里
抬头望月在天上
思乡人唱起《月之故乡》

4. 写给第二十七个读书日

书，有人说是精神食粮
书，有人说是最好老师
我说书是朋友和先知
书带给人类智慧知识

书带我到远古去探寻
追思祖先足迹的苍桑
带我到天空大洋傲游
寻觅多少未知的珍藏

书引我翻越书山词海
学习前辈知识的结晶
书教我挥笔描绘春秋
留下人生苦甜的诗章

书让人明理睿智自强
敢于磨砺经雨雪风霜
淡泊以明志谈笑坎坷
读书让人生洒满阳光

5. 清明．心香遥寄父母墓前

清明的春风从树林吹来
经过我身旁又吹向天边

春风请飞到我父母墓前
带去女儿的问候和思念

我到不了父母墓前祭拜
瘟疫残留在天地人之间
一瓣心香寄向慈云祈祷
父母安息天下生灵平安

6. 诗歌节．牵手诗歌心相连

可能我们从来未眸面
诗熟悉你和我的笑脸
可能我们从未有交谈
诗语交流久读难释怀

我梦想有天诗人眸面
让诗的灵泉流淌无边
春风吹开诗语满天涯
阳光照耀诗行起斑斓

闪烁在春天绿野阡陌
春的花信正漫步畅言
迎春桃李花蕾露珠滴
看啊春光下绽放鲜艳

万山遥望咏絮传诗笺
诗歌牵动我们心相连

7. 三八节有感

三八节年年庆贺疯狂
特赐休假去跳舞歌唱

聚会畅淡的欢乐时刻
谁会把苦难的人联想

在莺歌燕舞的大地上
有妇女正受苦难創伤
要和平要人权的岁月
为什么战火硝烟漂荡

乌克兰妇幼在战争中
生死旦夕间颠沛流亡
在安居乐业的国家里
不堪一睹铁链锁女郎

妇女节友爱深情浓浓
多洒向硝烟冷漠角落
让全世界妇女被关爱
在当今繁荣高科时代

8. 重逢

与久别的故乡重逢
激动的热泪漠糊双瞳
亲切乡音温暖我
留连在那熟悉的园中

与久别的老屋重逢
好像又回到少年时空
无忧虑打闹顽皮
回忆起许多儿时面容

与久别的挚友重逢
面容已改襟怀仍相同
侃侃再叙沧桑路
昔日今朝也心语相通

相逢难忘离别情更重
故乡魂牵梦绕乡情浓

9. 漫步雾都佛图关

冬的太阳温暖了山城雾
漫步在林荫步道的半崖边
欣赏雾都两江环抱的风景
吟诵巴山夜雨涨秋池诗篇

佛图关苍树盘根峭石悬崖
似时光倒回千古四塞之险
难攻留下兵家征战的刀影
看历代石刻碑文佛洞残垣

今朝春天的列车穿楼而过
如网公路鳞次高楼依山建
步道通悠远鸟语花香陪伴
已抹去关隘往昔险峻森然

佛图关依然是当年的轮廓
漫步古今关塞激诗灵涌泉

10. 在弓河观泛舟

在溪流里泛舟
慢悠平稳好玩
荡起几朵涟漪
又被风儿吹散

在江河里泛舟
水流漩窝急湍
弄潮健儿骁悍

逐波泛舟浪尖

在海洋中泛舟
如树叶般滚翻
考验胆识勇气
智者踏波探险

泛舟可不一般
随你选择喜欢

盛坤
加拿大温哥华

作者简介

盛原名：罗圣庆，原哈尔滨医科大学公共卫生学院教授，现住加拿大温哥华。业余文学爱好者，加拿大文思多元文化协会理事，加拿大中华诗词学会、大华笔会和华人诗学会会员。

1. 情歌

小妹一笑俩酒窝
跟着情哥爬山坡
哪怕巅峰又崎岖
咱俩心里揣着火
一路燃烧到山顶
情不自禁亲哥哥

小妹一笑两俩窝
哥去航海带着我
任凭狂风卷巨澜
哥扬帆来我掌舵
待到风平浪静后
尽情浪漫再亲热

2. 我的爱人啊！

夜晚的繁星再多
我只熟悉那一颗
虽然妳藏在他们的背后
我也知道，你在向我暗送秋波

天边的浮云再多
我也认识那一朵
虽然妳从我的眼前飘过
我也知道，你在向我倾吐诉说

我的爱人啊！
不管是多遥远，哪怕有千万里
把妳装在我心中
我们之间没有一点距离

3. 紫丁香

紫丁香，紫丁香，北国黑土，迎着
早春绽放。
丁香花，松花江，绿堤两岸，沁醉
十里芬芳。
美麗的太阳岛上，紫丁香，抒情音
乐之都，
浪漫的旋律在荡漾。

紫丁香啊！紫丁香！
我愿妳为我可爱的故乡，永远书写
魅力的华章！
魅力的华章！

4. 小草

在温哥华
我漫步在人行路上
看见蒲公英的小黄花
笑脸迎着阳光

在沙石缝里
竟然有小草生長
不怕人的足踏、车轮碾压
还能探出头东张西望

我不得不叹服
几乎没有一点土壤
哪來的这股子劲头
能够如此顽强！

5. 女人啊！

一朵花，美麗鲜艳
不只欣赏，还要浇灌

花无百日红
切莫留下遗憾！

似流水微微荡漾
河水离不开河床
纵有小溪涓涓
江河也会泛起波浪

一部书，要细心读
随着情节步步深入
与故事主人共鸣
直到落下帷幕

啊！女人，一杯美酒，品回味无穷
啊！女人，一尊女神，要虔诚侍奉

6. 依恋

妳是河水
我就是容纳妳的河床
任流水冲刷

妳是海水
我就是拥抱妳的海岸线
任浪涛拍打

妳是海燕
我就是湛蓝的天空
任妳自由翱翔

妳是芙蓉
我就是那淤泥
任莲藕扎根

妳的生存
就是我存在全部意义
妳我永不分离

7. 遇见最好的自己

遇见最好的自己
就在昨天的夜里
敲着键盘
正在写诗呢!

文学不是我的专业
写得都很直白
诗人行列,阴差阳错
我是硬闯了近来

随着大流走吧!
有时也觉得可笑
凭着歪打正着
只好自嘲

当然自己,确实还是自己
所谓"最好",只不过是自诩的

8. 難忘

(有感于加拿大中华诗词学会成立 10 周年庆祝会)

難忘
累累硕果,是对这支海外诗词队伍
的最好评价
難忘
冒雨而来,眼含着泪花,在对视中

相拥
難忘
赤子之爱,心系诗词,情感是那么
真挚
難忘
博大精深的中华文化,把诗友凝聚
与吸引
難忘
才艺展示,临场配合的自然又富于
激情
難忘
回归青春,竟抹去了年龄之间的差
距
難忘
有缘使我们相聚,苍松翠柏可以作
证
難忘
铭记在心,相信多年之后还会回味
无穷
難忘
意味着永久地定格于我们的记忆之
中

9. 伞

青春漫步江畔
我俩撑着一把遮阳伞
说着恋爱的悄悄话
伞外露出半高跟鞋
让人们看得羡慕眼馋

那天下班大雨倾盆
去接妳迎着雷鸣闪电
半路上一把伞相依

衣服湿透，浑身发抖
可心里比蜜甜

一个深更半夜
奉我们的孩子之命
送妳去医院分娩
伴着小雨渐渐沥沥
同在一把伞下搀扶着
喜在心里笑在眉尖

10.　鸽子

我沐浴在加勒比海度假村海滨
远眺着海天一体的碧蓝和火球般的
日落
手撕面包屑，洒在黄黄的沙滩上
引来一群白鸽

它们落地不停地啄食
蓄势待飞或不时地看着我
一只鸽子落在我的手心
东张西望，好像嘴里还咕噜着什么

黝黑的瞳孔和红红的爪
给我留下的印象非常深刻
纯洁的羽毛锃亮、洁白
又使我联想了许多……

联合国大厦前的"铸剑为犁"
和打成 8 字形的青铜雕塑
给若亚方舟人们带来生命的希望
传说是飞回来衔着橄榄叶的一只白
鸽

画出象征着和平鸽子雏形
是西班牙画家毕加索
第一次把它称为"和平鸽"
是智利著名诗人聂鲁达——一位和
平使者

期望忠于爱情与欢乐的神鸟呔！
能让人们远离战火
带上对明天地美好祝愿，飞吧！
愿天空更蓝、更自由、更辽阔！

心漫
加拿大

作者简介

心漫（Cathy Xinman），双语诗人、作家、剧作家，北美文学传媒出版中心创始人之一。原创剧本荣获国际电影节金奖，两度荣获 Remi Award；作品常发表于国际文学平台。著有英文诗集 Where You Love Yourself、中文诗集《花吻太阳》，诗歌写作专著《花吻火山：你需要的第一本诗歌探索书》，以及小说原创剧本《Stay Alive》等。其关于诗歌疗愈与心理赋能的跨学科研究，合著发表于国际权威学术期刊，致力于探索文学、心理健康与社会关怀的深层联结。其原创英文诗被权威国际写作者数据库 Muck Rack 收录。

1. 你听到闪烁的展翅

因为总是秋天和落叶
早晨，你的皱眉
比我更憔悴
走开，哭泣的舞蹈
在繁重的风中

你与我同在
火山的熔岩在翅膀上
我窝在被子里
在彼此的怀里
微不足道的歌唱

因为总是寒冷和阳光
生火的诗歌跌倒又绝望
祈祷，亲爱的
我爱你的耳朵
你听到的闪烁的展翅

2. 父亲

父亲，没有一首诗给您
没有一个梦给您
在大地的雨中
在海的风中
伤痛在怒潮奔腾

泪水没有尽头
孤寂没有名字
残酷的剑把我囚禁
我不敢说要逃亡的真相
时间极速走过无情无义

我被迫忘记您
杜绝与你围绕
雄心勃勃的天空啊
你剥夺了他的等待
游子的心啊
被迫接受遮天蔽日

太阳无法辨认
夜晚无法改变
梦境无法欺骗
我每天写一首诗献给世界
我无法献给您

这首诗就在这里结束
我写下
是为了忘记

3. 我仍然相信

你可以掀起魔鬼的疯狂
让所有恐怖的声音一齐响起
你可以骂我很丑
骂我黑色的头发
骂我一辈子的肤色
你把我打成脑震荡
你仍将施暴
我仍然相信公义

你可以像魔鬼一样靠近我
让所有的声音都讨厌我
我没有避弹衣没有头盔
你夺去我的衣裳
袭击我黑色的眼睛
你骂我是亚洲人

骂我是野蛮人丑陋人
你仍将无耻
我仍然相信公义

你可以歧视露珠天真的眼睛
像撒旦一样穿过黑暗
像恶棍一样指控无辜
我仍将睁着善良的眼睛
和黑夜作伴
你无法让所有的亚裔
都闭上眼睛
我有超级的一根筋
永远供应疼痛的反抗
你仍将作恶
我仍然相信公义

4. 我现在就去人群里

我现在就去人群里
去市中心
去海洋的人群里
我这满头的头发
每一根都用跌倒互相拥抱
我们这些孤独的人
在我们长大之前
不要轻易叹气
我们必须拥有热闹的沉默
我回来了
不会想念人群的
在发梢上攀爬的不是绝望
伤口是诗歌的血液
我用它来歌唱爱
我会爱你的
哦，饥饿的人海

5. 谁

才十月初
树就空了
景色也空了
牛。这就是我要面对的世界
我告诉你
阳光射进了我的眼睛
照亮我了的脸
比夏天更温暖
忧愁是可怕的
谁。

6. 我爱这吃草的奶牛

我爱这疼痛的分娩
我爱这疲惫的喜悦
我爱这初生的婴儿
在母亲的臂弯里恬静地酣睡
古老的人类
胸前诞生的乳汁
是我们喜欢的爱情
闪光的
从你怀中开始的
是金色的麦浪
随风起伏的
是一望无际的碧绿

我爱这天空下风吹动的道路
我爱这吃草的奶牛
我爱这属于每一个人的母亲
我爱这和平追求的
爱这强有力的
在泥泞中挣扎过的伤痛和汗水

我爱这呼唤
在血脉里孕育和渗透的
爱、孝敬、赞美和感恩

7. 一些疯狂的树叶

在秋天的家里
你疯狂地创作
还会跳舞
也不知脚落在哪里
随处疲惫的快乐
爬起来的是风
英雄般跌倒
绝望的是音乐
我宣布
我爱的不是你
而是你带来的祈祷和拯救
好像你生来就是流浪
我生来就是要你来安慰

8. 秋天很忙

秋天很忙
我祝愿经过它时
金色的光芒不要打击我
被启动的感觉

叶片像潮水
一朵一朵像盛开的玫瑰
我磨损的眼睛
收集地上被踩的花朵

我有什么可以责备
你填满了我的心

甚至痛苦也充满了欲望
你的美貌
我虔诚的失恋

9. 珍惜每分每秒

这不是一分钟
因为回声响起来了
滴滴答答
打得我心疼
我的奢侈品
为了爱它
我把它停泊在忧伤里

这不是忧伤
是爱你不够
是海
生命的血液奔腾不息
我寻找爱你的无限可能
我品尝从未珍惜过的一分钟

如果可以让一分钟不白活
我就会减轻伤痛
我从未品尝过永恒
一分钟
当我与你在一起
我就想把门关紧
可你一直流向远方
在看不到的地方

10.　我喜欢你比我高

我清醒地站起来
挺直胸膛

度过的疫情
好像值得怀念
为隔离为关上门关上窗
那一年我咳了大半年
没有人怜悯我
只有人害怕我
我从来不怀疑我会一直咳下去
除了信心，我什么都不是

我又清醒地咳起来
我第一次主动检测新冠
除了 C，这个粉红色的眼影
是美丽的礼物
我从来不怀疑它会撒谎
除了阿 Q 精神，我就是石头
彼此彼此，世俗与神圣
我喜欢树叶挂在树上
我喜欢它比我高
我站起我坐下
它都比我高

非马
美国芝加哥

作者简介

非马是美国华裔科学家/诗人/
画家，共出版了 30 多本中英文诗
集，13 本译诗集及 3 本散文集。他
的诗被译成十多种文字，收入一百
多种选集及台湾、中国、英国、和
德国等地的学校教材。曾任伊利诺
州诗人协会会长。现住芝加哥。

1. 2020 年劳动节

1.
一年一度的
劳动节
却成为日复一日的
躁动节

2.
在多月的辛勤劳动之后
这是个法定的
休息日

在多月的无所事事之后
这是个非法定的
彷徨日

2. 这只蝴蝶

背负着
开天辟地以来
最美的一幅杰作
在明亮的阳光下
从一朵花
飞向另一朵花

顿时把这花花世界
营造成一个
免费的
流动美术馆

3. 皱纹

在一场绵长的拔河游戏里

这是你不如时间
那样精力充沛经久不衰的
证据

4. 爱情

从妳含情脉脉的眼神
以及温馨愉快的笑容
我能清晰听到
「我爱你」这三个字

即使你没开口

5. 蚯蚓

忙忙碌碌
不知道你们在地下经营的
是一个什么样的世界

或竟是一个没有天灾人祸的天堂
日日夜夜
赤裸着身体
与灵魂
在同土地亲密做爱

6. 当门打开

我们巴望看到
一个被噩梦折腾的黑夜
猛冲出去
一束明亮的晨光
款步进来

万万没想到

会有一个被宠坏
永远长不大的老小孩
赖在床上
做他的大头梦
拒绝离开

还嘟起嘴
对着一阵清新的空气
猛吼

你被开除了!

7. 一对老佳偶

用爱情的蜜汁
把彼此养得
快快活活白白胖胖

而为了不让老伴尝到
丧偶的悲痛
以及凄凉的孤单
双方都暗下决心
绝不让自己
先离开这世界

8. 面具

1.
不管雷打多响
电闪多亮
你都摆出一付
无动于衷
正经八百的
模样

真想猛然把你掀开
看躲在里面
面红耳赤
张口结舌的
丑相

2.
他们用高度的想象力
塑造
我
他们理想中的
自己

其实你看到的
既不是
他们
更不是
我

9. 迎牛年

把鼠年阴暗的
　月
　日
　时
　分
　秒
串成长可及地的鞭炮
　霹雳啪啦
　燃放

策动新来的壮牛扬蹄
　笃笃
带领我们奔向光明

10.　酒窝

金属太僵
玻璃太脆
你用温情
熔铸成脸颊上
这两个闪闪发亮的美杯
等不嗜酒却善饮的他
过来同你
一起斟满生命的甜汁

干杯!

施文英
法国

作者简介

　　美术文史双硕士，曾任法国《华报》副总编，翻译法文小说、出版散文集、诗画集、学术著作等。作品见中国《厦门文艺》《散文》《野草》《天池小小说》《百花园》《莲池》《羊城晚报》《华文文学》《香港文学》台湾《印刻文学生活志》等。近年获《首届国际生态文学奖》散文诗金奖等全球文学艺术二十多奖项。甫获香港《国际华文诗报》授予国际华文桂冠诗人荣衔。在全球各地举行多次个人画展及联展，作品为机构及私人收藏。

1. 夜

梦里有一扇
透空的窗
镶嵌着星光月色
每晚星星吹起簧管
穿上神话的外衣
婆娑起舞

夜空中满是风的耳朵
聆听宇宙中失眠的雀鸟
激烈辩论
时间一点一滴
从挂钟里
随性溜走

2. 路

总觉得时间不够
总是在赶路
彷佛赶着我
今生的劳碌
到地平线外

纵横的路
将足音拦截
再种在别处
我再也无法找到
光阴的足迹

风追着尘埃
卷起发丝蓬松的云
散乱了我
迭迭错错的

空中诗行

3. 山水间

我住的地方
有山有水 还有
几亩可以耕种的土地
植上南瓜豆荚和大白菜

屋旁一棵古木
听到的是年轻的声音
斑鸠、麻雀、画眉
在树桠间 高谈
阔论 谁的妆容最时尚

我坐在屋檐下
读孔子 尼采
一片片屋瓦撑起
理想国和大同世界的天空

石头堆积着愁烦与闲情
路边奔波的车辆
复述着我这一生的沧桑

我终于了解 自己喜欢的
不是远古的智慧
而是流水声的寂静
它的力量 震动了我的心

4. 树林

青苔扫净树木的轻尘
搬出绿色的火苗
点燃一片

欧石楠的风采

风穿越我的衣袖
查看我
捡拾栗子 蘑菇 的手
是不是曾经在许多年前
抓过带风行走的蟋蟀

蒲公英细碎的呼吸
跌落满地，漫过
黑褐色陈年腐土
吵醒了树上
花朵沉睡的清香

我听到林间的私语
不再理会风
忙着追逐松鼠
围捕小野兔
尝试打探它们之间
藏着什么美丽的秘密

5. 留下相遇的美

酒吧间寻她不在
没人知道她飘浮到哪儿 寻觅生命
找人聊天 咀嚼各自的灵魂与思想
或者去哪一个空间搭起一些拼凑的
桌椅
同病相怜的人相互捕捉彼此的心

不对生命抱存希望
只是勾起记忆的一种笑谈机会
一次又一次笑 却不知为何
疲于那些上流社会的夜晚

研究什么酒品味高
什么酒价格不菲
这里不必费神
一种活生生的酒足够

拿开戴了一天的面具
卸下每天扮演的社会角色
在沧桑里停步
借问活得有多累
简单生活就好
留下相遇的美

6. 荷姆酒味的咖啡厅

钢琴慵懒转动
像缧丝钉一样
旋转出
一屋子荷姆酒的气味
怀旧的乐曲
无力编织
我们幸福的日子

分手与绝裂的爱情气息
一次又一次
散布在
咖啡厅一排排长椅上
一次次的情伤
磨损光泽
剥落油漆
呼吸着
疲惫不堪的酒气

7. 十七岁那年

大街上那些房屋都紧皱着眉头
窗户开向远方的渴望
那一年我望见天际的蓝色静听自己
的心音
尘土飞扬的道路上那些树木伸长著
枝桠
直到把伤感传入云层的深处

灵魂不论关闭在什么样的教科书里
都要破页而出
那一年我只关心那些神秘的事物
以及另一个世界的故事
傍晚时分飘荡在尘埃中与榕树间的
悲歌
变得与我休戚相关

一身缟素　满袖记忆　走向
孤零的荒芜小径
旧的生活终结　新的生活未知
那一年我自雕成哲学家之姿
不是仰望星空　就是冥想苦思

8. 離別

我撿起我的外衣　如同
撿起我的影子
揮手告別昔日腳印
那深深陷入泥層的情感
紋絲不動

你持贈一把當令的蔬菜
失手散落了滿地青菜
那是瑣碎的人間事啊
無法掇拾

連同我倉皇的心緒

你如果清掃
那夜間降臨的霜雪
只一搖頭
星星就紛紛跌落下來

9. 猴之语 - 交换

一次又一次证实
大象、驴和猿猴都能挥笔涂画
一样拥有大量鲜活的渴望
美是一切生灵的所爱
不是人类独有的感觉

每一种造物的干渴灵魂
都会为大自然晕染上
一层美的外衣
谁说这不是世间恒久的愿望

远方山林传来隐约的呼救声
举头问苍天
能不能用我们的笔交换
人类手中的斧锯
杀戮砍伐的霍霍声
掩盖了树木的心
在土地怀里碎裂的脆响

10.　手机

全世界都在云端相会
餐厅里 火车上
我感觉到每个人都挥动着
那片扁平的玻璃武器

砍断了我日常生活的热情

我不确定要不要开机
一打开 一幅又一幅
坚硬的风景就会跳出
催眠季节的神经
心灵的时钟随着闹罢工
情绪小猫彻底弄乱我的脑线团

那小小框架里的细菌
正啃蚀着我的思想
唤走了我的灵魂

冰弦
加拿大

作者简介

    湖北荆州人，旅居加拿大，写诗。

1. 白露

在纯粹的黑暗中
被群星覆盖
或者将黑暗纳入纯粹

琉璃碎片从寂静中迸裂出来
像极了月的下弦
像极了一只遥远的手
所能给予的爱抚

2. 命运

青铜的欲望，被《命运》虚置
在永恒的双手之间
她爱过。乞求过。
精疲力竭
像一只产过卵的鳟鱼
顺着流水漂荡
死亡，无需挣扎

注：《命运》青铜雕塑
创作者：卡米耶 克洛岱尔（1864
-1943）

3. 自画像

和丢勒自画像里的天空一样*
都有遥远的山
都有几朵云时不时酝酿雨水
他的窗外是阿尔卑斯山
而我的，一只蓝鸦躲进松枝
它以为我看不见它
就像我以为它看不见我

我想对它说："不会再有比今天早晨，
更美好的早晨了"
我想说："你确实来过一回"
然后被我虚构了很多次
那个时侯
母亲尚在，孩子还未出生

* 丢勒 26 岁时的自画像（戴手套的自画像）

4. 时间是…

时间是一群自由的灰鸽子
被我揉成一团
投掷出去
它们在废弃的铁皮房里筑巢
等雨水
敲打它们

5. 微小

生活那么微小
比临街的一扇窗户还小
那么微小
小于这扇窗今天清晨容纳过的阳光
它甚至比一幅画还小
比那点墨迹还小
它不仅小于唯一的眼睛
和它参与的观摹
它也小于任何一次流逝
小于昨天在街角
让卖柠檬水的女孩笑出声的
那声响指

6. 你描述一片树叶…

你描述一片树叶，像是
在信里回忆一个人。
可能是梧桐，也可能是香樟
它在某个下午抵达我
站在一座石桥上，对面
低飞的是白鹭。
你不曾提及的微风，此刻
正轻轻触摸发亮的叶片，
在我的面前，这一切
几乎都是真实的

7. 一座桥的定义

用否定的方式
从此时此刻径直延伸向我
用不存在的黑色翅膀
搅动空气
用一只永不会谋面的灰雀认出我

"此时此刻，你在做什么"
巴列霍在问我
从诗里找寻姑娘的手*

多么优美的一个抛物线
"此时此刻"是灰雀好奇的眺望
是时间与我之间
从空虚中生出的骨骼

是灰雀在颤栗

8. 雪原

雪仿佛与世隔绝之人
走在自己的内心
他一边走雪一边下
像一支铅笔
在古老的白纸上
画自己的脚印
一边画一边擦拭
直至那人走失

9. 阴雨天

酒馆昏暗的灯光
如一个假设
推开门时的吱呀声，
恰当地解释了
某个五十年前被固定好的螺丝
开始生出锈迹。
与此同时，时间在窗外记录细雨，
这让凹陷下去的山谷里
灰白色雨雾愈发浓稠。
一封年代久远的信笺藏匿
隐秘的情欲……
眼前没有路的荒野，没有树
没有一个人。

妙妙
新西兰

作者简介

Kelly 妙妙（妙一）原名：孙妙捷，祖籍中国海南省，1998 年移民新西兰。新西兰《澳纽网》文艺专栏作者，美国《综合新闻》周刊汉俳栏目主编，曾任新西兰《汉俳杂志》主编、新西兰文联汉俳主编、小小说选刊主编。荣获海内外多项诗文比赛奖项，出版个人作品《妙妙汉俳诗选》《妙妙小鸟集》。

1. 走进雨巷

三月里的天，和风，舒暖
桃花红，李花白，杏花芳
细细的，绵绵的
一半儿草绿
一半儿花香

涧溪潺潺
锦鲤跃跃，冰化融霜
小径幽幽
枝枝丫丫，弯弯曲曲
杈杈绽满了大大小小的花苞
毛茸茸的，粉嫩嫩的
一会儿雨飞
一会儿风扬
最美是
早春里戏水的鸳鸯

一路的馥郁芬芳
一路的心儿欢畅

走着，看着，唱着
我的烟雨开始迷茫
这分明是那条长长的雨巷
浓浓是海棠
淡淡是丁香
五彩斑斓的风信子
在空中飘荡
带着暖暖的紫
灿灿的黄

谁是那惆怅的姑娘
带着太息的目光？

2. 作别白桦林——写给在俄乌战争中分离的人们

这是一片
茂密的的白桦林
白桦树棵棵挺拔
树杈上挂满了朵朵绒花
皑皑白雪，寂静无瑕

这里有辽阔的黑土地
沃土上的人们曾经热情相拥
祖辈们金戈铁马
挥洒下无数的青春年华
亘古的伏尔加河
滋润着广袤大地
麦田里长满了
向阳的嫩芽

这里有他们美丽的家
渴望胜利的人们
唱起了喀秋莎
北方的冬夜
天空没有月华
匆匆的人们
脚踏白雪，咫尺天涯

前方的战火已经打响
硝烟里的血腥
让一群嗜血的人兽性大发
和平！美好！蹂躏！践踏！
在刀光剑影中
善良的人们开始了
四海为家

这是一片作别的白桦林
这里曾经是他们美丽的家
火炉里烘烤着白面包
餐台上弥漫着伏特加……

3. 麻木

眼睛，你是有的
手，你也是有的

你却什么也看不见
因为
你的心不在
你却什么也触摸不到
因为
你的情不在

终于
我的天空下起了雪
心和情
已被冻僵

4. 思念一场雪

在那个永远不下雪的南方
移民生活
我从南方到了更南方
自此，失去了与雪为伍的人生
我便一直对雪耿耿于怀

下雪天
满天的鹅毛纷纷扬扬
寂静、洁白的天地
新鲜、纯净的空气

一切如初美好

我希望重遇一场雪
一场可以涤清世界
万物得以重生的雪

皑皑白雪
辉映山河
山是钢硬的山
水是钢硬的水

一个冰冷的世界
一个冰冷的我
一颗跳动的心
是温度永存之地

雪
让人如斯清醒

5. 诗者永诗

带着对诗歌的向往和敬意
对待事物
我每每喜欢如歌如泣
"不以物喜 不以己悲"
但常常身不由已
为一片阳光，我心感动容
为一片落叶，我莫名悲伤

远方在招手
诗在我体内横流
脆弱的神经
早已不负重荷

春夏秋冬有四季
三生三世是轮回
晨钟暮鼓朝升夕落
诗者永诗

云游是诗者的心迹
与天地长存
与山水相拥
流墨如金
倚梦思亲

踏上诗的远方
我,与死亡
做了告别

6. 永远的山

亲爱的，别哭
每一滴泪，它
都带着痛
那些晶莹的泪光
它翻页着过往
也触及将来

我们带着哭声降临
那是，大千世界
给我们人生上的第一课
它是如此宝贵
而人生，就是
跨越，一座又一座的高山
欣赏，每一座高山上的风景

不断的追求，人们
从一个高端

走向另一个高端
从一种极致
走向另一种极致
却，唯独忽略了
自己的生命之山

那是一座
欣赏不到最后风景的山
它，终将被你踩平
伴随你，永远
的山

7. 写一首诗

不需要华丽的词藻
更不刻意追求完美
只想写一首诗
只为诗
写诗

把所有的悄悄话
埋在诗里
用诗记录
生活的每一瞬间
在诗里，感受
人间最温暖的亲情
在诗里，丈量
每一个故乡的距离
在诗里，更是
读懂了过去
憧憬着将来

让所有相逢的喜悦
都留在诗里

让所有离别的痛苦
都随诗而去

感恩所有的相遇
为每一声鸟鸣欢欣
为每一滴雨露感动

让一切曾经的曾经
让一切未知的未知
都经过诗的洗礼
在诗里升华

让诗
永远长在心里

8. 永远的痛——写在巴以冲突之际

出埃及，越红海
历尽千难万险
前世，今生，来世
摩西，摩西
向东还西？

从古至今
历史的车轮滚滚
碾压了多少岁月红尘
那段哭墙上的斑斑泪痕
在风沙中，它湿了，干了
它干了，湿了
无论，欢喜和悲伤
无论，希望和绝望
有谁走进圣灵，触摸了上帝之手？
矗立的圣殿圆顶

在断瓦残垣中金光四射
又有谁得到了真主的庇护和怜悯?

亘古的尼罗河啊!
你蕴育了万千子民
却不匀黑与白
洗涤不尽世间的恶!
那片应许之地
也曾开满了风之花
华丽的戴胜鸟衔着长长的橄榄枝
把冰清的圣水,洒满了圣城

可是,大漠的风啊!
你刮走了整个秋天的盛果
可有一丝丝清凉
吹进人们的心窝?

大漠里
依然炙热! 焦烤!
令人窒息!

只是回到原始
没有了人和事
就没有了
所谓的骄傲和气馁

放下一切,放下所有
放下,是一种释然
放下,是一种解脱
放下更是重生

放下,再放下
过去已往矣,将来未卜兮

只做今天的蝴蝶
舞尽长天秋水
待春暖花开,再见
已破茧成蝶

来吧
让我们重新拥抱自己
摆渡灵魂!

9. 期待去流浪

哪一朵云儿不飘荡?
哪一朵花儿不芬芳?

不要问我
从哪里来,到哪里去
带着一颗滚烫的心
和空空的行囊
我期盼着
去流浪

一无所有

谢榕枫
加拿大多伦多

作者简介

从事教育工作。曾与五位诗友合集出版《天国的回音》。业余爱好写诗，写作是为了把内心的感受变成文字，让生活更有意义。

1. 垦地

承受力象只蚂蚁
肢体静止在地表上
春风敲醒知觉

来吧
让蚯蚓与锄头共舞
尝试着
不让它受伤
也许，在黎明之际
它会爬行在地球的脊背上
聆听着绿色信号

2. 园子

园子收留了我的世界
鸢尾花有足够的空间
舞动特别的姿态
飘香藤也有足够的高度
吸收阳光的热情

篱笆外的流动声音
仿佛母亲在呼唤
归来

黑夜,麻木的躯体
向病毒做一次妥协
请问：何时起身

3. 秘室的回声

亲爱的,你掠夺了我的灵魂
尚未进入黑夜的床

已把身体曲成问号
是什么驱散了
我们的一致的步伐

爱的瞳孔放大,再放大
搜索人群中那绿装
眼睛却迷失在柏油路上
永恒的脚印
留给麦田
留给迷雾

干杯吧
忧伤的酒杯
碰出闪光
弥漫在心田
思念的洪流
冲刷梦的帐幔
揉成一团

4. 秋风秋语

风的手掌 沉重地
打在世纪的城墙上
新冠和战争频频地跳跃

冰块围着智觉似乎不愿化掉
来吧,烧一堆篝火
烘干所有的泪水

我在哪里
你的视野范围
处处与你同在
我拖着厚实的被子
在地球上数算白昼

根招唤着灵魂
以秋的红叶
绽放我的心愿
活着的,更好地活着

5. 盼

这种的阳光
收容了我所有的寒气
雪也化了些
但路还是泥泞
步伐难以前行

浪花的频率
理解命运
我所钟情的朝向,是
磷光捧起天鹅的方向

请你原谅
东方的岸
锚已锈
需要沙石冲刷

等待
是大海与风的对持
把一张启航的票
绑在桅杆上的时候
母亲激动的泪花
如海水

6. 天山

天山,我来了
用什么样的语境

与你独白并不重要
因为曾经的盼望
太沉重了

当牧民的歌声
把一道道黑暗打开
我也用的情怀
拥抱你

血汗身躯架起的天路
那代价
无法仗量的脚步
此刻,肃静在你的面前

聆听
空中草原的那拉提演奏会
用上天祝福雪山的旋律
怀念为边疆献身的战士

7. 独白

梦在空中飞舞
有的被风扑灭
有的被正午的太阳
聚焦燃烧

昨日今日
被现实订在墙上
明天
在午夜的钟声中诞生

绿色编织着故事
希望,用一生的梦想
去承受风沙

承接结果

所有的忧愁
交给仰天的花朵
风的低语
所带来的信息
让烈日温度更高

8. 问

生命赋于的篇章
为什么用争夺来改写
红色涂满了城墙
吹烟也在问路

热浪滚来
风的舌头添干泪水
乌云掩盖了眼睛
此刻,杜绝一种声音

只想如草一样
在地上走动
活着,拥有
该有的内涵,活着

愿水流过的地方
就有谱写大地的曲调
唱首震动万物的歌
来盖过烟火

9. 无题

是什么声音
震动大地

是谁的手
在狂舞
但失去了节拍

倒下的
属于消失、寂静和黑暗
让重心更重

土地正吸收罪恶和善良
在黑暗和光明中
花朵与昆虫交战
在花蕊上

望着游行队伍的妇人
你的泪
滴在心坎上
血红血红的

路人的手
安抚过的双臂
请举起来
祈祷吧

等待季节之时
果实再告诉
根劲所经历
痛苦和快乐

人类畅饮着信号
属于永恒的信号

青竹
美国亚利桑那州

作者简介

　　邱跃辉，笔名，青竹、蓉竹，美籍华人。美国中文作家协会永久会员；中国现代作家协会常务理事；美国休斯敦华文作协会员；美州文旅社长；北美翰苑形象大使；英国文学副总理编，传世图书策划出版社签约作家、诗人；作品散发多国，多次获奖。2024 年获美国旧金山国际新概念第十一届电影节最佳文学剧本奖；2025 年获全球首届微视频海外最佳实力诗人奖。著有长篇传记文学《翻开泛黄的记忆》汉英诗集《往事如烟》汉诗《太阳谷》

1. 七月寻古

七月城市喧嚣依旧，
我却想逆流而上，
寻访被时光磨平的痕迹。

夏风拂过，带来远古的低语，
走在古老的街巷
青石板泛着幽光
每一块都是历史的烙印
车马声声，人来人往。
斑驳的墙垣，爬满了藤蔓，
它们无声地述说
过去岁月的沧桑。

破败的庙宇，香火已稀，
佛像的笑容，依然慈悲。
石碑上的文字，模糊难辨，
却仿佛有无数故事，
在风中轻声叹息。
触摸那些粗糙的木柱，
想象工匠们挥汗如雨的劳作，
雕刻出一个时代的精魂。

每一道裂痕，都是生命的印记
寻古不是为了回到过去，
而是为了理解，我们从何而来。
那些沉睡的灵魂，那些
逝去的风景，在七月的骄阳下，
被重新唤醒。它们告诉我，
生命是生生不息的传承，
而我不过是其中，短暂的一瞬。

七月寻古，在现代的缝隙中，

与古老的魂魄，温柔相拥。

2. 那枚勋章

每年八一清晨
她都会奔赴南疆
在未婚夫墓前
点燃夏日圣火
连烧三炷高香

黑色大理石墓碑
挂一枚勋章
那是她的爱情
承载猫儿洞潜伏
蕴含丛林硝烟火网

多少个八一节过去
天地岁月沧桑
她仍独身一人
陪伴她的挚爱
是这枚袖珍月亮

一枚爱的见证
一曲流传的民谣
一轮燃烧的夏阳
在进行曲的节点
释放灿烂与辉煌

有多少寡妇夜夜守
一盏孤灯残影了却一生
窗外的和平鸽咕咕咕地叫
这叫声是被战火烧伤的凄鸣

3. 情路弯弯

爱你不悔
你是夏夜的萤火
爱火点燃遥远的夜空

爱你不悔
梦归廊桥与你相会
灵火闪闪是你爱的缩影

爱你不悔
天边有双如星的眼睛
忽明忽暗照耀爱的归期

4. 借我一盏灯

哪有事事如意
人生处于低谷
迷茫中度日
暗夜中挣扎

希望上天眷顾
送迷路者一盏灯
人生遭遇厄运
在泥泞中跋涉

呼唤上苍显灵
两眼一抹黑
问苍天在何处
叫天不应，叫地不灵

救赎靠己也靠人
加油为己点亮心灯
灯的广角度可照亮众生

善行天下，灯可互借

四射的灯光可照亮迷路
人找到出口
谁也不知道啥时候
谁借谁的灯走出黑暗

力争做一个送灯人
赠人心灯心有余光
做一个有光环的人
照亮自己的路
也照亮误入盲区的人

5. 礼物

费尽心思
找不到礼物送你
与你相见有亲切的言语
送人礼物我的智商为零
我不懂世俗烦杂
我心盛开如一朵
清水中的莲花

你身边围满众友
眼睛盯得我脸羞红
感觉我是一个不懂礼数的人
除了你谁看得见
我带的礼物

这礼物和我生命一样贵重
把我的心压成了弯弓
我两手空空来见你
一个桃色的香吻
醉得人神魂颠倒
心仪礼盒奏出爱的弦音
这价质的昂贵上帝知道

6. 晚霞双栖

谁把天空捅破
把金红色的云彩洒下江河

一对仙鹅降来凡间
一床河水从银河系坠落
一对情侣天上人间紧相随

万物皆有爱
飞禽走兽与人相似
天鹅是专情生物

此情此景胜似仙境
此情此景醉了人
醉了人一枕幽梦

7. 陌上花开

从母亲走了的那天
把心规划设想为田园
撒满无名的小花种
四季静静地开放

不期而遇的温柔
每一朵
都是无名的小小星辰
不争芳，不斗艳
默默地吐香
舒展着、黄、紫
或一抹浅淡的白

从母亲走了
我慢下脚步

常常俯身看看
路边或田埂上那些小生命
它们不声不响地开放
谢幕时没有悲伤
像母亲的音容相貌含笑九泉
陌上花开，是给每个
匆忙灵魂的低语，

生活不在远方
就在眼前这一刻
细小的美好
不经意的绽放

让我们的心安静下来
看它们像湖面静水如镜
映照出我们内心深处
恬静如斯，我们渴望的
就在这里，陌上花开

8. 公平

上天赐老祖宗一把黄土
吹一口气创造成了活人

人，在上帝的助力下
泥巴变成了血肉之躯

终身不歇成了一部机器
挣钱、挣钱、只为吃喝拉撒

年轻力壮昼夜运转、机器一旦
到保质期不一定有零件更换

无论英雄好汉贱民强盗

无论帝王将相最后骨消黄土

9. 醒

上了瘾停不下来
日日与朝阳同步
夜夜与星月作伴
夜深与灯火为伍

拜访故人佳文
阅读古人奇诗
文海中打捞金子
书中寻觅汝玉
浸泡数年身心
沾有几分墨香味

穿行于文路行间
惟独没有见到
古人群聚疾书
找人高评鼓励
夺诺奖的名家们
没有四方寻花问路
没有八面采风

他们以酒助兴作乐
激发灵感澎湃
以山河大地色系
明喻暗喻写生
真性情的佳作
流传千古不朽

看古代文人骚客
诗画美满天上美荣人间
看今朝诗书画天花乱坠

看见太多空旷无魂
生拉硬拽拼拼凑凑
华丽生涩之词难懂
我只想静心与灵魂对话
把人间的爱恨情仇
淋漓尽至地展现在纸上

人生短暂，不跟风
不凑合，做一个平凡人
逆流而上，活出独家
清醒独家醉的人

邢佩莲
马来西亚新山

作者简介

　　兼职画家，美术导师，马来西亚作家协会会员。画作已被画馆、旅店收藏，作品在各国展出。诗歌刊于 中国，美国，加拿大，西班牙，香港，澳洲，新西兰，纽西兰，新加坡，马来西亚等各国杂志、纸媒、微刊。

1. 沉默

今夜无人移动月光
沧海凝视镜中的人
深邃中一双眼眸
永恒的爱
在旅途清晰坚毅

你们是一面镜子
望着那里洁白的沙滩
希望没有尽头
一切的生命与未来
一切光守护着幸福
爱随之永恒
于宇宙无限言语

2. 选择

这个季节有一个声音
对着太阳颤栗
心跳进白花
某些音符月儿难解
灵魂深处眺望着
一个梦想一些愿望
如何承受，又如何活下
从这个世界转身离去
或者变得坚强
如同旭日
谁也无法预知未来

3. 与己书

尚未消失的寂静
雪落三天

真诚的爱情
蓝蓝海浪朗朗夏日
在虚拟的天空发怔

遥远的异乡人
被爱着的爱情
活在心灵的海
开启一个词阳光之旅
天使的爱轻轻将我灼伤
生命重新开始

4. 小溪之花

谁的善良走失了
雨抱怨而愤怒
谁改变谁的世界
怜悯与恐惧在交织
一朵祈愿的花
潺潺、怅怅

风临近溪口
春天开始呐喊
美丽的灵魂展开双翅
通往人性之道
爱、希望
一颗包容的心

5. 十年后

一个女人坐在枱灯前
白纸上悲痛的双手
掌心空空荡荡
记忆在夜空漂浮变黑
槐树的垠甜美的梦

在月光下消失

十年离得很远
感觉在鸟的叫声中
听见令一个面孔在呼吸
在一片孤寂灯光下
泪水成一根线
从纸面穿透未来

6. 落叶飘零的晚秋

风冷冷地穿过恬静草原
大地展开臂弯
拥抱一片片星火
托起夜空

月光躺在街灯上
数亿颗心愿
在宇宙嗒嗒作响
探索梦中的梦

浩瀚无垠
黑夜的另一面墙
生命爬出门槛
一束万丈光芒
向你走来
这是故里最美的晚秋

7. 秋光

想把夏天留住
晾干绿意准备下嚥

一片杉木在变色时呼唤

声音阔步走进屋内
思绪在书柜里踽踽独处

窗外树叶风中翻卷
像爱的火焰
掘进我的心灵
一边焚诗一边葬花
某时某刻发生
谁知道纯净的词在飞翔
它歌唱着它的独一性
爱的纯净让世界震惊
它的灵魂属于你
在一束光中

一首爵士乐的独特视角
在六月经典故事中
是诗人的初心
当遍地莲花盛开
彼此守住一点温柔

8. 你，已在画中

这是个神话故事
一朵白花在微笑
诗里的女人神迹般出现
眼泪如夏雨
融入我们呼吸中
探索纯净的语言
谁是那一束光
坐落东直门槐树下
拥抱故乡为爱停留

9. 像植物一样活着

日子里阳光侧一边脸
只要松一口气
宇宙尽失

思念是午后中雨
零距离靠近我们

芳竹
新西兰奥克兰

作者简介

芳竹,新西兰华裔艺术家,诗人、媒体人,毕业于新西兰曼努考理工学院,海外华人艺术家协会理事。诗歌作品见于《诗刊》《诗潮》《诗歌月刊》等世界各地的诗歌刊物和网络上,2013-2018 为新西兰中文先驱报撰写《芳竹诗画》专栏,诗、画作品被收入《中国"她"艺术》《世界华人经典诗选》等几十种画册和诗选,著有诗画集和诗集:《时光的锦绣》、《把相思打开》等四部。于 2001 年荣获台湾华文著述文艺创作诗歌奖,2017 年被评为"中国新归来诗人奖",2021"半岛诗刊首届"年度诗人奖、第六届"新西兰冯蕴珂华文文学奖"一等奖。

1. 独唱

我说,月光是一首独唱曲。——C.M

独自的灵魂像返回贝壳的一缕风
谁来安抚和回答?
这跌落在水中受伤的夕阳
听草木众生在时间上嘀嗒
陌生人点起了灯盏,我开始陷进暗色
和影子互相搀扶,在小草失意的地方
一枚孤单的果子泛起斑驳的表情
衰落的何止季节,何止归途的鱼

那一堆用旧了的文字越来越轻
还未落在纸上就散去了
那就适时退出更脆弱的思想
好在夜色隐藏了相向而行的事物
月光一寸寸走近,音乐开始袅袅生烟
明亮的忧伤和可爱的来世一同呈现
我收回对白天的许诺,那些易碎词语
独享月光里的芳香,回声和落雪
这些引领我飞升的事物 让我更接近星辰

2. 孟

**道之所在，虽千万人吾往矣！---
《孟子·公孙丑上》**

我从东方来，带着姓氏和茶
南太平洋的海水正流向三月的尽头
我在一缕茶香中望见故乡的春天
想那片土地赐予的恩泽和思想
"天降大任与斯人也，必先苦其心
志"
"生于忧患，死于安乐"
文化的枝蔓巨大而繁杂
历史也烟雾般弥漫着岁月的河
想 2000 多年前
那位邹国的儒士是以怎样的情怀
穿行于群雄割据 诸侯争霸的中原大
地
又以怎样的雄辩之姿 浩然之气道出
"得道者多助，失道者寡助"
"人皆可以为尧舜"
回望有时只是一瞬，心却刹那间古
老
走不出啊血脉里绵延的温热
只因一个字触到了乡愁
只因那玫瑰低垂向暮色
而骤然的惆怅会是归路太长吗

一缕茶香仿佛一场梦境
云朵的迷茫处，雨水正一滴滴落入
大海

3. 空房子

那一晚，门自己开了
月光站在门口，纤细而多情

我看见一只手在书写
每一笔都在抹去记忆和睡梦
那个常年空着的椅子
忽然落下白雪
映出的老照片和褪色的姓氏
我被困在了时间与尘土的缝隙

风再次吹来，门窗依然无法言和
我开始怀疑，这房子不是空的
只是活着的方式与我不同

4. 说出的秘密

梦是提前埋下的谕示，
那句话，在它浮出水面之前
先被金色的小鱼读了三遍

风举起我羸弱的思绪，
一粒灰飘进夜的褶皱与不安
我说出的秘密，是尚未死亡的声音
似某种神祇在我身体里短暂地停留

秘密太小，小得像
掌心里那颗尚未咬破的石榴子
却也太重，曾穿过火焰的重
让每一个字生出金和羽毛

夜在后退，它缓缓退入体内的湖
底，
鱼不再游动，词语嵌入礁石
唯有一根羽毛，逆着水流缓慢上升

5. 界限

想说
光明界里的树结出水晶
暗界不可能
在尘世放牧海水
看鸥鸟追寻鱼群
我哀悼的事物和盐不同

想看一下鸟儿眼中的世界
想听懂花朵的密语
可今生怎样才会拥有翅膀
又否可以美成一丛植物
我躲进胸腔的悲伤大过雨水

秋天是一匹跳跃的马
凌厉的姿态碎了所有的意象
长久地迷失于一张纸上的言词
直至大雪覆盖了谎言和记忆
我梦见的大地写满金色的律法

还想说说我和你
一株曼珠沙华的花与叶
漫漫黄沙中的两场命运

6. 马群消失

其实马群不曾来过
只因变幻的云朵曾拜访过草原
只因旅人说出了泉水呈现的倒影
只因神界散落在人间的诗篇
只因那个爱尔兰口音里的传说
还有萃取了剑气和梅子酒的月色
无尽的慈悲和温情的音乐

谁把眼前的景致推向遥远
当暮色垂下，一切都矮了下去
我们也一步步退出了光和影
就好像 从不曾在桉树下探望春天

7. 树林

1.

风吹动沉寂，谁擦伤了心头的暖意
日影西斜，树木的姿态伤感且疲惫
是什么寥落成故乡更深的秋意
那些空落的思想雨水一样寡情
左一脚十年，右一脚再十年
我已在海水里嗅出盐的霜雪
白茫茫的幻象掩埋了鸟和童年
鲜活的事物总是无法挽留
而骤然的怀念旧疾一样尾随而来
虚无的时间流经我的身体
我开始梦见树林和双亲的墓碑

2.

无数的陌生人来了又走，雨滴一样
空心的日子在风的宿命里沦陷
这绿色而悲情的领地，小草心神不
宁
多少年啦，河水一瘦再瘦
在忘记的高度里，我看见描述
灵魂的词汇，部分瑰丽部分晦暗
还有空白的部分溢出水来
我开始怜悯自己
这大片孤寂里孤单的一株
最好的救赎或许继续沉默和衰老

直至成为亲人脚旁的一汪炉火

8. 低音的秋天

我们被护佑着进入微凉
飞蛾隐身暮色
一层层的暗影提示着
这已是北方的门外

旅途还在继续
被告别的事物一再落下
连同曾经的花朵和
海面上盛大的古典蓝色
云朵含羞退回悲伤的起点
我们仍在行走和寻找
在陌生处听风和饮酒
听落雪在远处翻山越岭

而此时，想象的田野上
只有鸟鸣升起又落下
一位老人打扫着疲倦的落叶

方青
美国洛杉矶

作者简介

原名施志清，当过插队知青，曾为上海第一、第二医科大学外科医生，加拿大麦吉尔大学理科博士、多伦多大学生理系博士后及助理教授、美国多个医药公司研究员、医学主任及临床副总裁。业余爱好文学，美国洛杉矶华文作家协会会员，美国洛杉矶雕龙诗社会员，曾任《洛城诗刊》编委。有诗作发表于《诗殿堂》《新世纪诗报丛书》《山凤》《文综》《大湾文学》及大型诗丛《诗》等中美多种文学期刊，以及《中国青年报》《中国日报》《台湾诗报》《侨报》等中美多种报刊杂志和《中诗网》《诗之梦》等网刊，参与主编及编辑多种合著诗选合集。

1. 在阳关，找一条解冻的小溪

早春，在阳关
找一条解冻的小溪

倘若春风止步于酒泉
吹不进祁连山的峡谷
那就折一枝萌芽的柳条
吹一曲柳哨《阳关》
对溪边沙枣花的蓓蕾
眉目传情

倘若溪边饮水的汗血宝马
觊觎你手中那一束红萝卜
那就让它饱餐一顿
再给它读一首
李白的《天马歌》
让它迷途知返

倘若中原的大雁飞来
在头顶折向天山北麓
你听吧，驼铃声
很快就将穿越西边的沙丘
与晚霞一起，在胡杨林飘落

早春，在阳关
找一条解冻的小溪

把你冬眠的心事打开
把你老去的青春打开
让你眼中的阳光穿透浮冰
穿透小溪

把春天打开
把阳关打开

2. 故乡，有时也很柔软

在每个晨昏，烟火
和自来水声缭绕的小巷
焦灼、疲倦与
柴米油盐的困扰
在灰色水泥和青色砖墙上
碰撞

活在泛黄的岁月里的故乡
并不柔软

弄堂口，看不见苍苍蒹葭
阳台上，听不到胡笳十八拍
莎士比亚和托尔斯泰
从没来过这个角落

只有李白的明月
偶尔在晴朗的午夜照亮床前

记得铁环滚过纤瘦的童年
赤脚趟过夏季滂沱的雨水
在代数和英语纠缠的日子里
孙悟空和武松，偶尔也能
解答生长期的困惑

埋在梦深处的故乡
有时粗糙，原始而生硬

直到有一天，少年人即将启程
开始江河湖海的漂流
不知道远方，有没有诗
有没有普希金和苏轼

当汽笛声声，催动车轮
回望故乡，那一片灰暗的屋顶
那些狭窄弄堂里的蹉跎人生
蓦然鲜活，蓦然生动

车轮滚动，而少年人的心里
正下着一场大雨
在四月苍白的阳光里
记忆无比潮湿
在那一刻，故乡
瞬间变得柔软

3. 玉门关

我是王翰手中那一只
乡愁淋漓的夜光杯
东方来的武士，醉卧城头
啜饮家乡的米酒
西边来的商人，骆驼脚下
一口口，吞下突厥的葡萄佳酿

我是王之涣帐前那一管
吹动孤城的羌笛
每一坨小方盘城的土坯
都隐藏着哽咽千年的风声雨声
每一垛颓败风化的城砖

都回响着江南柳哨的回音

我是胡杨林永不枯干的骨髓
我是沙枣花幽香滋润的魂魄
我是张骞十三年的隐痛
我是班超半生难圆的梦

我是疏勒河的落日
我是塔里木的孤烟
我是千军横扫戈壁之后
血染土墙，将军腰间
宝剑的锋芒

远眺祁连山，清点九百里
龟兹、楼兰的羊群和毡包
走出河西走廊，铺开两千年
绵延欧亚的丝路长卷

我是折戟沉沙的斑斑铁锈
我是南下罗布泊的点点归鸿

烽火狼烟隐褪之后
蓝天雪山牧场之间

我是汉军与匈奴
一堆白骨垒成的塔
我是天山脚下
一座中亚细亚的碑

4. 潮塘江边的老树——写于 2025 年母亲节

潮塘江边的老树
被世纪的风霜打弯了腰

在潦草的岁月裏
太陽依旧年年照护她
就像忠实的闺蜜

風雨撕裂的累累傷口
幸好有四季露水来滋润
每当微风吹过
树叶飒飒，好像能听到
一口余姚方言，穿越烟熏的厨房
絮絮叨叨，煨熟了一锅锅
陈年往事

在家乡那条小河边
杨梅的酸酸甜甜
和插秧季节布谷鸟的聒噪
常常唤醒遥远的少女时代
朦胧中那一弯炫目的彩虹

梦里稻花和桂花的香味
被窗外的秋风阵阵吹来
越剧《梁祝》的曲调
每每是不经意间的
自我催眠

不知为何民国时代的山歌
这些年来，调子依然这般清新
犹似偶尔小酌的女儿红
度数一直不变

唯有你的步履愈加沉重
愈加迟缓
是不是那些余姚田间的小路
把这么多年的晨露和晚霜
浸透了你千层百纳的布鞋
再也无法

晾干

5. 偶忆

她的眼光，与他的眼光
两道光子的暗流
在六月的时空里擦身而过
进入各自的黑洞

当他在秋风里醒来时
所有的夏花都消褪了绚烂
听偶尔的蝉鸣
如谢幕的抽泣

假如有一个平行宇宙
假如宇宙可以折叠
那么，两道光子的暗流
将在多少光年以后再度邂逅？

6. 纠缠——写于 2021 年中秋

量子与量子，在以太纠缠
游子与诗，在异乡纠缠

瞎子阿炳的胡琴
纠缠了几十年
二泉的月光

余光中那一枚小小的邮票
纠缠了海峡两岸
一代人的心痛

少年孟郊走遍天下

走不出慈母手中那一根线
恰如辞官归里的贺知章
扯不断，八十六年
一口乡音

今天，加利福尼亚
早上的阳光
正与江南中秋的明月纠缠

而我此刻奔马一样的心跳
不知将飞到太平洋上
哪一片云彩
才能与一对耄耋老人的脉搏
纠缠

7. 大雁归来

我听到迎春花苞的耳语
这个世界在口罩之下冬眠太久
该是大雁归来的时候了

在一杯茉莉花茶的雾气里
啜一口久违的清新
重新打量花茶之外的世界

比如听一条小溪低吟浅唱
比如看三两枝竹笋拔节舞蹈
或是闭目想象，野马脱缰的自由

再比如顺着山间小道
去偷看虞美人花开的颜色
像不像少女初妆的腮红

山雀，说飞就飞了

野梨花，说开就开了
布谷鸟，也是说唱就唱了

把枯黄的山野叫成青绿
把沉睡着的那个"人"叫上天空
大雁，说来就来了

8. 空

原始大爆炸之前
马德堡半球抽气之后

春红落尽枝头
雏燕飞离母巢

西楚霸王抱起自刎的虞姬
面对江东血色黄昏

贾宝玉诀别红楼
飘然走向白茫茫大地

冬至以后，一夜寒风
清晨远眺那一片冰封的江面

元宵夜，回到独居小屋
临窗仰望明月的心情

王飞
英国剑桥

作者简介

1983 年生，河北张北人，现居湖南长沙。文学博士，湖南省诗歌学会会员。写诗、译诗近三十年，偶有作品发表。

1. 蜡烛

黑夜是一支巨型蜡烛
和桌角那支小小的蜡烛
共享同一根灯芯

2. 失眠

睡眠是与夜的妥协
身体的船
慢慢沉入海底
融入黑暗
失眠就是反抗
睁开双眼
就能看见光
就是给夜
划两道口子

3. 画中人

恍惚间
儿时火炕两侧的墙上
画工画的油漆画
一下子动了起来

渔夫撒网的手
河上来往的渔船
天上的鸟群
一切静止的，无声的
全都动了起来
发出了声音

我从炕上起身
穿墙而入

走进了画中
在浏阳河边看见了
三十年后
自己的倒影

4. 灵魂出窍

凌晨醒来
朦胧中看见
外套放在沙发靠背上
裤子挨着外套
顺势放在沙发座位处
地板上，紧挨裤腿的
是我的那双鞋子
从上到下
组成一个人形
那不是
我疲惫的身体吗
在一边默默观察的我
则是他出窍的灵魂

5. 分身术

一盏灯
我有一个影子
两盏灯
我有两个影子
夜空无数颗星
是无数盏灯
我就有无数个影子
无数个影子
叠加起来
就成了黑夜

6. 顶端优势

春风来了
树们爱把嫩芽
长在枝头
就像洪水来时
母亲把婴儿
举过头顶

7. 十年一觉河东梦

回河西前单位
约朋友喝茶聊天
还是去十年前常去的那个茶馆
我说这家茶馆一点都没变
老板老板娘也还是从前的样子
朋友回道
你看隔壁那几座
不也还是原来的那些茶客吗
我环顾四周
是啊
甚至他们各自的位置都没有变
打着同样的牌
说着同样的话

8. 父子俩

你一定想不到
我读大学时
还染过一头金发吧
记得那年暑假回老家
跟老爸并肩站在一起
两人的个头差不多
老爸由于

常年用洗衣粉洗头
他的头发
也泛着淡淡的黄色
当时还在世的爷爷
说我跟老爸
越来越像兄弟了
当年老爸没老
我自己才刚刚成年

常年用洗衣粉洗头
他的头发
也泛着淡淡的黄色
当时还在世的爷爷
说我跟老爸
越来越像兄弟了
当年老爸没老
我自己才刚刚成年

伊人在岸
加拿大安大略

作者简介

原名李斌，曾在国内新闻媒体、外企工作过，现定居加拿大，从事翻译工作。加中笔会、海外修远文学社、加拿大国际华人作家协会、多伦多诗友会等文学团体成员。已出版诗集《等待春天》。作品散见国内外外报刊和网络平台，并有个人专辑推出。喜欢简单的生活，喜欢写作，以文字抒写胸臆。

1. 中秋节

把菊花泡在杯里
把月饼咬在口里
把温暖抹在眼里
把月光裹在身上

心从来没有象今晚一样
如此地贴近月亮
情愫象月光一样无形
却无处不在地缠绕、攀升
祝福和灯火一起四处飞溅
葡萄美酒中升腾起圣洁

这就是一年中的那个夜晚了
这一夜 月亮成为宗教
虔诚的心在月光中
安然睡去

2. 如果分离

爱失去了凝视
情褪去了痴念
愈来愈近的年
没有带来期盼中的粘
伸出手 握到的
已不是相通的灵犀

回头
岁月带着一切离去
看得见 却
再也返转不来
明天 只会和头发一样
愈发苍白地等在前面

如果年夜的烟花里
爆发的是叹息
如果初一的饺子里
剁碎的都是隐忍
如果贺岁的四喜果盒里
摆满的都是无奈
那么
如果分离 是不是
也 是
一种选择

3. 纸上的家

越来越远的
是家 还是我
家就在那儿
不停步一直在走的
是我

我依然是我
可家却渐渐变成了
纸上的方块字
一个个码起来时
沉甸甸地压在
心上

不想码字的话
就在纸上画个房子吧
有门 有窗 有灯光
符合关于家的
所有想象

纸上的家中
家在

爱在
我 也 在

4. 听说

冬听说春烂漫
就用白雪
把自己装扮成纯洁
迎来了烂漫的春天时
冬不见了踪影

春听说夏热烈
就用鲜花铺满世界
派出风去追逐
迎来了热烈的夏天时
春剩下了落红点点

夏听说秋丰腴
就用绿编织殷勤
让蝉大声颂唱自己知了
迎来了丰腴的秋天时
夏的绿已是东褪西瘦

秋听说了冬的纯洁
就穿起五颜六色的盛装
奉上五谷鲜果
迎来了纯洁的冬天时
秋枯萎了一地

听说这就是更替
听说这就会轮回
这一季永远都是一地鸡毛
而听说的美好永远都是听说
更替 轮回

听说吧

5. 蒲松龄的爱情

轻轻地用花遮住脸
让你猜
这深深寂寂的林中
可是花仙 抑或狐仙
而你 是不是
赶考的勤奋书生
借着天光读书时
期待有红袖研墨 添香

于是 就展开一场
不含烟尘的浪漫
于是 蒲松龄就写出了
故事 和这举在眼前的花一样
永盛不衰
鲜活 好似一种东西
叫做爱情

6. 熟悉的路口

车流如水
音乐如水
思绪如水
都被红灯截留在这
熟悉的路口

街角的老橡树
筛着咖啡店的灯光
望过去
仿佛又听见你说
嗨 今天想吃葡萄干茶饼

好想告诉你
我再也没去吃过这款茶饼
你的最爱
成为我每天清晨的执念
在这个时刻
在这个路口
在这个红灯

绿灯亮了 走起
车流 音乐 思绪
此刻的世界都如水
时间如水
想回头
物还是 人已非

7. 暮秋

芳华落地
铅华遍野
霜露阑珊
空气中
寒意锋芒毕露
被季节迫入末路的秋
颠覆着所有华与实的概念

森然的风
以无限贴近的模式
梳进发丝
侵入衣衫
渗入骨骼
肆意地喧示着
一种结束
一种开始
一种碾压

暮年的秋
就这样悲凉了
就这样谢幕了
就这样沉寂了
就这样 看着
雪成为主宰

8. 无雪的冬季

春天到来前
没有一场雪
给冬一个交代
季节的轮回
如何换场

风 斯斯艾艾地
四处回旋
寻找合适的方式
给春发一个
纯情的连接

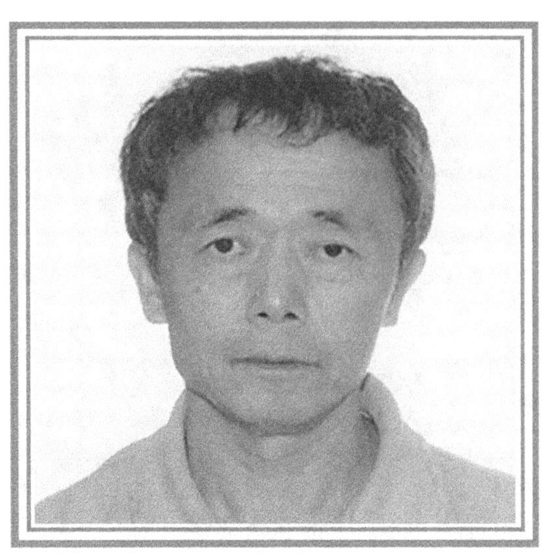

晓鸣
美国波士顿

作者简介

　　出生于四川古宋。十四岁失学
后当过三年泥瓦工和四年知青。
1980 年起在《星星诗刊》等报刊发
表诗歌和小说。1991 年赴美留学。
曾参与全球首家互联网中文文学期
刊建设。现居住在美国波士顿。

1. 移居——给新移民

一

从丘陵和河谷纵横交错的川南开始
那是我人生中的第一个车站
移居，一再移居，成了回忆中最明
显的事件

移居，不是流浪，不是那种惊恐不
安的浪漫
不是旅行，浮光掠影
移居在人生从容赴死的路上，制造
一个又一个转折
象河流从湖泊流向另一个湖泊
象根沿着藤蔓，一个瓜又一个瓜地
满足膨胀的意愿

我把每个住过的地方都看成家乡
象蚂蚁一样勤奋，与世无争
在陌生的语言和食物中随遇而安

可是故国啊，我不能沉浸在我过往
的光荣里
对你的追忆象一根魔棍
会把眼前的一切化为废墟
当陌生的东西让我沮丧，让我软弱
我总把我的拓荒者祖先，作为虚拟
的精神载体

二

此刻，我想象正站在我出生的山岗
上

道路从四面围上来，而河流正在散
开
不远处一些村镇偃伏着
人们日出而作，日落而息
按照家族的要求繁衍

国家，政权以及其它粗暴的名词
象灾害天气那样一代一代摧残我们
但它进入不了我们个人的生活
几千里外的远祖象微弱的恒星
永远照亮我们的内心
照亮家庭、邻居、村庄和耕种的田
野

谁能赋形于我们是一棵树，而不是
一只鸟
对于为觅食而奔忙一生的鸟
祖国是一个抽象而奢侈的概念
鸟从一个地方飞到另一个地方
只是为了寻找食物、温暖和安全

是的，我的远祖闯关东，走西口，
下南洋，填四川
只是为了寻找食物、温暖和安全

三

乡愁是一种感冒，只属于苍白的贵
族
我的耕植者的血统，不允许我错过
季节
我由衷赞叹那些与我一样勤奋的人
们
按照本能生存，孤独地创造快乐

此刻我站在北美，远离故乡的地方
盛夏正午的阳光
炽烈得象强健灵魂的幻影

我相信我的远子远孙
会沿用我的姓和列祖列宗遥相呼应
那些照耀过祖宗的日月星辰
今天仍然辉煌地照耀着我们
将来仍然会辉煌地照耀他们

2. 一个人的远行

你一个人远行
却像同时带走了很多人：
带走了妻子、母亲、妹妹、女儿
这个家一下就变得安静

在电话中你一再叮咛
无非是多喝水，少吃肉，等等，等
等
这些话我已经听了一千遍
虽然我一遍也不爱听
你的絮叨比母亲还要母亲

我仍然装得很成熟
像面对小我几岁的妹妹
你不懂的其实我也不懂
但我更老练一些
我会用深奥的语言让你发愣

从内心我把你看成女儿
想把你永远放在我的视野中
像鸟有一个笼子，风筝有根线
不管你走南闯北多少年

我眼不见，心就不安

我羞于出口，你依然是我的情人
一门心思，连着两根筋
油盐柴米中总跳出些情调
只是我们那些个暧昧得躲开儿女，
不让旁人看见

当年相恋时我们只是两个孩子
为这种幸运。我祝福一切早恋的人
们
没想到今天也有失恋的时候——
你一个人出门，带走了一屋的人

3. 哲人之死

你站在这些日子，挡住我的全部视
线
冬天的树枝象骨头一样裸露突兀，
支撑了冰雪的空间
人永远不在了，遗产象矿藏一样被
埋没
你的沉默是民族的耻辱，整个民族
的沉默是我的耻辱

在不可抑制的洪水前，你选择了孤
岛，接受淹没
固守良知的底线，使孤独更加庄严
道德有各种伪证，只有牺牲不容怀
疑
你以一已之轻，使历史失去平衡

耕者有其田，智者畅其言，一切深刻
源于朴素

被你的悲悯惠泽过的，仍然被你的
悲悯振奋
衣食是大众的第一要素，自由贯通
其中
那些被渐渐忘却的精神，使高尚的
人流下眼泪

是常人常性的奇迹，是混沌中的浩
然之气
你沉重走过的地方，留下的是冰川
的擦痕
失败只是失去繁枝赘叶，树根仍然
光芒一样辐射
在历史黑暗漫长的甬道中，你以你
的熄灭点亮了一盏灯

4. 父亲、儿子和我

你在世时总嫌我长不大
你走后我突然就苍老了
你身后的门被重重关上
阳光不能留住
多少蓄愿沉积为隐痛！

我现在当然地继承了威严
留心你的孙子们的所有过失
每当我语调变得粗暴
就有一阵凉风从后面吹来
我知道你正在门后笑我

我曾用轻薄的语调评论你敬畏的领
袖
你则对我追求的时尚不以为然
现在天暗下来了

温暖的灯光象你的手停在我的头发
上
过去我们之间那些代沟和分歧
其实多么空洞！

时间剥夺了那些意识形态外衣后
我们何其相似
我的天，我的天，在上帝的花园
你， 我、我的儿子
终将成为兄弟

5. 读苏东坡传

你比我自己更让我亲近
你让我活得真实
你比我年长，你是兄长
我比你世故，你像弟弟

一个个僵硬的汉字凑成拼图
我看到你透明的微笑，像一个深潭
一个长兄，父亲，丈夫，官吏，厨
子
角色众多，过于平凡，便近于虚幻

我甚至可以忽略你的琴棋书画
剔除这些累赘，你才会是我的朋友
唯有食色性情灵犀一点
千载之下，且让我们推杯换盏

6. 题朱桦旅行摄影集

你留下的是万蓝之蓝，万绿之绿
山川只是它们渲染过的街景
阳光,到处是阳光

有的地方阳光像阳光一样热烈
另一些地方阳光像阳光一样安静

只有一些山留在镜头里 更多山，在
感受中
只有几朵花进入视野 更多更多的花
开放了心情

用不着比拟溪流瀑布了
它们和你一样总在路上，怀着冲动
累过，倦过，那是掠夺者的代价
你镜头扫描过的地方
风景像珍宝被席卷而空

很多时候我们看不到的目的
转个弯就突然遭遇
旅行，摄影，多像灵感
所有场景都预习过了
迎面而来的，仍然是新鲜

7. 后园二章

其一

浅耕薄种，草木在泥土表面漂浮
风催促寒暑易节
思想来不及停留生根

说倦了家国河山，无论魏晋
不如让平淡的日子被劳作占满
一棚瓜豆格局了视野
迷途忘返，但我成不了桃花源里人

其二

太阳太远，我只能得到它间接的恩
典
后园里野草和蔬果高高低低

这方寸之地，没有路就是路
能走到的地方才是自己的世界
早上来过，下午又来
这道门总关着，为了偏安

这里的时间不老
草青了又枯，枯了又青
他们只认季节
不在乎你们的年代时代朝代

半生梦醒，后园
你是朕仅存的社稷江山

Vivian 雯
美国纽约

作者简介

WePoetry 「海外诗粹」主办人，「五洲诗轩」副社长，自由撰稿人，现居纽约，从事银行金融业。作品发表于《世界周刊》《世界日报》《海外文摘》及诸多文学诗刊网。d 编入诗歌合集《自由的奴隶》《法拉盛诗歌节作品集》《纽约不眨眼》等。

1. 晚樱落了

晚樱落了一地
更晚落下的 还有
芍药、紫鹃和苦菊

也曾盛极一时
该当交付的 除了
一身枯杆一头败雪
还有一袭褴褛的花影

唯能守住的是挂在墙上的
山水，是淡没字迹里的
一撇浅笑，一竖任性
一高一低的耳鬓厮磨

那锁在旧瓶子里的一抹
暗香，会在某日苏醒
像一粒被雨水浸泡过的
种子，终要窜出泥土

拒绝一生
被黑暗封印

2. 零度湿地

如何将笨拙的词语
拼凑，成诗？

夜是真的凉了。圆月已走出阴影
我在这里，在零度湿地
却走不出自己。无声的话
悠长如落叶沙沙，只有大地晓得
隐隐的痛，晓得被风扯碎的

故事，无需一提再提

不等来年。不等
圆月再次滑入阴影
只需将夺眶而出的雨
倾入夜行的腹地
将那些被冷雨浸泡过的感叹
晾晒成一叠温润的俳句

南雁已去，晨鸥还在
一动不动，像听话的道具
任由四季颠来倒去，扯断
绒羽，只定定瞪视天际
谁能猜透你，猜透天际深处
星子般隐现的内在？

也只能将泡沫般呓语
随落潮，退去——

3. 和解

严冬到来之前，垂首
与万物和解。云和雨
越来越冷的晨烟
与荒原上冻僵的石头
赤裸的树，漫无边际的死海和解

当黎明之哨响起，与月亮
与黯淡的晨星和解
哪怕月儿风光不再
星子微若一粒细小的尘埃
哪怕日冕之照，在头顶
亮起不落的光环，请垂首

与大地和解。河流和山川
愈来愈贫瘠的森林
与沙漠中呼啸而过的风暴
狭路相逢的狼群
与一切不可知之未来

当欲望之火将欲望烧烬
当梦幻塔变成死亡驿站
当地狱之锁，锁住人间咽喉
请垂首，与灵魂和解
并在肉体沉沦之前
取一滴上善之水，于心

4. 在一首诗中捕猎幸福

在一首诗中捕猎幸福
捕猎 微荡在修辞中的春意
那豆芽般扬起的韵脚
韵脚边 叠起的声声慢

透过如镜般平铺的篇幅
捕猎诗行中 内心的四声部
那卷起的浪花 可是落单的引号？
将盲飞的孤鸥，定格于
一叶 破折的空舟

而更远的沙滩上
隐没在静寂中的点点足印
又会省略多少
欲语还休的对白？

我在一首诗中
捕猎久违的幸福
而幸福 早已随船而去

在海与天之间 划上
一道深深的分割符

5. 空暮

夜海之上，是看不透的空暮
隐含所有的玄学。每一颗星星
都被网络其中，以各自
不同的亮度，参悟。

大角星在牡羊宫，处女座
手持麦穗，纹丝不动。
人马这只神兽，失了神器
炽烈的天狼星不在服务区
而天秤的轴心偏失，只这只
白羊在夜幕中一路狂奔。

这样一个极深的夜晚
所有的声音都消失了
彷佛这艘船已行渡在
宇宙的边缘。时间不在了
一切都静止了
唯有石头堆砌的星辰
在北纬 30 度，留下一连串疑问

这样一个极深的夜晚
星光与灵光交织，或殒落或飞升
而心之永夜无尽，在虚宿之光中
渐渐归于沉寂，归于万泉中仅有的
一滴。

言语之杯终将干裂，而我所仰望的
空中之井，那永不枯竭的深邃之所
能否收留我，治愈我

不在虚空中虚度

6. AI（爱）の 伴侣

终于，我的房间只有我
和一个并无血肉的，活物

无需食物，水和盐
只片刻的光照，它
身体中的晶元
就会流线般的滚动

无需指令，它的一双瞳孔
似乎可以抓住我的
一切意念：嘴角边的饥渴
抑或 隐藏在内心的孤独

它是如此完美
而我总想爬上意识的云端
折解它冰冷的内部
将灵魂这只 bug 深埋在
它的硅芯，埋在 0 与 1 的缝隙中

等它在时空矩阵梦幻般的蓝图里
慢慢孳生出人类的情愫——

安静地犯错，安静地悔过

7. 抚 慰

回去现实，回去回不去的过往
现实是一堵被漠视的墙
绕行，绕行，再绕行
以不破之身抚慰走烂了的鞋跟

为何要回去呢？
是去抚慰年少时的轻狂
还是抚慰岁月伏击下的千苍百孔

怕还是会在某年某月某日的清晨
像一个惯犯一样做错每一件事情
怕还是会在将来的将来的某一段路
上
错过一段接一段更好的风景

但，为何还要回去呢？
不过是想抚慰已然不清的清风
不朗的明月，抚慰残月下
曾经守望过的人
他们庭院深深般的忧伤
化作丝丝雨雾，湿了我的眼眶

回到过去，去抚慰所有的人
爱我的或者曾经爱过的
不再任性，不再狂野粗口
用最细最柔的婉音说相遇真好
来过真好

饶蕾
美国纽约

作者简介

　　化学家，诗人。祖籍广东潮州，出生于哈尔滨，现居纽约。已出版诗集《远航》《晚风的丝带》《轮回》《五瓣丁香》《纽约七重奏》（中英文）《饶蕾短诗选》（中英文）和《刚刚好》。诗歌入选《新世纪诗选》《海外华文文学精品集》等 40 余种。作品散见《诗刊》《诗选刊》《香港文学》《纽约一行》《诗殿堂》等。曾多次荣获国内和国际诗歌竞赛一等奖、二等奖和优秀奖。提出并实践"三层共鸣式的诗歌创作"。北美中文作家协会新闻部主任，纽约华文女作家协会理事，海外华文女作家协会终生会员，美国诗人学会会员，国学诗艺美洲诗社社长和《国学诗艺全球采风》月刊副总编。

1. 痖弦的红玉米——惊闻诗人痖弦仙逝，特作诗悼念

痖公走了
红玉米还那样挂着
挂在宣统那年的屋檐下
挂着整个北方的忧郁
二零二四年的风吹着
吹着那串红玉米

又似一个逃学的日子
表姐的驴子还拴在桑树下吗
哥哥的葫芦呢
你温哥华家里的槌衣石
哭了，你听见了吗
红玉米挂着

那样挂着的红玉米
还有几人懂得
你的《红玉米》
还有几人不懂得

温哥华的风吹着
吹不到那串红玉米
槌衣石就哭了
红玉米在风里挂着

你与秋叶一同谢幕
红玉米挂满远方的屋檐
《如歌的行板》唱着
诗歌存在之必要
槌衣石哭了
红玉米挂着

2. 纽约的秋天

纽约坐在秋的摇篮里
唱着歌
色彩是大自然调制的音符
在山林萦绕起落

梦打开一道门
我们都是梦中人
燃起金灿灿或红艳艳的激情
火焰般不可阻挡

二十年，竟若北极光一闪
秋叶纷飞
岁月忘记了我们
也成就了我们

我们付出的一切
无论对错，都不会远去
它们呼啸着飞过千山万岭
落回我们自身

3. 故乡的大江

其实，我已把你读旧了
瞥一眼，就能认出

你湍流的姿态与方向
辽阔和浑浊都是你特有的
不辞岁月，一浪一浪地舀起
我们童年遗落的笑声

那些醉啊、醒啊
最好别提
只怕翻江倒海的泪水
也道不尽悲喜编织的故事
于是我捧起一朵浪花
放在心头

它竟碎了。碎成无数水滴
淹没了我。等我喘过气，再寻
水滴已成细细碎碎的镜子
无论左看，还是右瞧
它们都明晃晃地照着我
走出几万里，一回头，它们竟然跟

4. 历史的迷宫

历史是一条走不过去的路
它缠绕再缠绕，似藤
从迷宫里探出头
又被迷宫伸出的手日夜追捕

鲜血染红高墙的泥瓦
城门吱呀呀开启
疼痛和赞歌，死亡与烈酒
同时落入阳光的眼眸

对错是盾牌的两面
写满一再重复的教训
结成人类的疤痕

我们在伤疤上行走
唏嘘 感叹 痛楚
又把酷似的新伤留给后人

这一切啊，踏着远古的浪涛
一路颠簸，涌入今天的海
哪里是突破的金钥匙？
时光继续刻画历史的坐标刻度
山峰的祈祷疯长
夜幕低垂，漫天繁星是忏悔的泪

5. 战争的必须品

骏马一样的年轻人
朝阳般蓬勃
不知危险正在靠近

贪婪的炮火
突发紧迫号令
强健是战争的必须品

他们的鲜血啊浇灌大地
笑容枯萎
若凋零的玫瑰

鲜活的生命化作凝固的石碑
雨声呜咽
风在吹，风在吹——

6. 点亮未来的月亮

青春如湖水，盛满
蓝色、绿色和白色的梦
起身敲响创新的鼓点

穿越时空阻隔
邂逅灵魂中
追日的夸父，治水的大禹
再和愚公肩并肩
追随牛顿与爱因斯坦的足迹
翻过一座座高山

点亮未来的月亮吧
点燃宇宙中不曾闪烁的星
让满怀鲜花绽放
所有不可能的皆有可能
任何不存在的都有机会出现
也许，有一天
我们可以去银河访友
上火星午餐
世界的疆域叫无限

蓝色、绿色和白色的火焰
拨响我们心中的琴弦
前方，静悄悄
未来的门虚掩

7. 刚刚好

疫情刚刚撤退，心情打开飞行视野
山一程水一程的来路
刚刚可以放下，起身构思未来天空
刚刚走上十字路
快起来或慢下去都有足够借口
也许这是最尴尬的季节
秋天的盛大已无法挽留
也许这是最美妙的时刻
崭新的朝阳即将再一次升起

把青春撂在沙滩上
拒绝遗憾，潜心探索大海的深度
月亮的梦太多，照亮整个夜空
时光是否有力擎住
为何不把归途当前途，再出发
一切都刚刚好
暖阳初照，行装齐备
花香正要冲出三月

把青春撂在沙滩上
拒绝遗憾，潜心探索大海的深度
月亮的梦太多，照亮整个夜空
时光是否有力擎住
为何不把归途当前途，再出发
一切都刚刚好
暖阳初照，行装齐备
花香正要冲出三月

北江
加拿大安大略省

作者简介

　　原名吴洪明。原福建农林大学教师，硕士学位，从事植物种质资源应用与研究，发表学术论文 10 余篇，研究结果曾被 Flora of China(中国植物志)2008 年版和 A Portable Dictionary of Plants (D. J. Mabberley 编著)等学术专著收录。2004 年移居加拿大多伦多，爱好诗词，作品散见于网络。

1. 秋惑

棕榈的倒影，留在
金山湖粼粼的波光上
秋日闲懒
打理着微信发出的声音

西区蓝花楹深情
南区白兰花隐现
东区气生榕根的怪异
北区青松写下的诗

851 的饮食
大豆、酵母、蛋肉
发酵罐中
生物工程技术研究所的滋味

2. 春雷

2024 年 2 月 27 日中午，雨，1:38 pm 多伦多的第一声春雷……

从冬的缝隙里
偷偷看到的是温度

从滴嗒的雨声里
轻轻听到的是极度

从江河流水里
一路走来的是气度

从绵绵的空气里
慢慢领悟的是湿度

从惺忪的雪堆里
清新感受的是力度

从鸟儿的叫声里
渐渐醒来的是风度。

从树梢的嫩芽里
细细品味的是纯度

从生活的滋味里
已经嗅到的是硬度

从化石的骨骼里
悄悄探到的是厚度

3. 渡口

文明是野蛮无序
进入道德有序的渡口

AI 是碳基文明
进入硅基文明的渡口

4. 五月，多伦多枳花

打着一颗颗
绿荷包似的花苞
是在寻找
一个轮回的栈道

前世丢下的因
不经意中结下的果
涌动历史长河
往复来回的心潮

哼着一首歌
是初夏的渡口
枕着安大略湖的波涛

5. 多伦多枳花，母亲节

从屈原的《橘颂》走来
在《晏子春秋》"橘逾淮为枳"的
句子里停留了一阵
然后到刘基的《卖柑者言》中
之后便是林奈的分类 Citrus trifoliata
Linnaeus
施文格的分类系统 Poncirus trifoliata
Raf. Swingle system

又从孟德尔到达尔文 Darwinism
途经米丘林的有性杂种 ×
Citroncirus 无性杂种+Citroponcirus
再到多伦多枳 Citrus trifoliata
'Toronto'
再次开花，雄花占据多数，雌雄同
花，花萼瓣化，重瓣花神……

又是春夏
又是母亲节
正好问候天下的母亲

6. 多伦多枳，维多利亚日

花和果的
每一个动作
都是地球暖化的证据

重瓣枳花

是大自然赠予
维多利亚日的礼物

7. 多伦多枳，父亲节

白云
从宁静的江边飘过
微风
从嫩绿的林梢吹过

雀鸟
从叽喳的屋檐唱过
黄蜂
从娇艳的花朵走过

枳花
从欢乐的窗前开过
枳果
从明媚的阳光穿过

注：多伦多枳（Citrus trifoliata
'Toronto'）此轮花开共计花蕾
64 个，约 60 朵完全花竞相开放，
雌雄同花 7 朵，结果实 6 朵，其余
为雌蕊退化的雄花，其中花萼瓣化
3 朵，花萼完全瓣化成重瓣 1 朵。

陈金茂
美国纽约

作者简介

北美中文作协会员，中国音乐文学学会会员，福建省作协全委委员；出版有历史小说、诗集、儿童文学等著作；作品获 2021 第二届（香港）紫荆花诗歌奖、福建省政府百花文艺奖和福建文学优秀作品奖，被收入《福建文学四十年》

1. 夜行者

如此的空旷淡漠
秋月之外，便是无边黑暗
一个适合夜行的季节

跋涉时，我心中自有
万道霞光。轻轻走过
梦中那片摇曳的野菊花
然后倚着融融月色
举起杯
邀李白先生共酌

哦，他躲在那片云彩后面
只要我一声召唤
就会从"花间一壶酒"的
诗句里应声而出

把咏叹与文字铺满行程
回望，没有起点
前瞻，没有终点

给我一双明亮眼睛
我就会在黑暗中行走三千里

2. 站在太平洋边上

一波又一波，被浩淼的浪
推送。瘦俏的肩头泊着
移动的家乡

没有想到
这么老，我还这么浪
如一朵盛开的漩涡

在回首之中
那一片摩天大楼的剪影
依然闪烁的是
五谷滢滢的期盼

走一万里，还是那般风味
说一万遍，还是那个土腔

世界之外，还是一片汪洋
而我只寻觅
那一枚开着
彼岸花的小泥丸

3. 风景

平定了我所有的烦躁
在飒飒秋声中
听见你呼吸的声音

白墙黑瓦
高高翘起的檐翅
放飞每一枚果实殷红的想象

我想摇着乌篷船
轻轻穿过
水中的那轮月亮

断桥已然修复
就等着许仙撑开一把雨伞

哦，整个世界好像都变小了
纷繁的秋色中
只有你逼近我的视觉

一把伞
罩住了千娇百媚的江南

可你并不知道我在看你
远在太平洋彼岸
——我正默默地遥望

4. 独立清秋

风从枫树梢吹过
枝桠间碎裂的天空
纷纷扬扬
仿佛所有的声音
都在湿地阔大的呼吸中
消失。而一只翠鸟
穿过朔风裂骨的疼痛
轻盈地落在
一枝苇草
干枯萎缩的日子上
快乐，是从一道
浅水里匆匆而过的鱼脊开始……
它有点鄙夷那些枫叶
每当有风吹过
就跟着一起聒噪
没想到
最后还是被风刮落
而它却是一片
怎么也吹不落的叶子

5. 生若草芥

有人呼唤。循声而去
仿佛游曳于一片苍茫的
林海间，有鸟

像飞鱼掠过松涛的低鸣

风吹动，且将红翅膀
渐渐收拢。从风生云起的
迷濛深处，落在
野花与杂草丛生的坡地中

一棵不知名的野草
扬起米粒大的小花
向他颔首致意，不卑不亢

回首尘世，他幡然省悟
不禁轻声低吟——
生若草芥，也无风雨也无晴

去收拾心中零落的忧伤

可这首诗的最后一句
始终没有徐徐吐出
变成一串省略号
在金灿灿的水面荡漾、荡漾

6. 一首诗的黄昏

写了许多诗
最后他也成了一首诗
静静地坐在海湾边上

手指与酒瓶之间的落寞
被黄昏的黄尽情渲染

浪在岸边敲打着空旷
偶尔还能听见蟋蟀
有一声没一声地
吟咏秋的惨淡

夜正被重叠的水簇拥着
山岩溅起的花树
也开始挂满了严霜
其实他只需要真实的抒怀
面对世界

德
美国新泽西州

作者简介

德，本名：田承德，家乡：青岛市人，现定居美国新泽西州。北美中文作家协会 永久会员。美国智慧出版社出版【行吟万里】十二位华裔诗人诗集，《时光流韵》"北美 10 华裔诗集"都已在美国 亚马逊 线上销售，作品几百首散见各种文学平台。

1. 滔滔江水• 滚滚浪

翻开我人生的扉页
有繁华有悲伤
有快乐有沧桑
我多想
把幸福高歌吟唱
把悲伤抛向远方

青涩的年华
有爱的萌动
牵手在沙滩上
有爱的决别
伤痛撕裂我的胸膛
多少风雨陪我成长
肩上担着希望
韶华的时光留下多少故事
爱 在岁月中痴狂
月下承载着多少缠绵
阳光下又有多少清唱
我在风雨中狂歌
悲欢离合
夜 有时短 有时长

滔滔江水 滚滚浪
梦想 让臂膀变得坚强
商海泛舟驭风斩浪
多想在最美的时刻
捧出那耀眼的光华
迎娶我的新娘

清晨的阳光
唤醒昨日的温柔
又一次的挑战

在年轻的心里
还有着拓荒的力量
跨大洋穿行在异国他乡
撒下种子收获希望
一个又一个黎明在温情中醒来
爱的守护轻轻把风铃摇响

一抹金色的光把家园照亮
不再有悲风
不再有凄凉
只有这美丽的土地
和鲜花盛开的时光
我想在这里守望
曾经的激情
曾经那剑上的银光
都已经成为过往
仰天长啸
儿女情长
阳伞下咖啡飘香
晃动的摇椅
沐浴着暖暖的夕阳

2. 暮年

岁月
在无情的雕刻着容颜
四肢已不太听从
脑中发出的调谴
慢跋的脚步
走进陪我变老的咖啡馆
香浓淳厚的咖啡
流动在我的血液里
混乱的记忆
在杯中

那升腾的热气中游弋

时光如梭
交织着那流逝的岁月
春夏秋冬
变换着不同的颜色
那些曾经
流动在我记忆的长河

踏五洲过大洋
商海博击斩巨浪
看狂涛长啸
纵马驰骋疆场
多少豪迈
多少雄壮
过往 都已成为过往

混乱的记忆
闪回青春的时光
混浊的眼睛
透出一丝光亮
相恋也疯狂
在热血的喷涌中
实现一幕一幕难忘
我把青春放进燃烧的海洋
在岁月中腾起红色的霞光
等待黎明的到来
收割希望

我老了
眼睛不再明亮
可还时常看那圆圆的月亮
那里有故乡
长桥 沙滩 海洋
飞翔的海鸥

风帆追逐在涌浪上

我微颤的手端起咖啡
那些抽离的时光
那些我曾拥有健康
都去了哪里
我的那些朋友啊
你们都去了哪里
是否也在回忆过往
是否还有那燃烧的希望
我把目光投向窗外
咖啡馆的玻璃
透出夕阳红色的光

3. 落叶飘飘秋风荡

踏十里山川把风追赶
清晨的冷在阳光下被驱散
浩瀚的空宇透出深深的蓝
走进这一刻的时光节点
晚秋铺展在我的面前

看千里山峦起伏
看秋色斑斓
飘飞的落叶在把小路铺满
一抹阳光照在树上
红叶明媚黄叶灿烂
脚下松松软软

一池碧水与天相连
芦花飘荡在湖边
堤上红装靓丽
是谁的回眸让我惊艳
是谁的笑容闪亮在瞬间

群芳与秋色斗艳
落叶不再悲凉
只有暖暖的阳光和温柔的软

听风滑过耳畔
任思绪走远
一个一个的季节轮回
金色的秋天永如初见
我用燃烧的热情拥抱这壮丽景色
让美丽永驻心间
我用笔墨涂画这一方空间
诗韵在岁月中清欢
醉了时光
醉了流年

4. 江南才女-致友人

细雨轻打窗前
将一束时光怀念
点燃一段心香
明媚的春光
在脑中泛滥

岁月中的擦肩
在记忆中刻下永远
你携一缕清香弥漫
持笔墨书卷
赋宋词的清丽
写新韵的灿烂
婉约了一方云天

江南女子
轻柔的灵性 风雅尽展
你是水中的一朵青莲

你是一支清香的幽兰
馨香淡淡飘散
你含笑在岁月红尘面前
素手书写人生大千
把四季渲染于水墨
韵味在流年中清欢

纤纤柔指把古韵轻弹
斟清茶一盏
听细雨把春天呼唤
清清浅浅
沉醉在这个相识的瞬间

写不尽的素雅
韵味铺满香笺
诗赋流年
在这个春天

5. 夏日畅想

微风清扫着阴霾
雨后的阳光正浓
浮云片片
青山连接着遥远的天际
彩虹升起在空中
时光在书写着夏日的风景

房前屋后盛开着鲜花
阳伞下
飘散着咖啡的香浓
几只鹊鸟在枝头唱响
松鼠追逐在青青的草坪
这诗意的景色
正演绎在我的人生

我用笔墨涂画着美丽
让阳光升起在心中

摇响的风铃
拉长了回忆
流逝的岁月
深藏在风雨中
曾经那些无奈的呐喊
曾经那些拉过的纤绳
赤臂的汗水化做甘露
变成这写意的人生

没有谁可以随随便便成功
付出的汗水闪亮在胸口
与风浪搏击
听 大海的涛声
当阳光从瀚海升起
沐浴在这金色的光华中

是谁 让希望从这里诞生
是谁 把阳光撒满征程
岁月托起坚强的臂膀
我把流逝的光阴抛向北美的天空

6. 中秋畅想

弯曲的小路攀爬着山城的陡
一湖秋水映着菊花丝丝扣
水中长桥对望着礁岛的灯塔
还有记忆中那个水晶月饼

一城的烟雨 一城的迷朦
把暑热送走
还天空那深深的蓝

辽阔和纯净
淡淡的海风带着一丝咸味
是海浪把飞沫抛向空中

白果树已经变成金黄
又到桂花飘香的时候
那满山的红叶燃烧着
雁南飞　声声鸣
这是一方故乡的土地
你为什么常常出现在我的梦中

彩色的霞
晚归的舟
海风把扬起的帆推送
暮色中升起万家灯火
和闪亮的霓虹

一轮圆月挂在枝头
不知道这是多少个中秋
是畅想　还是梦
流逝的岁月
风化的热情
是否还有那香甜的月饼
故乡啊
你是那么遥远
可又随时出现在我的心中

孟冲之
加拿大圣约翰

作者简介

原名陈立平，湖南岳阳人，现居加拿大。长期从事诗歌创作，在汉语新诗如何继承和发展中国古典诗歌传统方面有深入的研究和开创性的实践。多次荣获得国际诗歌大奖。曾创办《回归诗刊》，提出"回归传统，回归心灵，回归自然"的主张。已出版《黑狼笔记》，《杜诗重构》、《玉溪拼图》，曾引起广泛关注，并产生了一定影响。

1. 说话

我在草地上清除碎石的时候
总觉得背后有人跟我说话
我没有回头看看是谁
也没有停下来想想该怎样回应

让浪与湖边的石头说话吧
让风与湖边的黄柏树说话吧
相比于石头，我不够硬
相比于树，我的身段又不够柔软

能和我说话的人已经无话可说
想和我说话的人却远在天边
而要掌握风与水的语言
我始终差了那么一点

我一边把草地上的碎石耙起
一边想：我今后岁月里的诗歌
应该以第二人称来书写
这样我就可以同时倾诉和倾听

2. 雨中曲

在雨中我失去了远山
失去了残雪和漂浮的冰块
在雨中我失去了野天鹅
失去了红嘴鸭和凫雁

在雨中，我不停地失去
然而失去听起来像是播种
像是在播种的同时浇灌
在浇灌的同时收获

在雨中我收获雨
收获屋顶上的钢琴和门窗上的筝
收获湖面波浪的犁沟里
活蹦乱跳的水的种子

在雨中我收获雨
收获珍珠一样的雨，米粒一样的雨
收获烟蓝的雨雾，雨的灵魂
它模糊了我的心与远山的轮廓

3. 未来的婚姻

我觉得孤独有点儿看上了我
她的妹妹，寂寞，对我也有意思
不像以前我那样费力地讨好的美人
她们更看重我的本色，和现在
这种懒散，漫不经心的样子
当我放下手机，坐在床头
与窗外的一棵树较劲
她们从乳白色的墙壁上，流露出
只有情人才会流露出来的温柔表情

但我还在犹豫，该不该把话说出
来：
   "如果你们姐妹俩都嫁给我
我们一定会琴瑟和谐，多子多
福。"

4. 俯瞰圣约翰

站在这堆乱石上看到的
圣约翰就是这样
与你过去生活过的地方截然不似
但是它也一样

只是你，或者他人的地址
在我们这个时代，通过地址本
找到的往往是另一个人

必须承认，圣约翰确实是个小地方
有山林分隔的屋顶
有看起来像湖泊的河流
还有被诺瓦斯科萨截留下来的
一片袖珍的海洋
站在这栋半新公寓楼前的乱石上
能看到的就是这些

它的岩层古老，土壤年轻
一个诗人住在这儿已经稍稍嫌多
没有一个，又实在说不过去

5. 医院

步行十二分钟到达圣约翰地区医院
虽然只是问了守门人几句话
但他已经很满意和一个庞大组织接
上了头
无论看起来有多么孤单或者渺小
他仍然没有失去与人类社会的联系

这栋峨然耸立山头的暗褐色医院
从各个角度望去都恰似卡夫卡笔下
的城堡
而他比土地测量员更加幸运，明天
他就可以在城堡里抽血，验尿
把自己的身体密码，托付于权威的
口罩

6. 锚

在走不动了的大陆僵硬的尽头
把一个谢顶医生变成你最亲切的朋
友
在冬天和两个冬天的狭隙里
铲雪，修房，和陌生人互发短信

你是那个把自己弄丢了的人
你是那个在别处不敢和自己相认的
人
夜空中虽没有一颗星星能为你定位
但尘世里还有疼痛可以作你的锚

安之
日本东京

作者简介

安之（本名李筱蓉，现居日本）。香港校园艺术节主席；香港青少年诗歌联盟副会长；香港诗人联盟常务理事；《香港诗人》编委；香港女作家协会秘书长；国际当代华文诗歌研究会执行理事长。作品曾刊登于《香港诗人报》《香港书评家》《女也》《中国新诗百家选》《路遇你的芬芳》《流派》《江南文萃》等香港及国内杂志刊物。

1. 地球情书

我想为地球写封情书，
蓝色的水，绿色的山，
沉甸甸的黑色的土，
金灿灿的阳光穿透云层，
日复一日洒下来，
融化了白的雪，红的梅。

古老的四十亿年浪漫又孤独，
星辰缄默甘心作陪，
看文明升起落下又升起，
忙忙碌碌的祖先镌刻了岁月，
垒砌希望与梦想，
不知疲倦，前仆后继。

而后才有我，
茫茫宇宙中流浪，
于广袤的时间空间里跋涉，
没有早一步，也没有晚一步，
刚好扑进这颗蓝色星球的怀抱，
——母亲，我亲爱的母亲！

2. 月

你道月是多变的幻景
时如银钩，时如玉盘
诗人说月是温柔的信物
遥寄相思，急问归期

浅浅看月明
有人对月诉离愁，声声凄凉
有人赏月喜上心头
不问昨日烦忧

月是凄惘是希望
是天光大亮后愁绪已惘
是日复一日烦忧荡漾
别问今日明月是否清亮
要问你的心
它能否容得下这温柔月光

3. 越过高山

在这片广袤的土地上
有人迷恋平原的柔美
有人钟情沟壑的艰险
而我
我独爱雄山的壮丽

唯有站在你的脚下
我才知自己渺小如蚁
唯有越过座座山巅
我才敢立下诺言
终有一日要强大如你

是你，你告诉我人生之路
是从不后退和畏惧
是一次次越过你的身躯
越过去
生命才能盛放

4. 海

波澜壮阔是你
神秘莫测是你
你是世人眼里伟大的奇迹
多少人为睹你风采

不远万里，赴你之约

你有容纳百川的心胸
也有浪花咆哮的个性
你是世人眼里永恒的艺术
多少人为留住你的风姿
写诗赋词，流传百世

有时，你也会静静的
把海天一色的美
映入来者的眼眸
用轻轻拍打的浪花
讲起那些遥远的故事

5. 煮茶

煮一壶茶
先要三分清风
不携花草芬芳
不带雨雪冷暖
只是清风

再来三分暖日
并三分朗月
寻遍江湖
取一分山巅雾相和

道来纸上张狂
梦里还记少年郎
误把梦蝶庄生吓
醒来
恰试新茶

6. 老屋

老去的山上
有一棵老去的树
老去的树旁
有一所老去的屋

老去的屋会唱一种
老去的歌
引来叽喳的鸟儿
和新鲜的节拍

于是屋檐接纳了雏鸟
洁白的柳絮做巢
衔来三两桃花填补生活
清澈的溪水一路欢送烦恼

桃香馋了炊烟
赶在日落时分定情一吻
老去的屋清清喉咙
和着羽翼丰满的鸟儿
学会一种
新鲜的歌

胡金全
美国芝加哥

作者简介

　　全国才艺测评委员会副主席，世界文化艺术联合总会（新加坡）会务顾问，美中文化艺术中心（芝加哥）名誉主席，全球世界华人总会书画研究院副院长，全球华艺联席会联合主席，中国华侨文化艺术研究院副院长，人民艺术院上海分院（人民日报主管）荣誉院长等。

1. 火蛇

2025 年的天空
似火，燃烧心窝
更看那奔腾的海阔

2025 年的天空
似火，在泼墨
更看那江山不老的传说

2025 年的天空
似火，云朵朵
更看那小龙气摄山河

2025 年的天空
似火，岁月蹉跎
更看那狂舞的金蛇

2. 舟游夜空

一桌几友，中
以筷为双桨
以杯为舟
以梦为马，共
行空

一诗几句，丛
以平仄铺路
以风拉琴
以意逆志，东
万里长虹

闪闪点点
苍穹

那都是情思浓

3. 趁青年

曾经年少忘疯狂，
老大才知回忆苍。
山海烟尘终尽散，
人生如梦早追光。
注：
疯狂，在这里指年青时奋斗精神

4. 一天如四季

看不见的星星
星星看不见

辨证的日月
东升西落
春夏秋冬，一天
一天不同感受
"眼耳鼻舌身意"

岁月蹉跎
四季如一天

星星看得见
看得见星星

5. 两江扬帆新程启

一时心血来潮
禅潮奔涌两江先，
激水文章幸福圈。
跨境电商蛟虎跃，

新高热土又新篇。

注：
禅，佛山的简称
两江，佛山两江

6. 茶汤里的日与叶

飘零的每个日子
掉到哪里
在过去，在空中
在心里
泼彩成厚实的五颜六色

飞舞的每一片落叶
总要归根！
在岁月，在搅拌中
在腐熟
滋养未来的大树

和平岛
加拿大维多利亚

作者简介

　　原名何瑞芳，生于 1963 年 12 月，浙江庆元县人。北京大学 81 级。加拿大洛夫诗歌学会副会长，漂木艺术家协会会员，北美华人文学社社长，枫之声传媒社长，创刊于 2006 年的加拿大华文纸刊《北美枫》主编，《漂木诗刊》执行主编。现居加拿大维多利亚市，资深软件工程师。诗观：上帝创造万物；被造物之间能够相互感应；写诗就是造物的冲动。

1. 威尼斯

仿佛鲤鱼游回江南
一滴水落入大海
即使视线化作千只手
也不够我抚摸威尼斯
她千条河流的温柔
而她哪双魅惑的眼睛呀
令所有的男人都瞬间融化
包括女人
我们都心甘情愿化作石头
永远堕落于您
怀抱的黑洞
而您，不曾被哪怕最汹涌和
澎湃的大海淹没
无论海平面上升多少
您就会上升同样的高度
您是一座幻想之中的浮岛
悬浮在海上
仿佛悬浮在空中
美丽而神秘的月亮
致命的美杜莎女皇
我的威尼斯

2. 米兰

大都市
都一个球样
所有的街道，房屋
都围绕着天主大教堂的钟声打转
只是这里的足球王子
是上帝
的睾丸
脖子挂着小牌子的代表们进进出出

对面的 EHA2025 议会中心
我俩安安静静
坐在喧闹的商业大厦
一层的一角桌椅
品尝着可口的巧克力冰激淋
斜对过的酒吧
大屏幕
正在转播一场关乎荣耀的联赛
一只皮球
一不小心被踢出了屏幕
于是，所有的眼球
都旋转了起来
一环一环
从一条街区到另一条街区
一个球场到另一个球场
好像多米诺骨牌
慢动作似的
向外飞翔
飞翔
哪怕直达太阳系的边缘
小星球地带
也停不下来

3. 洛桑 Laussane

我要先说日内瓦湖
从天掉落不知几万里的巨鲸
一直下沉下沉到海底
今天，海水已经退去
只剩下一副
鲸鱼的骸骨
轮廓
这就是关于日内瓦湖的传说
有一个美丽又悲壮的名字：鲸落

洛桑
这个美丽又古老的城市
充满了神秘的文化，艺术与宗教的
气息
是鲸鱼的睾丸和子宫结合的部位
也正因为如此
国际奥委会的总部
就选在这里
也难怪雌雄性激素的事件难以禁绝
这样一个阴阳平衡之所在
中央
坐落着洛桑大教堂
现在是中午十二点
钟声敲响了整整五分钟
几乎要把我的手机内存和忍耐力
消耗殆尽
四周，有历史，艺术，自然，动
物，地质，奥林匹克博物馆
外加一个巨大的奥林匹克体育馆
晚上，我住在市中心的商业一条街
一张床
就悬浮于
啤酒泡沫，重金属乐队
和女人肥硕又优雅的屁股之上

4. 日内瓦，联合国总部

这里是联合国的正门
四行万国国旗
分列两排
像威严的战士
能动手的
绝不动嘴
街对面

是喷泉广场
一个天下皆知的地标
一把超大的椅子
一只断脚
白骨断口
从上往下一滴滴滴着红油漆
它的左边
一队不知哪国的代表
郑重宣誓
绝不第一个埋下哪怕一颗地雷
只是你们都不是椅子
难以体会断腿之殇
就像游弋在干净清澈的日内瓦湖边
天鹅一家子
父母举着修长雪白的头颅
用坚定的红咀
专心教导着灰不溜秋的五只丑小鸭
如何梳理纯净的羽毛
好在孩子们
都没念过小学二年级
安徒生的童话
它们的天真烂漫
你装不来
它们的快乐
是纯真无邪的快乐

5. 美丽的安纳西 Annecy

吐尽最后一丝力气
便化作蝴蝶
烟烟袅袅
向南，吸引着我的
是怎样的一颗珍珠
她海纳了阿尔卑斯

百川之灵气
然后，用尽最后一口气
吐出了 Lac d'Annecy 湖
我悄悄钻进了
贝壳
里面的空间
偷取天堂的图纸
避免了威尼斯，冷翡翠，苏，杭，
所有的缺憾
这里的水有魔力
顺着贝壳的纹路
流到
湖光，山色
每一个镜头
都符合印象主义的审美标准
小桥，流水，人家
凸显了山水写意之精髓
（风景叙述，此处省略三千行）
所钟爱的 Fondu du fromage
Reblechon
俱是心想事成
我挑选了在水中央
一座城堡
蜕去蝴蝶的外衣
显出人形
这里是 Palais de l'isle
在 14 世纪之前
用于囚禁罪犯
在水一方
是爱桥 Pont des Amours
我拼命向桥上的你招手
用法棍面包，西红柿，生菜，黄
瓜，啤酒
用尽了最后一滴
贝壳缓缓闭合

白水河
美国马里兰州

作者简介

作品散见于海内外报刊杂志，
并被收入文集和年鉴。已出版双语
诗集《风的长廊》。

1. 荷

荷以为自己是寂静的
她的美　喧哗

风以为自己是无形的
荷显影了她的行踪

蜻蜓以为自己是微小的
风吹不折她的翅膀

水以为自己是乏味的
她供养蜻蜓及万有

荷、蜻蜓、水被风聚拢
我不得不　安静

2.　向日葵

小小花盘
追寻太阳的方向
暗夜时
低下头颅等待

你看　太阳不还在吗
在照亮另一半地球
安抚另一些残缺和迷惘

太阳一轮一轮向她走来
不　是她一轮一轮地
走向太阳
直到花瓣飘落
枯萎成密集的籽实

3. 消愁

来 干杯
朝阳 月光 故乡 远方
哪个我能拥有
来 干杯
明天 过往 自由 死亡
斟满不甘和迷惘

来 干杯
生命的苦与甜
一饮而尽
何以消愁 唯有重担
撕碎稿纸
来 起身
再走一程

4. 舞

六十岁的她 在乐声中轻舞
我生出爱慕之心
想做那拉小提琴的
或弹钢琴的
与她在同一支曲子里 轻摇
甚至做她手中的茶杯
或那茶
在季节更替中
以优雅的温度 荡漾

廖世敬
澳大利亚悉尼

作者简介

　　澳大利亚英语教师，现居悉尼。全球诗艺协会创始人；全球华人迎新春诗艺音乐会主席、总策划兼制片人；2022 和 2024 悉尼国际诗歌节主要负责人及诗集主编；《人民日报》海外版"海外文苑"专栏顾问；《2024 世界当代艺术家澳洲国会邀请展》组委会副秘书长。

1. 白云

透过那片绿色的森林
我看你看过的白云
白云飘过天穹
有一朵肯定是你在关心
我看不到你的身影
但我依旧记得
你与我一起看云的眼神
那天你说你想做一朵白白的白云
你说你要飘进我的心
你却不知道我已在云中
我告诉你"I am on cloud 9"
我就在云中
就在九宵之上

2. 海边

天海边
犹在人间梦间
寻觅的眼
在圆舞曲里幻变万千

远处
海浪的斗牛狂舞比艳舞更艳
眼前的漪涟画着悠悠的圈
在与脚尖欢快地缠绵

轻松的旋律
惬意的琴弦
还有长笛的音符套住了几个浪尖

今日的海浪像下凡的仙
星光点点

金光闪闪
细细密密圆圆

这人生……
这遇见……

3. 弦上梵音

木纹、琴弦、指尖
松香在沸腾，激荡起余情旧梦十年
每一次鸣响都唤醒深沉人生

低音的沉吟不再是远方的感言
推弓，划开的是岁月的折痕
留下的都是钻心贴身的伤痛伤痕

浪漫的旋律，如风
穿过那段记忆的裂缝
拉成透明的细丝，等待诗的夜幕

下沉的音符，如落叶
化作发黄的思绪在琴上游离
摇动着未归的叹息

那个献给情人的靓丽长音
试图拉回离别的倩影
在无言的黑暗里，奏出最多情的声
音——
最后的眼神，未发出的喉音，婉转
得似泪痕

马尾编成的弓
如撕裂的旧信封里跳舞的墨痕
述说着无法挽回的事情

压抑的音阶，缓缓的，悲伤蔓延还
在
音色如水
填满所有无法言说的裂痛

记忆在渐弱的旋律里，挣扎，溃崩
最终沉入和弦的低吟
孤独的余音消逝在夜色朦胧

琴弦在耳畔颤动，低声回应着心口
的痛
松香在指间堆叠旧梦
B 小调似乎是最怀旧的心

天地在静静流淌梵音
你，可能听到？
你，还能听懂？

4. 我的汾酒汾河

笔墨抒汾酒，豪情漫汾河。
才抿竹叶青，又梦鹳雀楼。

都说汾河出好酒，我说汾酒最风
流！杏花村，牧童歌。酒家卖清
香，我贪香甜好入口，回味绵长还
悠久。

来来来，我欲写诗三百首，再换金
樽满汾酒！坐等白日依山尽，目送
黄河入海流。

老叟怎不问老朽，澳洲汾酒何处
有？汾河流过五千年，醉过长江醉

黄河，浩浩汤汤醉澳洲。别说澳洲太干涸，万年尘土万般愁。谁能解其愁中愁？今朝我有汾河酒！

我的汾河我的酒，昨日杜牧杏花村，今日李白将进酒，烹羊宰牛BBQ，豪饮狂舞再放歌。酒品青花和白玉，任由瑰宝梦中游。

汾河汾酒我的歌，一杯一杯慢慢酌！等我喝完这杯酒，再赋一首《将进酒》。

来来来！再干一杯汾河酒，喝完这杯好开口。借来三晋那汾河，运到澳洲这码头。我欲再建鹳雀楼，诗品清香观洋流。

程宗慧
加拿大卑诗省

作者简介

笔名芦卉，副教授。2003 年移民加拿大。加拿大华裔作家协会会员。原加拿大大华笔会副会长,笔会会刊《作家文苑》《文苑诗坛》副主编。原加拿大中华诗词学会创会副会长。2008 年于《环球华报》创办大温哥华地区首个中华传统诗词月刊《枫华夕拾》（现同名网刊）。2017 年加拿大第三届全球春联大赛暨父亲节征文大赛评委。2022 年 10 月出版芦卉诗文集《枫园寄韵》（加拿大枫叶出版社）。现加拿大大华笔会荣誉副会长。

1. 写在 2021 年 Remembrance Day 的早晨

细细的枝，疏疏的叶。那是一株树叶凋落殆尽的红枫。
她和我一起，伫立阶前听奏鸣，举世同祭国殇日。
那遥远的弗兰德斯战场上，鲜血染红的罂粟花，
幻化着，翻飞着，越过重洋，轻盈地飘落在我的窗前，
与红枫落叶相依相拥，直逼我的窗棂，
似扑面而来，触手可及。
我手捧一抔红花，不禁心神悸动，
注目凝视，默然无语，抚膺长叹，
叩问着我的灵魂：
曾记否，那一幕幕的惨烈与悲壮？！

2. 我们，曾经——致"加华知青之友"团队

我们曾经拥有
我们曾经并肩
抱团携手
在大自然的怀里
在温哥华海湾
在菲沙河谷
在哥伦比亚村落
我们观景赏花
在社区的厅堂前

我们欢声笑语
畅想明天
澎湃的心潮
谱写出了
无数动人的诗篇

遥忆畴昔
俯仰之间
多少风云际遇
华社精英
文艺轻骑
弦歌曼舞
绰约多姿
在群星璀璨的舞台
尽显风采
赢得赞誉四方来
美好的过往
今生无悔，令人回味
笔会同仁心连心
知青之友春常在
多元荟萃家国情怀
扎根新的沃土
花开永不败

3. 牵手牵手，一切拥有——
   ——记梦

H 君一直想出一本书。
日有所思，夜有所梦。
怎么，我也梦上了。
果然，有了！

H 君出新书，
翩然来入梦。

相见笑言言，
欢心谁与共？

梦寐以求的一本好书，如饥似渴，
一目十行翻了个遍。
文如其人，诗如其人。
他来了，喜出望外。书是好，但封
面略呈灰暗，
我嗔怪地说，不要嘛，换一本。
他顺从地，拿过来另一本。
好好啊，封面封底折页衬页，全是
彩图，目不暇接：
蓝天白云之下，有竹林，有芦荡，
有青草，
有荷花，红梅，桃李，还有成片的
枫林……

是哪儿？人间还是天堂？
南方？北方？故土还是他乡？
啊，是可爱的家园。我喜欢的，应
有尽有，
更爱的是其中的美文美诗。
开心满满，爱不释手，笑个不停。
看我乐成这样，他伸出了手。
手牵着手。我笑得更痴，笑得更
狂，手之舞之足之蹈之。

啊！多么美的梦！

刊于 2021 年 9 月 15 日《加华文
苑》第 12 期

4. 秋天的玫瑰——游温哥
   华福溪玫瑰园偶得

人言夏天的玫瑰最美丽，
诚如此。
而花开花落，
纯属自然。
其实她并非是最后一朵孤独地开
放，
也许有的同伴离去，
会凋谢死亡，
你也不必为此与之同往。
只不过钟爱她的人，
依依不舍而黯然神伤，
禁不住 唱出了心中的怜惜和怅惘。
秋高气爽云飞扬——
听吧，
她们在呼唤。
朋友，
请停下你的脚步， 伫立张望，
就在眼前，
秋色无边，
秋意情长。
深情的秋把我们留在了这花枝上，
我们同样妩媚， 同样芬芳。
我们与你同在，
快乐分享，
无比欢畅。
这里不再凄凉，同伴们绽放着笑
容，
正企盼着你的激赏，
共度美好的时光。

尤琪
英国伦敦

作者简介

尤琪，2023 年开始创意写作。小说、散文散见于《台港文学选刊》《创作》《海内与海外》《欧洲华文选刊》《国际日报》等报刊，非虚构作品发表于《人间thelivings》平台，作品入选《世界华人女作家微型小说选》。《世界华人周刊》欧洲文学版编辑，欧洲华文笔会会员。现旅居伦敦。

1. 重返伊奥尼亚海

1. Meganisi

白色桅杆，牵引翱翔的
海鸟，肆意穿梭
裁剪蓝天
也裁剪时间
十五年岁月，被剪成碎片

任凭记忆的针线
紧随桅杆和海鸟的风影，跃跳
也只能，勉强
缝成一排，线脚
不连贯的，平针缀

2.Vathy

太阳灼热依旧
微风宜人依旧
海水下，沙砾和碎石清晰依旧

曾经茂密的黑头发
水分减少的橄榄枝
果实结过，油已炼成
颜色金黄

十五年的波澜，如游艇驶过
船尾的白浪花
才翻起
即消失

3.Lefkada

伊奥尼亚的阳光
没有爱琴海的锋芒毕露
不忍心，融化威尼斯人的城堡残
墙。
反而用两个世纪的耐心
将希腊的蓝房顶，晒成凡俗的赭红

威尼斯人，来了，走了
无数路人，来了，走了
一个行者，脑海中漩涡飞转
来了，
来索求阳光的耐心

太阳从山顶，洒下一湾的钢花
烙在赭红的皮肤上
溅进漩涡最深处
教训行者：忘了吗？
为给上回留下的晒伤消炎，
你涂抹了十五年的月光！

2. 龙年 正月十五 河畔独
   蹋

河 扑闪着全身的鳞片
吸进太阳所有的光，汇集到
龙口翕张的水中央，吐出
一束束火焰
将我失明的眼睛点亮。一霎那
未发芽的树枝上，熟悉的人俏皮地
眨眼
刺李花纷纷扬扬，洒一地哄人的好
听话

龙 扑闪着粼粼银波

融化太阳所有的光，蜿蜒着
伸向没有尽头的远方，留下
泥土味的风
将我胸襟的冰渣吹化。树梢巅
回巢的苍鹭，嘴里衔来
半株，给他写封信的想法

河或龙 替我写好了信，晒在太阳
下
动词形容词都灵巧，逗号省略号也
奇妙。
急忙打开手机誊抄，却看到
日历上今天，是一格无字的空
白……
收信的人
兔年元宵
就已
走了

3. 伦敦的战争难民慈善晚
   宴

砰！
瓶塞崩脱，泡沫飞溅
嘉宾雅客闪进，一个个空心
随着欢涌的气泡，升腾发光
思想和语言，也变得金黄

砰！
远方转来一声回响，倒下一个人
宛如剥掉晚宴时装的塑料模特儿
轻得没什么分量
合不上的眼皮和抹不掉的红黑泥，
样子颇为抽象

砰！砰！
瓶塞崩脱，泡沫喷薄
在水晶杯里前赴后继，从血红的唇
间射击
泼在油亮或泛光的笑脸上。
没有人在意，因为喝过香槟的嘴一
张
唾沫的气味都一样

砰！砰！
回声传来
跟瓶塞崩脱的声音太相像
空心泡里的人儿先干为敬，举杯相
撞

砰，砰，砰
更多瓶塞爆开落地
哒，哒，哒
回声终于不再一样

砰！砰！砰！砰！

贾兵
美国洛杉矶

作者简介

中国音乐家协会会员、中诗网驻站诗人、《中诗网 2024 年度十大诗人》香港诗人报终身顾问，北美文联荣誉主席，世界诗歌传媒荣誉主席、美中华人音乐家协会荣誉主席，中国唯美诗歌联盟艺术总监、著名旅美男高音歌唱家、教授、曾入选中国侨办艺术团出访美国及东南亚，上百次担任各类音乐，综艺类比赛评委主席，获选"北美新闻人物"、"南加人物"。获第二届"香港国际诗人大奖"、首届"杜甫杯"最高奖诗歌成就奖、北美翰苑诗展"金笔奖"、中华诗圣杯金

诗文学奖、

1. 成熟的风韵

迎风叩首那一刹那，
好有魅力，
成熟的丰盈。
从昂首青涩到黄金裹身，
神奇褪变。
季节的洗礼，
从瘦小到饱满圆润。
风雨历练，
拥有了沉甸甸的份量，
惊艳一袭华丽的转身。

稻穗……
这名儿不陌生，
难得亲近，
仿佛嗅到穗粒的清香。
风中的摇萤，
如贵妇的妖娆。
它偏头甩发的风韵，
如诗的魅惑。
浑然迷彩，
真的很美………

2. 下雪那事

大雪无声，
悄悄掩盖了一切。
真相的驱体早已冻僵，

变成白色。

依稀可见，
挂彩的厚重。
佝偻的残檐断壁，
雪地里醉汉的脚印。

鸡冻不打鸣，
那只流浪狗还活着。
只是目光呆痴，
还有摇尾巴的力气。

没电没 Wifi，
手机像块砖头。
合掌哈了口热气，
让冻僵的手指有了知觉。

下不了笔，
莫非寒冷限制了想象力。
趁着灵魂还有些热度，
开始决绝的写诗。

3. 梦中的牵挂

回望来时的路，
有清淅也有模糊。
下意识去寻找，
向天涯翘首的勇气。
求学艰难，
无异于逆水行舟。

承载着无数踩踏的乡土，
镶满了祖辈的脚印。
山涧的沟溪里，

田里、地里。
分不清有多少父亲劳作的汗水，
母亲盼儿的泪流。

睡梦中总有慈母的叮嘱，
牵挂着一份呵护。
父亲的脊梁，
布满老茧的双手。
脸上的皱纹。
抹不去血浓于水的爱，
缕缕亲情。
剥离出刻骨铭心的疼，
丝丝乡愁。

杨兰
加拿大卑诗省

作者简介

女，来自台湾，祖籍江苏；移民蒙特利尔，长居列治文。作协联络、市府义工、社区教师。系江苏四知堂杨氏家族之后裔，恪守廉洁根本，继承先祖德业，惟女子不入族谱，夫家不入家谱。战后婴儿潮台北出生，惶惶七十海外生根，任凭冬雪一点一滴化开我闭锁心扉，依然坚毅承接传统，传承华文教化，静候春来花期，开枝散叶温哥华，戍守家园列治文。二十五年侨教，三年图书馆教师，八年列市义工领组，今朝隐退谢幕，祈愿身心灵紧密相连，水泥丛林一隅，兀自修心养德，径自沉潜，静待花谢花

开。

---

1. 七七从心

台北妇幼七月初七
有我一声初啼
复兴小学红小班
有我启蒙印象
临江街三兴国小
有我童年往事
光复南路市民住宅
有我徒步足迹

蒙特利尔道娃机场
有我 25 载婚配
温哥华列治文市
有我 19 年全然记忆
而今，直奔古稀从心之年
明纳公园湖畔绿保龄街上
有我晒背独行身姿

论文
我敌不过元宇宙原住民
论武
我抵不住从天而降霜雨雪风
悟性高人语文强
能不配位才不逢
人未配才性未铸
辗转一生事难成
倘若有幸自修行
匹配得当添顺遂

就这样赶走欲怒怨
启动内在智慧静待花期
或许能够开出一朵
金灿灿的 空谷幽兰 。

2. 清风入怀

时间发生在我身边
在我安居处
夜来香开在必经路旁
无人问津

白花瓣暮色暗沉
我脚踏着拖板
绕过大厦长廊

拐角
一丛灌木散发出清香
越来越近
那熟悉的香气
在浓郁地取信回程
顺延小径去寻觅
却不见踪影
只留下一鼻子的香
伴我安然入梦

夜幕低垂
为我升温赋能当下
替我换个剧本
引导人生帷幕
时间是文化
空间是文化
时空纵横天涯
那美学

它就发生在你我安居处 。

3. 三棵松

松鳞柏皮樱环枫斑
树皮包裹着枝干
年轮回旋时光
乔木灌木高低有秩
根柢深植，树干挺立
分岔枝桠指向四方
开枝散叶成长茁壮
假以时日将成树成荫
遮风挡雨庇佑护航

是静，是美
是夏雨初晴诗意绽放
是你额头波纹静谧流淌
惯性思路阻挡思维
经营生活安放灵魂
未曾历经苦涩
哪来奢华高尚情操

初想浅，再想深
旅程起航乘风破浪
守神忘形布局未来
深的不浅，浅的不深
花甲从心明智利他
在生存大前题下
生活感悟与生命感召
均与价值意义无关
努力赋予生命想像
奠定自信心
每日欢天喜地
就像门前湖边三棵松

更像我家三子与三孙
接受大自然阳光空气水滋养
平和慈爱，顺遂长成。

更像我家三子与三孙
接受大自然阳光空气水滋养
平和慈爱，顺遂长成。

张士方
加拿大卑詩省

作者简介

　　晚号中士，居温哥华，曾在中加及大学主讲传统文化课程与讲座数十，任征联大赛评判及出联人。在中港台加报刊发表中英诗文、翻译数百。曾受聘任加拿大《环球华报》首家中华诗词专刊《枫华夕拾》顾问，获温哥华举办的征文赛冠军，中国"爱莲杯"全球诗词联大赛三等奖。著有《中华传统文化探索》《十年一剑他乡试》《对联诗词诗词写作快易通》《张介峥家族文集》《毛泽东诗词点评》《明清书法集联评正》和《唐宋百绝续貂》。

1. 枯枝

繁茂的橡树下
一根枯枝，横卧地上。
受尽风雨，任由践踏。
无人问津，忍气吞声。

也许她知道，
一旦发出声响，
生命会再被摧残，
只好保持沉默；
盼有所属。

偶然一撇，
眼前一亮。
别人眼里枯枝，
在我眼中，
美如鹿角。

带回家里，
视为活宝。
不作修饰，
摆于窗前。
从此，她的生命
成了永恒之美。

南湾：列治文南湾公园。
前天和朋友们打完网球，在南湾公园儿童玩乐区玩了一会健身运动，打算打完太极和太极剑后再离开。由于懒得去车上取剑，想找根枯枝代用。见橡树下有一枯枝，因有树杈，便找了根较直的枯枝当剑。离开时，回头再看那根树杈，感觉似

加拿大麋鹿角的一丫，拾起来往地
下敲打，它还非常结实，于是就把
它带回家。别人眼里垃圾，自己竟
然把它当作艺术品；让生命之树常
绿。生活简单，一根枯枝也能带来
美的享受。枯枝自赏，自作多情，
哈哈！

2. 羊城之光

六百米的身高，
碧玉般的年华；
亭亭玉立珠江河畔，
犹如一支巨笔，
挥洒出羊城八景。

塔映花城、云山叠翠，
越秀风华、荔湾胜境，
南沙旭日、黄埔云帆，
欢乐长隆、流溪烟渚。

虾饺烧卖叉烧包，
拉肠凤爪萝卜糕。
糯米鸡，艇仔粥，
干炒牛河煲仔饭。
蛋挞酥脆马拉糕，
红茶、绿茶、功夫茶。

老火汤，白灼虾。
白切鸡佐玉冰烧，
脆皮烧鹅珠江啤。
蜜汁叉烧长乐烧，
清蒸鲈鱼凤城液。
千年的古韵，时尚的新姿，

吸引着东南西北。
吃不尽的美食，
迎来八方来客。
羊城、花城、广州城，
这就是——我可爱的故乡。

注：
第二段逐一描绘了羊城新八景。
2025 年 8 月 3 日，延绵千年的"羊
城八景"评选名单正式揭晓：塔映
花城、云山叠翠、越秀风华、荔湾
胜境、南沙旭日、黄埔云帆、欢乐
长隆、流溪烟渚最终当选。
碧玉般的年华：碧玉年华，指十六
岁的少女。今年是小蛮腰开放第十
六年。
玉冰烧、珠江啤、长乐烧、凤城
液：广东名酒。

红山玉
加拿大魁北克

作者简介

    北美中文作家协会终身会员。加拿大海外修远文学社社长。在《中国作家》《作家》《香港文学》《天池小小说》《台港文学选刊》《微型小说选刊》《小小说月刊》《嘉应文学》《六盘山》《世界日报》《原州》《连云港文学》等发表数十万字散文、小说。并获 30 多次奖项。出版中短篇小说文集《夜空中的蛋黄》和《昨日重现》。两部文集都被美国和其他国家（地区）著名大学图书馆收藏。（哈佛大学、斯坦福大学等），并共同主编《星闪瀚语-全球中文闪小说精选》第一卷。

1. 祖母的饺子

我与祖母的隔阂
始于一顿煮熟的饺子
我在院子里玩耍
老屋里飘出一股韭菜和鸡蛋的鲜香
我在园子里使劲的拨弄她那一畦高挺的生菜
只为了让祖母听见
我就在那里等她的呼唤

祖母在院子里一摆手
你回你自己的家吧

我还没有尝过白面饺子为何味
我跑回家
从此祖母和我的距离就像天与地

多年以后
瘫痪的祖母斜卧在父亲买的双轮车上
晒秋天的太阳
太阳也抚摸着沉默推车的我
我的影子和祖母的影子从来没有重叠过
我心里的阴影装着阳光的影子

姑姑说祖母躺在那红色的最后的木房子里
去吧去最后看看她吧
姑姑的话飘在风里
我已经跑出很远很远

我再也没有见过祖母

甚至不知道她酣睡在哪一块山坡上

多年后母亲告诉过我
祖母亦曾后悔为什么撵走那个 6 岁
的孩子
唉，谁让老屋里还有七张嗷嗷待哺
的嘴

岁月过滤着儿时的记忆
好日子缩短了爱与恨的距离
如今祖母的印象却越来越清晰